Reihe Praxis Deutsch
Herausgegeben von Jürgen Baurmann
und Clemens Kammler

Jürgen Baurmann

Sachtexte lesen und verstehen
Grundlagen – Ergebnisse – Vorschläge
für einen kompetenzfördernden Unterricht

Klett | Kallmeyer

Bibliografische Information der Deutschen Nationalbibliothek
Die Deutsche Nationalbibliothek verzeichnet diese Publikation in der Deutschen Nationalbibliografie;
detaillierte bibliografische Daten sind im Internet über http://dnb.d-nb.de abrufbar.

Impressum

Jürgen Baurmann
Sachtexte lesen und verstehen
Grundlagen – Ergebnisse – Vorschläge für einen kompetenzfördernden Unterricht
In der Reihe Praxis Deutsch
Herausgegeben von Jürgen Baurmann und Clemens Kammler

2. Auflage 2018

Das Werk und seine Teile sind urheberrechtlich geschützt. Jede Nutzung in anderen
als den gesetzlich zugelassenen Fällen bedarf der vorherigen schriftlichen Einwilligung
des Verlages. Hinweis zu § 52 a UrhG: Weder das Werk noch seine Teile dürfen
ohne eine solche Einwilligung eingescannt und in ein Netzwerk eingestellt werden.
Dies gilt auch für Intranets von Schulen und sonstigen Bildungseinrichtungen.
Fotomechanische oder andere Wiedergabeverfahren nur mit Genehmigung des Verlages.

© 2009. Kallmeyer in Verbindung mit Klett
Friedrich Verlag GmbH
D-30926 Seelze
Alle Rechte vorbehalten.
www.friedrich-verlag.de

Redaktion: Stefan Hellriegel, Berlin
Realisation: Michaela Gehrke, Sabine Duffens
Druck: Beltz Bad Langensalza GmbH, Bad Langensalza
Printed in Germany

ISBN: 978-3-7800-1042-1

Reihe Praxis Deutsch
Herausgegeben von Jürgen Baurmann
und Clemens Kammler

Jürgen Baurmann

Sachtexte lesen und verstehen

Grundlagen – Ergebnisse – Vorschläge
für einen kompetenzfördernden Unterricht

Klett | Kallmeyer

Einführung 7

Teil A: Grundlagen und Ergebnisse

1. Was sind Sachtexte? Eine Annäherung aus textlinguistischer Sicht 10
1.1. Sachtexte als Teil der fachexternen Kommunikation 10
1.2. Zur Analyse von Sachtexten. Ein Beispiel 15
1.3. Ergänzende Hinweise zu den Analyseschritten 19
1.4. Folgerungen für den Unterricht 22

2. Welche Sachtexte Jugendliche auswählen und lesen 26
2.1. Auswahl von Sachtexten für Schule und Freizeit 26
2.2. Zur Lektüre von Sachtexten 30
2.3. Hypertext/Hypermedia im Deutschunterricht 32
2.4. Textverständlichkeit als Anhaltspunkt zu Auswahl und Lektüre 33
2.5. Folgerungen für den Unterricht 35

3. Lesen und Verstehen von Sachtexten – was das heißt und was wir darüber wissen 40
3.1. Lesen und Verstehen als Prozess 40
3.2. Arbeitsgedächtnis, Lesemotivation und Lesestrategien 45
3.3. Empirische Befunde zum Lesen und Verstehen als Prozess 47
3.4. Folgerungen für den Unterricht 50

4. Umgang mit Sachtexten. Didaktische Grundlagen 54
4.1. Umgang mit Sachtexten aus der Sicht der Bildungsstandards 54
4.2. Umgang mit Sachtexten im kompetenzfördernden Unterricht 59
4.3. Umgang mit Sachtexten – mögliche didaktische Orte 60
4.4. Unterricht und Unterrichtsqualität. Empirische Befunde 64
4.5. Folgerungen für den Unterricht 71

Teil B: Vorschläge für einen kompetenzfördernden Unterricht

Vorbemerkungen 74

1. Umgang mit informierenden Sachtexten 76
1.1. Wege zur Schule (ab Klasse 2) 76
1.2. Hund festgefroren – eine Zeitungsmeldung (ab Klasse 3) 78
1.3. Horst Eckert – wer ist denn das? (ab Klasse 3) 80
1.4. *Affenheiß und schweinekalt* – ein Buchtipp (ab Klasse 4) 82
1.5. *Sie bauten eine Kathedrale*: Glasbläser stellen die Kirchenfenster her (ab Klasse 5) 84
1.6. Ein Handy kann Leben retten (ab Klasse 6) 87
1.7. Ein Anruf beim … einbeinigen US-Sportler Carl Joseph (ab Klasse 6) 89
1.8. Pkw kollidieren bei Überholmanöver – beide Fahrer schwer verletzt (ab Klasse 7) 93
1.9. Prüfverfahren für Computerspiele (ab Klasse 8) 96
1.10. Wirksamstes Werkzeug – Mit Bildung den Teufelskreis von Kinderarbeit und Armut durchbrechen (ab Klasse 9) 101
1.11. Punkt für Punkt die Welt erfassen (ab Klasse 10) 106
1.12. Uwe Timm: *Der Freund und der Fremde* – Rezension, Blog und Klappentext (Sekundarstufe II) 112

2. Umgang mit appellierend-instruierenden Sachtexten 123
2.1. Ein Kamm, mit dem du zaubern kannst (ab Klasse 3) 123
2.2. „Ich will den besten!" – Regeln zum Helmkauf (ab Klasse 5) 124
2.3. Drei-Kräuter-Kraft, die Linderung schafft – eine Anzeige (ab Klasse 6) 126
2.4. Horoskope (ab Klasse 7) 130
2.5. Aus dem Jugendarbeitsschutzgesetz: Verbot der Beschäftigung von Kindern (ab Klasse 8) 136
2.6. Briefe gegen das Vergessen – Aufruf von Amnesty International (ab Klasse 10) 139
2.7. Stellenangebot – Volontär/in im Bereich Pflege (Sekundarstufe II) 144

3. Umgang mit verpflichtenden Sachtexten 148
3.1. Schulordnung der Grundschule im Wallgut (ab Klasse 3) 148
3.2. Mitgliedschaft in einer Bibliothek – Einverständniserklärung der Eltern (ab Klasse 5) 152
3.3. Garantieschein zum Kauf einer Uhr (ab Klasse 6) 154
3.4. Werder Ethik Kodex für alle Mitarbeiter/innen
und SV Werder Bremen Fan Ethik Kodex (ab Klasse 8) 157
3.5. Rückgaberecht nach dem Kauf einer Ware (Sekundarstufe II) 165

4. Umgang mit bewirkenden Sachtexten 169
4.1. Zum Zeugnis von Laura Marie (ab Klasse 3) 169
4.2. Zertifikat für die Teilnahme am Seminar „Farbe Kreativ" (ab Klasse 6) 171
4.3. Abholen des Personalausweises: Erteilen einer Vollmacht (ab Klasse 7) 175
4.4. Würdigung der ehrenamtlichen Tätigkeit (ab Klasse 9) 178
4.5. Arbeitszeugnis über die Tätigkeit als Debitorenkontenführerin (Sekundarstufe II) 182

Anhang

Literaturverzeichnis 188
Sachregister 193
Arbeitsblätter auf der Begleit-CD-ROM 195

Einführung

Internationale Vergleichsstudien und die sich daran anschließenden Diskussionen zu den Lese- und Verstehensleistungen von Schülerinnen und Schülern haben dazu geführt, dass in den letzten Jahren die lesedidaktischen und -praktischen Bemühungen im Unterricht erheblich intensiviert worden sind. Erste Erfolge dieser gezielten Förderung werden gegenwärtig sichtbar; sie ermutigen Didaktiker und Lehrkräfte, ihre Bemühungen zur Förderung der Lese- und Verstehensfähigkeiten bei Kindern und Jugendlichen fortzusetzen. Für den Umgang mit Sachtexten, denen Kinder, Jugendliche und Erwachsene ständig begegnen, gilt dies in besonderer Weise. Wer mit Sachtexten angemessen umzugehen weiß, vermag seine Interessen angemessener wahrzunehmen, die gesellschaftlich-politische Entwicklung verantwortungsbewusst mitzugestalten und seinen Horizont zu erweitern. Eine solche Einschätzung von Sachtexten ist zwar nicht neu, jedoch keineswegs unumstritten. Schon Doderer hat im Jahr 1961 in seinem Plädoyer für das Sachbuch belegt, dass die literaturpädagogische Diskussion seit dem späten 19. Jahrhundert stets konkurrierende Positionen und Anregungen zu Sachtexten im Unterricht vertreten beziehungsweise entwickelt hat.

Der vorliegende Band will – wie im Untertitel verdeutlicht – in Schritten zum Umgang mit Sachtexten beitragen. Teil A stellt unter dem Titel *Grundlagen und Ergebnisse* theoretische Grundlagen zum Lesen und Verstehen sowie unterrichtsrelevante Forschungsergebnisse vor. Im ersten Kapitel des Teils A wird aus textlinguistischer Sicht geklärt, was überhaupt Sachtexte sind. Diesem Blick auf die Texte folgen im zweiten Kapitel lesebiografische Erwägungen zu der Frage, was Jugendliche denn an Sachtexten auswählen und welche Texte sie auch außerhalb der Schule lesen. Im dritten Kapitel werden Lesen und Verstehen als Prozess beschrieben, diese Entscheidung in einem Modell gebündelt und durch den Hinweis auf empirische Befunde belegt. Das vierte Kapitel spannt dann vor dem Hintergrund der referierten Analysen und Befunde den didaktischen Rahmen für den Umgang mit Sachtexten im Unterricht.

Teil B bietet dann insgesamt 29 *Vorschläge für einen kompetenzfördernden Unterricht* an, wobei alle Textsortenklassen berücksichtigt werden – verbunden mit konkreten Aufgaben und Anregungen für einen kompetenzfördernden Unterricht. Ein Anhang mit Literaturverzeichnis, Sachregister und Hinweisen auf die beiliegende CD-ROM (mit Texten, Arbeitsblättern und Zusatzmaterialien) schließen das Buch ab.

Die unterrichtspraktischen Vorschläge basieren auf den konkreten Beschreibungen ausgewählter Sachtexte und auf den zuvor modellierten Lese- und Verstehensprozessen. Berücksichtigt werden bei den Unterrichtsanregungen Texte in ihrer ganzen Bandbreite: Das sind (1) informierende, (2) appellierend-instruierende, (3) verpflichtende und (4) bewirkende Sachtexte, denen Leserinnen und Lesern in der Form linearer Fließtexte oder – nichtlinear – als Übersichten, Listen und Grafiken begegnen. Die zumeist authentischen Texte weisen übrigens nicht in jedem Fall die Merkmale einer bestimmten Textsortenklasse in reiner Form auf; sie sind auch nicht durchgehend inhaltlich und sprachlich vollends gelungen. Lehrkräfte sollten sich dadurch nicht gehindert, sondern ermutigt fühlen, solche Texte im Unterricht zu berücksichtigen: Authentische Texte mit geringfügigen Fehlern vermitteln ein realistisches Bild der Anforderungen, denen Leserinnen und Leser täglich etwa beim Rezipieren von Zeitungsmeldungen, Bedienungsanleitungen, Verträgen und Bescheinigungen begegnen. Darüber hinaus regen gerade Sachtexte mit inhaltlichen und sprachlichen Auffälligkeiten zu einer reflektierten Auseinandersetzung an.

Für Leserinnen und Leser erfüllt das vielfältige Angebot an Sachtexten und deren nachhaltige Aufbereitung für den Unterricht insgesamt zwei Funktionen: Auf diese Weise wird ein vielfältiger, motivierender Umgang mit Sachtexten im Unterricht angestoßen; zugleich veranschaulichen die konkreten Beispiele die zuvor im Buch erörterten Grundlagen zu den Verstehensprozessen, den vorgestellten Textsortengruppen und Textsorten. Für die Lektüre des Buches lässt sich daraus folgern, dass – je nach Interesse oder Erfordernis – unterschiedliche Lesewege denkbar sind: Wer vornehmlich an der Klärung von Grundfragen interessiert ist, wird – dem Aufbau des Buches folgend – mit Teil A beginnen. Diejenigen, die vorrangig konkrete Vorschläge für ihren Unterricht suchen, werden sich möglicherweise zunächst ausgewählten Vorschlägen in Teil B zuwenden. Die vorgestellten Analysen zu einzelnen Unterrichtsvorschlägen können anschließend durch eine Hinwendung zu den textlinguistischen und textdidaktischen Ausführungen vertieft werden. Das Sachregister stützt solche Wege durch das Buch.

Schließen möchte ich mit einem Hinweis und Dank. In diesem Buch sind stets Schülerinnen und Schüler, Lehrerinnen und Lehrer, Wissenschaftlerinnen und Wissenschaftler gemeint. Wo immer es sich anbietet, werde ich dies auch sprachlich zum Ausdruck bringen. An Stellen, an denen das umständlich wirkt, verzichte ich auf eine explizite Nennung beider Geschlechter (und rechne mit der entsprechenden aktiven Ergänzung durch Leser und Leserinnen). Wenn allerdings geschlechtsspezifische Unterschiede explizit erörtert werden, kann auch schon einmal von männlichen und weiblichen Lesern die Rede sein.

Vielen habe ich im Zusammenhang mit dieser Veröffentlichung zu danken – zunächst Firmen, Behörden, Organisationen, öffentlichen Einrichtungen, Sendeanstalten und Verlagen, die die Übernahme authentischer Texte gestatteten. Studierenden der Bergischen Universität Wuppertal, die bei mir Seminare zum Lesen und Verstehen sowie zum Umgang mit Sachtexten besucht haben, verdanke ich attraktive Anregungen und Beispiele, auch Innehalten und Nachdenken bei Details, die mir zunächst so einleuchtend schienen. Von Carina Carduck, Laura Marie Kühl, Diana Roth und Katja Stengel-Kühl habe ich zudem authentische Texte von besonderer Prägnanz erhalten. Schließlich danke ich Stefan Hellriegel für die umsichtige redaktionelle Betreuung meines Manuskripts.

Jürgen Baurmann

Teil A:
Grundlagen und Ergebnisse

1. Was sind Sachtexte?
Eine Annäherung aus textlinguistischer Sicht

Sachtexte lassen sich als Teil der fachexternen Kommunikation beschreiben. Von kommunikativen Funktionen her können dabei vier Gruppen („Textsortenklassen") unterschieden werden: informierende, appellierend-instruierende, verpflichtende und bewirkende Sachtexte. Weitere Kriterien (vornehmlich nach Brinker [6]2005 und Möhn 2000) ermöglichen eine Ausdifferenzierung in Textsorten und eine präzise Beschreibung einzelner Sachtexte. Die hier dargestellten Aspekte (Sachtexte als Teil der fachexternen Kommunikation, Grundfunktionen und Kriterien) legen bestimmte didaktische Entscheidungen für den Umgang mit Sachtexten im Unterricht nahe.

1.1. Sachtexte als Teil der fachexternen Kommunikation

Leserinnen und Leser verschiedenen Alters haben kaum Schwierigkeiten damit, die folgenden Sätze als Teil eines Sachtextes zu identifizieren – mögen die Bezeichnungen für dieses Genre, dem diese Sätze entstammen, auch voneinander abweichen: *Ein Fahrradhelm muss genau sitzen und die Stirn, die Schläfen und den Hinterkopf sicher abdecken. Genauso wichtig ist der richtige Sitz des Kinnriemens.*

Schon diese beiden Sätze zeigen, dass Leserinnen und Lesern Wissen über einen Sachverhalt vermittelt wird (hier zum Fahrradhelm). Jeder von uns kennt ähnliche Textbeispiele, die auf vergleichbare Weise Themen aus Bereichen wie Haushalt, Sport, Freizeit, Schule, Beruf ansprechen. Schwieriger wird es, wenn für alle diese Texte, die sich ähneln, eine weithin akzeptierte Bezeichnung oder gemeinsame Merkmale genannt werden sollen. Schon bei der Benennung werden sich die Antworten unterscheiden (etwa *Sachtexte, Gebrauchstexte, informierende Texte*), bei der Aufzählung wichtiger Merkmale werden die Einschätzungen noch deutlicher voneinander abweichen.

Aus textlinguistischer Sicht (vgl. etwa Heinemann/Viehweger 1991, Heinemann 2000a bzw. b) überrascht dieses Ergebnis nicht. Texte, erst recht Sachtexte, sind Gegenstand vertrauter kommunikativer Handlungen. Sprachteilhaber wissen sich derer intuitiv bei der Textproduktion und -rezeption zu bedienen, um bestimmte Handlungsziele zu erreichen, Inhaltliches schriftlich angemessen darzustellen bzw. einem geschriebenen Text zu entnehmen. Doch dieses intuitive Wissen reicht lediglich zur Beschreibung einfacher, oft verwendeter und klar abgrenzbarer Texte und Textmuster. Schwieriger werden Bestimmung und Einordnung bei weniger bekannten oder komplexen Beispielen.

Einer Lösung des Problems kommt man näher, wenn man sich in einem ersten Schritt an der Differenzierung orientiert, die der theoretische Physiker Heinz Oberhummer vornimmt, wenn er in einem Zeitungsinterview sagt:

> *„Man muss sich der Zielgruppe anpassen [...] Spreche ich auf einem Fachkongress vor anderen Theoretischen Physikern, kann ich den Fachjargon benutzen. Unterhalte ich mich aber mit Medizinern oder Biologen, muss ich schon anders reden. Das Gleiche gilt, wenn man mit Laien spricht. Dann versuche ich mich in die Lage eines 15-Jährigen zu versetzen."*
>
> (Süddeutsche Zeitung, 23.10.2007, S. 18)

Was der Physiker Heinz Oberhummer hier unterscheidet, wird in der Linguistik unter *Kommunikationsniveaus* präzisiert: Theoretische Physiker bedienen sich während eines Fachkongresses der fachinternen Kommunikation, der interdisziplinäre Austausch von Physikern mit Biologen und Medizinern kann als interfachliche Kommunikation, das Gespräch mit dem 15-Jährigen als fachextern bezeichnet werden. Ergänzt um die Texte, die beim Schriftlichen entstehen, kann der Zusammenhang zwischen Kommunikationsniveau, Kommunikationspartner und Text in einer Übersicht so dargestellt werden:

Kommunikationsniveau	Kommunikationspartner	Text
fachintern	Experten einer Disziplin	wissenschaftlicher Text als spezieller Fachtext
interfachlich	Experten verschiedener Disziplinen	Fachtext
fachextern	Experten und Laien	Sachtext

Kommunikationsniveaus

Sachtexte beziehen sich auf Sachverhalte der alltäglichen Wirklichkeit, die von Experten an Laien vermittelt werden. Vermitteln meint in diesem Fall mehr als ein bloßes Übermitteln von Sachverhalten, die Rezipienten nachvollziehen oder schlicht zusammenfassen. Der Umgang mit Sachtexten schließt vielmehr ein, dass die angesprochenen Sachverhalte von Leserinnen und Lesern in ihr bereits vorhandenes Wissen integriert werden, sodass aktives Umstrukturieren und Erweitern zu „neuem Wissen" führt (nach Kintsch 1996, S. 507; vgl. Kapitel A 3).

Genauer lassen sich Sachtexte von den kommunikativen Funktionen her bestimmen, die sie erfüllen (vgl. etwa Möhn 2000, S. 564 ff.; Brinker [6]2005). Diese Funktion – Brinker spricht von „Textfunktion" – meint „die im Text [...] ausgedrückte Kommunikationsabsicht des Emittenten" (Brinker [6]2005, S. 100). Nun hat es in der Entwick-

lung der Textlinguistik zahlreiche Versuche gegeben, diese Funktionen im Einzelnen zu erfassen und zu beschreiben. Für die nähere Beschreibung und Bestimmung von Sachtexten eröffnen sich dank dieser Bemühungen Wege, das umfangreiche, gelegentlich unüberschaubare Repertoire der Sachtexte zu gliedern und einer solchen Strukturierung einzelne Textsorten zuzuordnen. Brinker (^{6}2005, S. 112 ff.) unterscheidet nach der „Art des kommunikativen Kontakts" insgesamt folgende fünf Grundfunktionen (hier in veränderter Reihenfolge):
- Informationsfunktion
- Appellfunktion
- Obligationsfunktion
- Deklarationsfunktion
- Kontaktfunktion

Die „Informationsfunktion" intendiert dabei, Rezipienten über etwas zu informieren. Verben wie *informieren*, *mitteilen*, *melden*, *berichten*, auch *unterrichten* konkretisieren dies. Bei der „Appellfunktion" steht der Versuch im Vordergrund, Rezipienten zu bewegen, eine bestimmte Einstellung zu einem Sachverhalt einzunehmen oder eine bestimmte Handlung auszuführen. Verben wie *bitten*, *auffordern*, *anordnen*, *befehlen*, *raten* oder *empfehlen* veranschaulichen das Gemeinte. Hinzuzunehmen sind hier die kommunikativen Situationen, in denen Rezipienten zu „bestimmten Handlungsschritten und -möglichkeiten" angeleitet werden (vgl. Brinker ^{6}2005, S. 119). In diesen Fällen steht das *Instruieren* im Vordergrund; Bedienungsanleitungen und Rezepte werden maßgeblich durch diese Funktion bestimmt. Wer sich schließlich „verpflichtet, eine bestimmte Handlung zu vollziehen", realisiert die „Obligationsfunktion"; und wer durch seinen Text neue Fakten schafft bzw. etwas institutionell bewirkt (etwa durch *Bescheinigung*, *Ernennungsurkunde*, *Zeugnis*), setzt die „Deklarationsfunktion" konkret um (vgl. Brinker ^{6}2005, S. 126 f. bzw. 129). Texte, die – oft zu gesellschaftlichen Anlässen – die „personale Beziehung zum Rezipienten" in besonderer Weise ausdrücken, sind der „Kontaktfunktion" zuzurechnen. *Danksagung*, *Gratulation* oder *Kondolenzschreiben* sind dafür Beispiele (vgl. Brinker ^{6}2005, S. 127 f.). Solche Texte zeichnen sich häufig dadurch aus, dass sie in Briefen oder briefähnlichen Mitteilungen realisiert werden und sich dort einzelne kommunikative Funktionen vermischen, die Kontaktfunktion eher in andere Funktionen eingebettet ist (etwa die *Danksagung* im Rahmen einer *Würdigung*). Diese Beobachtung lässt es infolgedessen als gerechtfertigt erscheinen, die Fülle an Sachtexten von lediglich vier der genannten Funktionen her einzuordnen.

Zumeist werden die Funktionen schriftsprachlich realisiert, sie sind mit Koch/Oesterreicher (1994) als konzeptionell und medial schriftlich zu bezeichnen. Aus den genannten Funktionen lassen sich „Textsortenklassen" (vgl. Brinker ^{6}2005, S. 146) ableiten. Bei der fachexternen Kommunikation sind dabei folgende Funktionen besonders relevant, denen einzelne Textsortenklassen zuzuordnen sind. Die in der dritten Spalte der folgenden Tabelle angegebenen Verben konkretisieren die mit Funktion und Textsortenklasse einhergehenden Sprachhandlungen:

1. Was sind Sachtexte? Eine Annäherung aus textlinguistischer Sicht

Kommunikative Grundfunktion	Textsortenklasse	Sprachhandlung Verben (als Beispiele)
Informationsfunktion	informierende Texte	*informieren, berichten*
Appellfunktion	appellierend-instruierende Texte	*auffordern, raten*
Obligationsfunktion	verpflichtende Texte	*versprechen*
Deklarationsfunktion	bewirkende Texte	*bescheinigen*

Kommunikative Grundfunktionen und Textsortenklassen

Den Textsortenklassen lassen sich in einem weiteren Schritt Textsorten zuordnen. Textsorten werden dabei nach Heinemann (2000b, S. 513) verstanden als „eine begrenzte Menge von Textexemplaren mit spezifischen Gemeinsamkeiten". Im nächsten Schritt soll nun versucht werden, den Textsortenklassen einzelne Textsorten zuzuordnen. Da schon die kommunikativen Grundfunktionen ein jederzeit erweiterbares, keinesfalls überschneidungsfreies System darstellen, einzelne Textsorten in der Benennung begrenzt präzisiert sind (Beispiel: *Werbespot*) und andere wie der *Bericht* in *Wetterbericht, Sportbericht, Reisebericht, Börsenbericht* und dergleichen ausdifferenziert werden, wird eine Übersicht über Textsortenklassen und Textsorten weder vollständig noch völlig trennscharf sein. Immerhin liefert eine solche Einteilung jedoch Anhaltspunkte für eine weitere Zuordnung einzelner Sachtexte zu bestimmten Textsorten. Mit diesen Einschränkungen ergibt sich dann die folgende, in den einzelnen Gruppen alphabetisch geordnete, Zusammenstellung nach Textsorten, wobei neben den von Brinker (⁶2005) und Klute (2006) genannten Beispielen solche Texte zusätzlich aufgenommen wurden, die für den Deutschunterricht relevant sind (hier jeweils alphabetisch geordnet; vgl. dazu auch die Beispiele in Teil B und auf der Begleit-CD-ROM):

- informierende Texte (*informieren, berichten*): Abhandlung, Aushang, Bericht, Befund, Beschreibung, Besprechung, Bewerbung, biografische Notiz, Buchtipp, Essay, Glosse, Katalog, Klappentext, Kommentar, Kritik, Lebenslauf, Lexikonartikel, Meldung, Nachricht, Programm (Funk, Fernsehen, Theater), Protokoll, Reportage, Rezension, Sachbuch
- appellierend-instruierende Texte (*auffordern, raten, anleiten*): Anleitung, Antrag, Anweisung, Aufruf, Bittschrift, Empfehlung (im Sinne von Ratschlag), Gesetzestext, Gesuch, Horoskop, Inserat, Kochrezept, Mahnung, Packungsbeilage, Ratschlag, Rechnung, Reklamation, Satzung, Stellenanzeige, Werbespot
- verpflichtende Texte (*sich verpflichten, versprechen*): Angebot, Garantieschein, Gelöbnis, Gelübde, Einverständniserklärung, Kostenvoranschlag, Hausordnung, Klassenordnung, Vereinbarung, Vertrag

▸ bewirkende Texte (*bewirken*, *bescheinigen*): Bescheinigung, Ernennung, Gutachten, Meisterbrief, Testament, Urkunde, Vollmacht, Würdigung, Zertifikat, Zeugnis

Dieser Zusammenstellung ist zu entnehmen, dass die meisten Textsorten und Texte der Textsortenklasse *informierend* zuzuordnen sind, während es im Bereich des *Verpflichtenden* und *Bewirkenden* wenige, allerdings klar abgrenzbare, Textsorten gibt. Mit der unterschiedlich hohen Quantität der Textsortenklassen gehen übrigens Differenzen hinsichtlich der Bandbreite einher: Informierende Texte sind – bis hin zur Themenentfaltung und der Verwendung sprachlicher sowie nichtsprachlicher Mittel – vielfältiger und komplexer als etwa verpflichtende und bewirkende Texte. Alle Texte orientieren sich an Faktischem, was allerdings wertende Beiträge (etwa *Kommentar*, *Kritik*, *Rezension*) oder urteilende Passagen zu den angesprochenen Sachverhalten einschließt.

Die vorgenommene Zuordnung der Textsorten zu Textsortenklassen hat einen nicht zu unterschätzenden Nebeneffekt: Von diesem Versuch aus kann die Entscheidung bekräftigt werden, die Vielfalt der Texte, die im Rahmen der fachexternen Kommunikation produziert und rezipiert werden, unter der Bezeichnung *Sachtexte* zusammenzufassen und auf Bezeichnungen wie *Gebrauchstexte* (auch *pragmatische Texte*) oder *expositorische Texte* in diesem Buch zu verzichten. Bei der Bezeichnung *expositorische Texte* ist ein Ausschluss unproblematisch: *Expositorische*, also erklärende Texte, sprechen nur eine der oben genannten Funktionen an. Anders verhält es sich mit der Bezeichnung *Gebrauchstexte* (*pragmatische Texte*), der in der Vergangenheit insbesondere von der Literaturdidaktik favorisiert wurde. Die mit dieser Benennung intendierte Abgrenzung zu literarischen Texten konnte bis heute literaturtheoretisch nicht plausibel gelöst werden. Auch Sachtexte (wie etwa der *Aufruf*, vgl. B 2.6) können poetische Mittel aufweisen, wie andererseits im literarischen Bereich vom Gebrauch *ästhetischer Texte* gesprochen werden kann (etwa bei Brecht und Benjamin; vgl. Schwitalla 1997, S. 664 ff.).

Lehrtexte als Textsorte können ebenfalls von Sachtexten abgegrenzt werden. Das zeigt das folgende Beispiel zum Thema Fanzines und die Kommentierung dazu.

Was sind Fanzines?
Fanzines sind von Fans für Fans gemachte Magazine, Bücher oder Geschichtensammlungen. Die Aufmachung kann dabei von zusammengetackerten Loseblattsammlungen bis hin zu professionell gebundenen Drucksachen reichen. Fanzines [...] sind Sprachrohr ihrer Szenen, deshalb unentbehrlich für jeden, der sich gründlich mit einer bestimmten Jugendkultur beschäftigen möchte. (Baurmann u. a. 2003, S. 5)

Dieser Text – hier nur der Anfang – ist eigens für ein Schulbuch in didaktischer Absicht verfasst worden. Die Beschreibung steht in einem festen curricularen Zusammenhang: Schülerinnen und Schüler lernen innerhalb der Einheit „Jugendkulturen – Jugendsprachen" über diesen Text und einige ihm zugeordneten Aufgaben, dass Fanzines Ausdruck der Jugendkultur sind und dass man Jugendsprachen (Plural!) nur im Blick über das Sprachliche hinaus gerecht wird. Der *Lehrtext* fungiert hier ausschließlich als

Lehr-Lern-Medium (vgl. dazu auch Doderer 1961, S. 17) und seine didaktische Aufbereitung ist fachcurricular bestimmt. *Sachtexte* haben dagegen vorrangig ihre Funktion außerhalb des Unterrichts. Sie können – wie hier in Teil B – von Fall zu Fall als Lerngegenstand herangezogen werden. Lehrtexte und Sachtexte lassen sich demzufolge hinsichtlich ihres kommunikativen und didaktischen Rahmens deutlich unterscheiden.

1.2. Zur Analyse von Sachtexten. Ein Beispiel

Der Umgang mit Sachtexten setzt eine präzise Beschreibung der jeweils für den konkreten Unterricht ausgewählten Sachtexte voraus. Ausgehend von dem unter Kapitel A 1.1 skizzierten Rahmen können dafür die Merkmale, die bei Brinker (^{6}2005, insbesondere S. 154 ff.) und Möhn (2000, S. 571 ff.) vorgestellt werden, mit dem „Mehrebenen-Modell" bei Heinemann (2000b, S. 513 f.) und dem Vorschlag zum „Ensemble von Text und Bildern" (Becker-Mrotzek/Kusch 2007, S. 32) zu einer Folge von Analyseschritten verbunden werden. Die unten stehende Übersicht schlüsselt ein solches

A *Textfunktion*
informierend, appellierend-instruierend, verpflichtend oder bewirkend
B *Kontext*
kommunikative Situation: privat, öffentlich oder offiziell/institutionell geprägt
C *Adressat*
unbestimmt oder bestimmt (nach Alter, Geschlecht usw.)
Interesse, Vorwissen, Motivation der Adressaten
D *Qualität und Umfang des Mitgeteilten – Art des vermittelten Wissens*
Aktualität, Besonderheit oder Relevanz des Sachverhalts
monothematische oder polythematische Orientierung
Faktenwissen oder Handlungswissen
E *Thematische Entfaltung und Bezug zum Sachverhalt*
deskriptiv, explikativ, argumentativ oder narrativ
recht vollständig oder sichtbar reduziert
faktenbezogen oder wertend
monoreferentiell oder polyreferentiell
F *Sprachliche und nichtsprachliche Mittel*
Sprache: Text/Hypertext; Verwendung von Listen, Tabellen
Bilder: reale Bilder (Fotos, Zeichnungen) oder logische Bilder (Diagramme, Schaubilder)
sprachliche Mittel (Wortwahl, Syntax)
didaktische Aufbereitung
Gestaltung (Schrift, Auszeichnung, Text- und Zeilenausrichtung)

Schritte zur Analyse von Sachtexten

Teil A: Grundlagen und Ergebnisse

Raster als Schritte zur Analyse von Sachtexten auf. Sechs Analyseschritte A–F lassen sich unterscheiden.

An einem Beispiel („*Ich will den besten!" – Regeln zum Helmkauf*) soll dieses Analyseverfahren veranschaulicht werden (vgl. dazu auch B 2.2 und Materialien auf der Begleit-CD-ROM). Ergänzende Hinweise zu den sechs Feldern, die bei dieser Textanalyse nicht zu berücksichtigen sind, schließen sich ergänzend an.

„Ich will den besten!" – Regeln zum Helmkauf

Der Helm muss passen!

Und zwar richtig. Das bedeutet, dass der Helm nicht „für später" gekauft werden soll. Ein Helm ist keine Hose, die man hochkrempeln kann, bis sie richtig passt – er muss genau sitzen und die Stirn, die Schläfen und den Hinterkopf sicher abdecken. Genauso wichtig: der richtige Sitz des Kinnriemens. Denn bei einem Sturz darf nichts wackeln und nichts verrutschen. Also sagt euren Eltern, dass ihr unbedingt mitkommen müsst, wenn es um den Helmkauf geht! Aber nicht nur wegen der Passform ist es wichtig, dass ihr dabei seid.

Der Helm muss euch gefallen!

Mindestens genau so wichtig ist es, dass euch der Helm gefällt. Denn wenn ihr das Muster oder die Farbe blöd findet, dann ist es kein Wunder, dass der Helm schnell als „uncool" bezeichnet wird. Ihr solltet den Helm auch im Geschäft ausprobieren, damit klar ist, ob ihr damit zurechtkommt. Oder ist der Verschluss vielleicht schwer zu bedienen? Am besten geht ihr in ein gut ausgestattetes Fahrradgeschäft. Dort gibt es nicht nur eine große Auswahl, sondern auch Profi-Verkäufer, die euch einen richtig guten Helm empfehlen können.

Der Helm muss TÜV-geprüft sein!

Manche Helme sehen toll aus – aber wenn man mit ihnen richtig stürzt, brechen sie schnell und schützen den Kopf nicht optimal. Helme, die ein TÜV-Prüfzeichen tragen, haben schon eine Menge hinter sich und bewiesen, dass sie was verkraften können: Sogar einem Aufschlagsversuch auf einen stählernen Amboss aus einem Meter Höhe müssen sie standgehalten haben. Erst dann dürfen sie auch verkauft werden.

Quelle: Beate Maschke

Ein Beitrag für Kinder aus dem Internet

(A) Textfunktion. Im vorliegenden Text dominiert die appellierend-instruierende Intention, da ja Bedenkenswertes zum Kauf eines Fahrradhelms als nachdrücklicher Ratschlag und entschiedene Empfehlung vermittelt wird. Zwischenüberschriften (*Der*

Helm muss passen! Der Helm muss euch gefallen! Der Helm muss TÜV-geprüft sein!) gliedern den Text, indem sie wichtige Gesichtspunkte herausstellen, die dann erläutert werden. An einigen wenigen Textstellen wird ausdrücklich an die Leser appelliert: *[...] Also sagt euren Eltern, dass ihr unbedingt mitkommen müsst [...]* (Zeile 7 f.) – *[...] Ihr sollt den Helm auch im Geschäft ausprobieren [...]* (Zeile 13 f.) – *[...] Am besten geht ihr in ein gut ausgestattetes Fahrradgeschäft* (Zeile 15 f.).

(B) Kontext. Der vorliegende Ratschlag steht in einem multimedialen Zusammenhang des Senders MDR (Mitteldeutscher Rundfunk). Der MDR bietet innerhalb seines Rundfunkprogramms eine regelmäßige Sendung „Kulturradio Figaro" an, in der für Kinder unter dem Titel „Figarino" einzelne Kurzbeiträge eingeschlossen sind. Begleitet wird die Sendung durch einen Internet-Auftritt, der Hörern Texte zu einzelnen Themen des Rundfunkprogramms zum Abruf anbietet (unter http://www.mdr.de/kinderwelt/figarino). Im vorliegenden Fall teilen sachkundige Journalisten im öffentlich zugänglichen Bereich interessierten Kindern (Laien) mit, was beim Kauf eines Fahrradhelms zu beachten ist.

(C) Adressat. Adressat des Textes sind vor allem Jungen und Mädchen im Alter etwa zwischen acht und zwölf Jahren, die entweder durch ihre Eltern angeregt oder durch eigenes Recherchieren im Internet, an Ratschlägen zum Kauf eines Fahrradhelms interessiert sind oder beim Surfen darauf stoßen. Der Sachtext ist vor allem für jene Kinder interessant, die bereits über einiges Vorwissen verfügen. Heranwachsende, die beim Radfahren einen Helm brauchen, sind motiviert, diesen Text zu lesen: Es geht um einen Sachverhalt, der – wird er beachtet – zum eigenen Schutz beim Radfahren beiträgt.

(D) Qualität des Mitgeteilten – Art und Umfang des vermittelten Wissens. Thematisiert wird ein für Kinder und Erziehungsberechtigte wichtiger Sachverhalt. Keineswegs handelt es sich um einen einmaligen oder besonderen Vorgang. Relevanz, vielleicht sogar Brisanz, besitzt die Darstellung vor allem dann, wenn Kinder bereits selbst einen Fahrradunfall hatten oder von einem solchen Vorfall erfahren haben. Beim Kauf sollte der künftige Benutzer des Fahrradhelms dabei sein (Zeile 8), das Aussehen des Helms einschätzen (Zeile 11), die Handhabung selbst ausprobieren (Zeile 13 f.) und sich der Qualität des Helms vergewissern (Zeile 19 ff.). Auf die Beratung in einem *gut ausgestatteten Fahrradgeschäft* wird ausdrücklich hingewiesen (Zeile 15 f.). Der vorliegende Text vermittelt also Handlungswissen, wobei die Rezeption dadurch erleichtert wird, dass nur ein Thema erörtert wird (monothematischer Text).

(E) Thematische Entfaltung – Bezug zum Sachverhalt. Der angesprochene Vorgang (Überlegungen zum Kauf eines Fahrradhelms) wird in drei deutlich erkennbaren, jedoch inhaltlich verbundenen, Abschnitten beschrieben. Der gesamte Text hat eine bestimmte Struktur. Sie resultiert nach Brinker (^{6}2005, S. 61 f.) aus der Art der Themenentfaltung. Damit ist gemeint, wie das Thema gedanklich-sprachlich ausgeführt wird.

Die drei Teilüberschriften *(Der Helm muss passen! Der Helm muss euch gefallen! Der Helm muss TÜV-geprüft sein!)* sind Thesen, die anschließend durch Argumente abgesichert werden (argumentative Themenentfaltung). Der erste Abschnitt *(Der Helm muss passen!)* spricht ein wichtiges Kriterium beim Helmkauf an und schließt kontrastierend einen lediglich auf den ersten Blick ähnlichen Fall (nämlich den Kauf einer Hose) letztlich aus. Dadurch wird deutlich, dass hier eine „anspruchsvollere" Art des Passens gemeint ist (sicherer Schutz wichtiger Kopfpartien und ein passgenauer Sitz des Helms). Handlungsanweisung und Überleitung führen zum zweiten Abschnitt *(Der Helm muss euch gefallen!)*, in dem für die Aufmachung des Helms zwei Argumente genannt werden *(dass euch der Helm gefällt,* Zeile 11, neben Hinweisen zur Handhabung, Zeile 13 f.). Der heranwachsende Leser wird das, was aus dem Mitgeteilten folgt, aufgrund seines Vorwissens erschließen („Ich will gleich wissen, was beim Helm vorn und hinten ist, wo ich schnell – ohne hinzusehen – die Stelle zum Schließen und Öffnen finde"). Die Zulässigkeit der Argumentation wird im zweiten Abschnitt durch den Hinweis auf fachliche Autorität gestützt (insbesondere *Profi-Verkäufer,* Zeile 18). Der dritte und letzte Abschnitt *(Der Helm muss TÜV-geprüft sein!)* nimmt inhaltlich den zweiten Abschnitt auf, schränkt aber dessen Aussage ein *(Manche Helme sehen toll aus – aber wenn man mit ihnen richtig stürzt, brechen sie schnell und schützen den Kopf nicht optimal,* Zeile 19 f.). Anschließend wird die eigentliche These (Stichwort *TÜV-geprüft*) aufgenommen und belegt. Der Hinweis auf eine allgemein geltende Regel/Vorschrift *(Erst dann dürfen sie […] verkauft werden,* Zeile 23 f.) stützt dabei die Zulässigkeit des Arguments.

Wertungen im Sinne von Entscheidungshilfen finden sich im Text auch, sie werden Kinder als Leser ansprechen, die an den hier ablesbaren praktischen Konsequenzen interessiert sind: *Also sagt euren Eltern, dass ihr unbedingt mitkommen müsst […]* (Zeile 7 f.), *Mindestens genau so wichtig ist es, dass euch der Helm gefällt […]* (Zeilen 11–13). Nur an einer Stelle wird ein weiterer, verwandter Referenzbereich zusätzlich herangezogen (Hosenkauf), um den Kauf eines Fahrradhelms deutlich von einem lediglich auf den ersten Blick vergleichbaren Kauf einer Hose abzuheben (vgl. Zeile 4).

(F) Sprachliche und nichtsprachliche Mittel. Beim vorliegenden Text (ohne Bilder) als typografisch gestaltetem Text fällt sogleich auf: Die zweigeteilte Überschrift nimmt zunächst das typische Denken vieler Kinder auf („*Ich will den besten!*") und spricht dann „seriöser" das eigentliche Anliegen des Beitrags an (Regeln zum Helmkauf). Die folgenden Hinweise werden durch eingängige, im Aufbau ähnliche (Wortwiederholungen, gleicher Satzbau) und im Layout auffallende Teilüberschriften herausgehoben (in Fettdruck mit Ausrufezeichen). Die drei Absätze fallen trotz alledem inhaltlich-sprachlich nicht auseinander. Der Beginn eines neuen Abschnitts nimmt den vorangegangenen auf, die einzelnen Sätze und Teilsätze sind durch kohäsive Mittel verknüpft. Ein eindrückliches Beispiel dazu findet sich in den Zeilen 6 f.: *Genauso wichtig: der richtige Sitz des Kinnriemens. Denn bei einem Sturz darf nichts wackeln und verrutschen.* Diese Äußerung entspricht der folgenden denkbaren Variante eines einzigen kohärenten schriftsprachlich konzipierten Satzes: *Genauso wichtig ist der richtige Sitz des Kinnriemens, denn bei einem Sturz darf nichts wackeln und verrutschen.* Weitere sprachliche Gestaltungsmittel, die sich häufig in Sachtexten finden, werden auch hier verwendet: sachangemessene, doch verständliche Bezeichnungen (*Passform, Kinnriemen, Verschluss*), die teilweise zur Fachsprache tendieren (*TÜV-Prüfzeichen, Aufschlagsversuch, stählerner Amboss*), auch ein verknappter bis elliptischer Satzbau (*Und zwar richtig; Genauso wichtig: der richtige Sitz des Kinnriemens*).

Sachtexte für Kinder und Jugendliche orientieren sich zumeist an den geistigen und sprachlichen Fähigkeiten der Heranwachsenden. Sie weisen zumeist eine didaktische Komponente auf. Über den begrenzten Umfang und das Layout hinaus wird dies beim Beispieltext an den bereits erwähnten inhaltlichen und sprachlichen Auffälligkeiten sichtbar. In der gedanklichen Abfolge orientiert sich der Text an der Denkweise von Kindern. Ausgehend von handfesten, zum Teil an Äußerlichkeiten orientierten Überlegungen dringt der Text zu präzisen Tipps vor. Beispiele: *Genauso wichtig: der richtige Sitz des Kinnriemens.* (Zeile 6) *Ihr solltet den Helm auch [...] ausprobieren* [statt *anprobieren*, J. B.], *damit klar ist, ob ihr damit zurechtkommt.* (Zeile 13 f.) Darüber hinaus wird die Überprüfung durch den TÜV nicht bis in alle Einzelheiten beschrieben, sondern es wird exemplarisch ein beeindruckender Versuch innerhalb des Prüfvorgangs herausgestellt (vgl. den *Aufschlagsversuch*, Zeile 23 f.).

Sprachlich kommt der Text den Kindern entgegen, ist er doch in Wortwahl und Satzbau ihrem Sprachgebrauch nahe. So finden sich verkürzte Sätze (*Und zwar richtig, Genauso wichtig: [...]*, Zeile 3 bzw. 6) und gelegentlich eine Wortwahl, die ansonsten bei Sachtexten unüblich ist (*... dass ihr unbedingt mitkommen müsst; [...] wenn ihr das Muster oder die Farbe blöd findet; [...] der Helm schnell als „uncool" bezeichnet wird; Manche Helme sehen toll aus*). Eine Tendenz zur konzeptionellen Mündlichkeit ist hier unübersehbar. Darüber hinaus wird es jugendliche Leserinnen und Leser ansprechen, dass sie mehrfach direkt angeredet werden. Auf die Verbindung des Textes mit Bild oder Grafik – häufig auch ein didaktischer Kniff – wird im vorliegenden Fall verzichtet. Den Leserinnen und Lesern liegt ein kontinuierlicher Text vor.

1.3. Ergänzende Hinweise zu den Analyseschritten

Die Anwendung des Analyseverfahrens (vgl. S. 15) auf einen konkreten Text hat die meisten der dort aufgeführten Aspekte anschaulich erläutert. Gesichtspunkte des Analyserasters, die bei der Analyse nicht (bzw. kaum) thematisiert wurden, werden im Folgenden ergänzend ausgeführt.

(D) Qualität des Mitgeteilten – Art und Umfang des vermittelten Wissens. Sachtexte beziehen sich auf Gegenstände, Sachverhalte oder Vorgänge aus der Realität. Dabei wird sich die Qualität des Mitgeteilten von Sachtext zu Sachtext unterscheiden – hinsichtlich der Aktualität des Mitgeteilten, des Grades an Besonderheit (oder gar Einmaligkeit) oder wegen der Relevanz, die Leser und Leserinnen einem Text beimessen. Ein Sachtext zu Ringelnattern im Garten ist in vielen Regionen und zu bestimmten Jahreszeiten gewiss nicht aktuell und – da Ringelnattern für Mensch und Tier keine Gefahr darstellen – begrenzt relevant. Besonders oder sogar einmalig ist der Sachverhalt allerdings schon, da die scheuen, das Feuchte liebenden Tiere sehr selten in Gärten, Parks oder auf Spielplätzen zu entdecken sind. Sachtexte unterscheiden sich also in der Qualität – möglicherweise noch zusätzlich aufgrund besonderer kontextueller Bedingungen.

Darüber hinaus vermitteln sie unterschiedliche Arten von Wissen – Faktenwissen oder Handlungswissen. Während die Vermittlung realer Fakten dazu beiträgt, dass Leserinnen und Leser ihr Vorwissen sichern, verändern oder erweitern, steuern Sachtexte, die Handlungswissen weitergeben, das Verhalten von Rezipienten, oder sie legen bestimmte Handlungen zumindest nahe. So trägt der oben analysierte Text dazu bei, dass sich alle Beteiligten beim Kauf eines Fahrradhelms für Kinder sachangemessen entscheiden, indem sie Wichtiges beachten, ohne die Wünsche Heranwachsender außer Acht zu lassen.

(E) Thematische Entfaltung – Bezug zum Sachverhalt. Eine Art der Themenentfaltung, die erheblich die Struktur eines Textes bestimmen wird, hat die oben vorgenommene Textanalyse bereits vorgestellt: die *argumentative* nämlich. In vielen Sachtexten dominiert dagegen die *deskriptive* Themenentfaltung, bei der ein Thema aufgegliedert dargestellt und in Raum und Zeit bestimmt wird (vgl. hierzu und zum Folgenden Brinker 1988, S. 59 ff.). Das Thema kann dabei ein „einmaliger Vorgang" oder ein „historisches Ereignis" (Beispiel: Pkw kollidieren bei Überholmanöver, siehe B 1.8), ein „regelhaft (generalisierbar, wiederholbar) dargestellter Vorgang" (Beispiel: Schulordnung der Grundschule im Wallgut, siehe B 3.1) oder ein Lebewesen bzw. ein Gegenstand sein (Beispiel: die Darstellung der Brailleschrift, siehe B 1.11). Themen können schließlich in Sachtexten auch narrativ entfaltet werden. Gegenstand ist dann ein „abgeschlossenes, singuläres Ereignis", das als ungewöhnlich oder zumindest interessant gilt und an dem der Erzähler handelnd oder innerlich beteiligt ist. Wie ansonsten in Erzählungen werden dann in Sachtexten einzelne narrative Elemente genutzt – wie etwa die Orientierung (zu Ort, Zeit und handelnden Personen), die Darstellung und Lösung der komplexen Handlung, Bewertung/Einschätzung des Erzählten oder eine Koda (Lehre, Moral). Des Weiteren unterscheiden sich Sachtexte hinsichtlich ihres Bezugs zum Sachverhalt:

▶ Der Sachverhalt kann recht vollständig oder lediglich reduziert dargestellt werden. – Beispiel: Es wäre denkbar, nicht alle relevanten Gesichtspunkte mitzuteilen, die beim Kauf eines Fahrradhelms zu beachten sind, sondern lediglich die Überprüfung durch den TÜV herauszustellen.

▶ Sachtexte können darüber hinaus entweder deutlich faktenbezogen oder wertend angelegt sein. – Beispiel: Das Arbeitszeugnis über die Tätigkeit als Debitorenkon-

tenführerin (vgl. B 4.5) beschreibt den Ausbildungsgang und die wahrgenommenen Tätigkeiten, die anschließend auch bewertet werden.
▸ Und schließlich können sich Sachtexte auf einen Sachverhalt konzentrieren (monoreferentiell) oder weitere Referenzbereiche andeuten (polyreferentiell). – Beispiele: Während der Garantieschein zum Kauf einer Uhr (vgl. B 3.3) monoreferentiell nur auf diesen Sachverhalt gerichtet ist, spricht die offizielle Vereinbarung für Fan-Clubs des 1. FC Nürnberg polyreferentiell mehrere Aspekte an (die Mitgliedschaft des Fan-Clubs im Verein, die Unterstützung durch den Verein, die Vergünstigungen für Fans: Besorgen von Eintrittskarten, verbilligter Kauf von Fanartikeln, Unterstützung bei Turnieren der Fan-Clubs, Datenschutz und dergleichen, vgl. B 3.4).

(F) Sprachliche und nichtsprachliche Mittel. Über die (formal-)sprachlichen Mittel hinaus, die unter Wortwahl und Syntax für das obige Beispiel konkretisiert worden sind und die in Teil B für eine Vielfalt von Texten aufgenommen und je nach Text entfaltet werden, ist für viele Sachtexte ein erhebliches Bemühen um Präzision im Ausdruck (durch sachangemessene, doch verständliche Bezeichnungen) bezeichnend. Die Texte weisen dafür häufig eine geringe Redundanz auf, verwenden einen verknappten bis elliptischen Satzbau und tendieren zu Nominalisierungen. Attribute von einiger Komplexität sowie Passivgebrauch beziehungsweise deren Ersatz durch äquivalente Konstruktionen treten – verglichen mit anderen Texten – vermehrt auf (vgl. dazu auch Christmann/Groeben 2002; Baurmann/Müller 2005; Leisen 2009, S. 102).

Daneben zeichnen sich viele Sachtexte durch die Verwendung nichtsprachlicher Mittel aus. Bei bewirkenden Sachtexten wie Zeugnissen, Zertifikaten und Würdigungen (vgl. B 4.1, B 4.2 oder B 4.4) nehmen solche Mittel sogar einen erheblichen Raum ein. Neben der typografischen Gestaltung, die bei diesen Texten auffällt, ist noch auf Listen und Tabellen hinzuweisen, die in vielen Fällen durch Bilder ergänzt werden. Für den Bereich der Bilder haben Becker-Mrotzek/Kusch (2007, S. 32) vor Kurzem eine Differenzierung vorgestellt. Die beiden Autoren vereinen Fotos und Zeichnungen unter den „realen Bildern", während etwa Diagramme und Planskizzen unter den „logischen Bildern" zusammengefasst werden. Welche Beziehungen können zwischen Text und bildlichen Mitteln bei Sachtexten im Vordergrund stehen? Bilder vermögen Textaussagen zu stützen oder Sachtexte erläutern das, was bildliche Darstellungen zeigen. Im ersten Fall liegt es nahe, mit Sager (2000, S. 592) von „Illustrationen", im zweiten Fall von „Kommentaren" zu sprechen.

Einige der hier aufgeführten Mittel dienen explizit der „didaktischen Aufbereitung". Ob diese Form der leserorientierten Gestaltung im Einzelfall gelungen ist, lässt sich zumindest ansatzweise aus den Vorschlägen zur Textverständlichkeit schließen (vgl. dazu Kapitel A 2.4).

Insgesamt ist festzuhalten: Im Alltag begegnen Erwachsene, Jugendliche und Kinder einer Fülle von Texten, die informieren, appellieren (instruieren), verpflichten oder einen Sachverhalt bescheinigen. Als Teil der fachexternen Kommunikation können sie unter dem Begriff *Sachtexte* zusammengefasst werden. Ausgewählte Analysekriterien wie oben helfen, einzelne Textsorten und Texte zu beschreiben und Letztere bestimmten Textsorten zuzuordnen. So zählen

- zu den informierenden Texten beispielsweise *Bericht*, *Beschreibung*, *Lexikoneintrag*,
- zu den appellierend-instruierenden *Anleitung*, *Ratgeber*, *Aufruf*,
- zu den verpflichtenden *Angebot*, *Garantieschein*, *Vertrag* und
- zu den bewirkenden *Bescheinigung*, *Zertifikat* sowie *Vollmacht*.

Für alle genannten vier Textsortenklassen sind in Teil B hinreichend Beispiele aufgeführt, die sich zum Einsatz im Unterricht eignen.

1.4. Folgerungen für den Unterricht

Schon ab der Grundschule haben Sachtexte im Deutschunterricht eine erhebliche Relevanz. Diese Aussage wird durch den konkreten Unterricht (vor allem bei Verknüpfungen mit dem Sachunterricht) ebenso belegt wie durch Lehrpläne und Schulbücher. Nach den Bildungsstandards der Kultusministerkonferenz für das Fach Deutsch (Primarbereich) wird erwartet, dass die Kinder mit der Zeit „verschiedene Sorten von Sach- und Gebrauchstexten kennen" (Ständige Konferenz der Kultusminister 2005b [Hg.], S. 12). Diesen Zielen werden Aufgaben zu informierenden Texten mit narrativer sowie deskriptiver Themenentfaltung zugeordnet (S. 18 f. bzw. S. 33). Konkretisiert werden diese Vorgaben des Weiteren durch einige „kommentierte Aufgabenbeispiele", die das Verfassen einer „Gegenstandsbeschreibung" (S. 43) und die grammatikalisch-orthografische Analyse eines informierenden Textes mit explikativer Themenentfaltung anregen (*Warum nennt man Delfine auch Schlaumeier?*, S. 48). Innerhalb der Sekundarstufe I wird für den Mittleren Schulabschluss und die Hauptschule gefordert, „Sach- und Gebrauchstexte [zu] verstehen und zu nutzen" (Ständige Konferenz der Kultusminister [Hg.] 2003, S. 14). Die als beispielgebend gedachte Nennung einzelner Textsorten ist zwar in den erwähnten Dokumenten nicht einheitlich, weicht im Grunde allerdings nicht markant voneinander ab. Es werden im Einzelnen genannt:

(a) *Nachricht, Lexikontext, Kommentar, Rede*,
(b) *Bedienungsanleitung, Gebrauchsanweisung, Gesetz, Jugendschutzgesetz, Werbetext* und
(c) *Arbeitsvertrag, Vertrag*.

Schaubilder als „logische Bilder" (siehe oben) kommen hinzu.

Die unter (a) aufgeführten Textsorten gehören zur Klasse der informierenden Texte, die unter (b) zu den appellierend-instruierenden und die unter (c) zu den verpflichtenden Sachtexten. Verglichen mit der Vorstellung von Textsortenklassen und Textsorten wirken die Beispiele in den Bildungsstandards knapp, beliebig und unvollständig: Bewirkende Sachtexte (wie *Zeugnis*, *Zertifikat*, *Würdigung*) werden, obwohl sie Schülern vertraut und wichtig sind, nicht berücksichtigt. Nach welchen Gesichtspunkten die Beispiele zu den übrigen Textsortenklassen ausgewählt worden sind, bleibt unklar. Dass sich *Bedienungsanleitung* und *Gebrauchsanweisung*, *Gesetz* und *Jugendschutzgesetz* aus textlinguistischer Sicht sehr ähneln, andererseits aber Hinweise auf *biografische Notiz*, *Rezension*, *Aufruf*, *Stellenanzeige*, *Schulordnung*, *Garantieschein* oder *Vollmacht* fehlen, ist schon eine unübersehbare, nicht zu akzeptierende Lücke. Im Deutschunterricht sollte darauf geachtet werden, alle Textsortenklassen zu beachten und daraus einzelne Textsorten und Texte auszuwählen (vgl. dazu Kapitel A 2).

Die oben vorgeschlagene Unterscheidung zwischen *Sachtext*, *Lehrtext* und *Fachtext* hilft auch zu entscheiden, welche Texte im Deutschunterricht verstärkt und nachhaltig zu berücksichtigen sind und welche Texte ihren didaktischen Ort in den anderen Fächern haben. Der Deutschunterricht wird zunächst und vordringlich solche Texte als Lerngegenstand berücksichtigen, die als Teil der fachexternen Kommunikation geeignet sind, lesedidaktische Ziele zu realisieren. Die Auseinandersetzung mit solchen Texten, die sich übrigens inhaltlich auf ganz verschiedene Sachverhalte beziehen können, sollte von der Grundschule bis in die Sekundarstufe II kontinuierlich und gründlich erfolgen, darüber hinaus so gestaltet werden, dass der Umgang mit Lehr- und Fachtexten in den übrigen Fächern von den Lernerträgen des Faches Deutsch profitiert. Diese Entscheidung mag verbreiteten Auffassungen und Praktiken widersprechen: In didaktischen Veröffentlichungen zum Thema und auch in der Schulpraxis wird vielfach erwartet, dass der Umgang mit Sachtexten im weitesten Sinne (also unter Einschluss der Lehr- und Fachtexte) als genuin sprachliche Aufgabe gesehen und deshalb dem Deutschunterricht zuzuordnen ist. Nicht nur aus zeitlichen und unterrichtsökonomischen, sondern auch aus fachlichen Erwägungen sind solche Erwartungen ausschließlich an Deutschlehrerinnen und Deutschlehrer unangemessen und – so pauschal – aus fachlicher Sicht verfehlt. Der dem Fach Geschichte angemessene Umgang mit historischen Quellen, die Erörterung fixierter mathematischer Beweise, selbst die Handhabung einer technischen Beschreibung zum Brückenbau (Baurmann/Baurmann 1981) lassen sich weder durch jede Lehrkraft des Faches Deutsch kompetent meistern noch ausschließlich sprachlich lösen. Die Vertrautheit mit historischen Sachverhalten und Arbeitsweisen, mit mathematischen Konventionen und Lösungswegen oder spezielle handwerkliche Erfahrungen sind jeweils in den genannten Fächern ebenso angesiedelt wie die sprachliche Aufarbeitung entsprechender Sachverhalte. Fachliche und sprachliche Momente bedingen sich wechselseitig. Das wird besonders deutlich, wenn ein Phänomen „nach allen Regeln der (jeweiligen) Kunst" auf den Begriff zu bringen ist. Vorrangig ist demnach die Aufgabe der entsprechenden Sachfächer, solche Texte curricular optimal einzubetten und unter fachlichen Gesichtspunkten auch (fach-)sprachlich kompetent zu bearbeiten. Auf diese Weise werden wichtige fachorientierte Lernprozesse abgeschlossen.

Der Deutschunterricht kann durch seine Berücksichtigung von Sachtexten allerdings den Umgang mit Lehr- und Fachtexten vorbereiten. Der Umgang mit Sachtexten wird im Deutschunterricht bei angemessener curricularer Progression sowohl inhaltlich wie auch sprachlich zunehmend anspruchsvoller ausgelegt sein, damit Heranwachsende künftig dem öffentlichen Diskurs auch inhaltlich-fachlich gewachsen sind. Eine sachbezogene Diskussion pro oder kontra Kernkraft in Zeiten des Klimawandels gerät schon bald an die Grenzen, wenn sie sich nur im allgemein verständlichen schriftsprachlichen Standard bewegt; eine solche Diskussion wird auch die Sprache der Gebildeten (nicht die der Experten!) aufnehmen, um „Bildungs- und – in Maßen – popularisiertes Fachwissen" zu vermitteln (vgl. Ortner 2006, S. 4 f.). „Bildungssprache" (ebd., S. 4 ff.) fungiert – so gesehen – als Bindeglied zwischen dem schriftsprachlichen Standard der fachexternen Kommunikation und der Fachsprache des fachinternen Austauschs. Im Rahmen eines fächerübergreifenden Unterrichts sind solche Übergänge am ehesten zu leisten. Die Kooperation verschiedener Fachvertreter am Studienseminar Koblenz zeigt in diesem Zusammenhang gangbare Wege (vgl. z. B. Leisen 2009). Solche Initiativen tragen dazu bei, den Umgang mit Sachtexten und Fachtexten curricular zu koordinieren. Dass ein entwickeltes, ausdifferenziertes, allerdings bisher fehlendes Curriculum zum Umgang mit Sachtexten im Deutschunterricht dem Unterricht vieler Fächer wichtige Impulse geben könnte, steht folglich außer Frage.

Die Vielfalt der Textsorten bei Sachtexten legt es nahe, Kinder und Jugendliche im Deutschunterricht mit möglichst (vielen) verschiedenen Texten bekannt zu machen. Damit geht eine intensive Förderung des „Textsortenwissens" (Heinemann 2000b, S. 518 f.) einher, die zur Erweiterung, Festigung und Verfeinerung von Leseerfahrungen erheblich beiträgt. Textsortenwissen strukturiert und optimiert die kommunikative Praxis, sind Textsorten doch „Werkzeuge" kommunikativen Handelns, „sozusagen [dessen] Grundbausteine" (Schneuwly 1995, S. 124). Ein vielseitiger, zudem reflektierter Umgang sichert letztlich jene Befähigungen, die für die Existenz einer hoch spezialisierten Gesellschaft und für das Miteinander in einer Demokratie mitentscheidend sind (vgl. auch Heinemann/Viehweger 1991, S. 145).

Informierende, appellierend-instruierende, verpflichtende und bewirkende Textsorten steuern auf jeweils unterschiedliche Weise die Erwartungen von Leserinnen und Lesern. Textsorten wie *Glosse* oder *Werbespot* können erst vor dem Hintergrund ihrer Zugehörigkeit zu einer Textsorte angemessen verstanden werden. Wer gelernt hat, bei der Rezeption eines Textes die jeweilige Textsorte miteinzubeziehen, Unterschiede zwischen Textsorten ebenso wie Gemeinsamkeiten zu erkennen, der tut sich auch beim Lesen und Verstehen von Sachtexten leichter. Mit der Zeit bilden sich Routinen heraus, auf die Schülerinnen und Schüler zurückgreifen können und die ein differenzierteres, damit gründlicheres Verstehen gewährleisten.

Sicherheit im Umgang mit Sachtexten wird dabei besonders gefördert, wenn die reflektierte *Rezeption* mit der *Produktion* von Sachtexten verknüpft wird. Schneuwlys „Ateliers" (1995, S. 120 ff.) stellen in diesem Zusammenhang eine attraktive Anregung dar. „Ateliers" als „kurze Schreibaufgaben" sind entweder obligatorisch, also für alle Schülerinnen und Schüler verpflichtend, oder fakultativ, frei wählbar. Soll beispielsweise im Unterricht der Sekundarstufe I ein historischer Sachverhalt lesend und schreibend erschlossen werden, dann können obligatorische oder fakultative „Ateliers" etwa wie folgt angelegt werden: Im Rahmen eines *obligatorischen Ateliers* machen sich die Schülerinnen und Schüler zunächst lesend damit vertraut, wie Informationen in Sachtexten organisiert werden. Zwei unterschiedliche Vorgehensweisen werden anschließend in kleinen Texten schreibend umgesetzt. Innerhalb eines *fakultativen Ateliers* werden hingegen beispielsweise Einleitungen für einen Sachtext geübt. Dazu werden verschiedene Möglichkeiten des Einführens in Sachbücher und -texte untersucht, anschließend eigene Versuche des Einleitens verfasst. Die Arbeit mit den „Ateliers" führt dazu, dass Schülerinnen und Schüler dank des eigenen Schreibens durch forschendes Lernen wichtige Aspekte zu Textsorten erfassen. Der Wechsel zwischen Produktion und Rezeption, zwischen obligatorischen und fakultativen Übungen, auch zwischen schriftlicher Reproduktion und dem Erproben neuer Möglichkeiten ist – da induktiv orientiert – deduktiven Vorgehensweisen, die mehr oder minder darauf vertrauen, lediglich vorgegebene Merkmale zu vermitteln, eindeutig überlegen.

Die Förderung des Textsortenwissens wird am Ende dadurch abgerundet, dass Schülerinnen und Schülern ab Ende der Sekundarstufe I die in diesem Kapitel vorgestellte Ordnung der Sachtexte im Rahmen der fachexternen Kommunikation vermittelt wird. Schülerinnen und Schülern sollte es dann möglich sein, einzelne Sachtexte der jeweiligen Textsorte zuzuordnen, Textsorten den Textsortenklassen als Teil der fachexternen Kommunikation. Auf diesem Weg werden die bei allen Sprachteilhabern bereits intuitiv vorhandenen Vorstellungen zu Texten und Textsorten sachbezogen fundiert und reflektiert ausgebaut. Gewiss auftretende Zweifelsfälle und Überschneidungen sollten dabei nicht zwanghaft beseitigt oder stillschweigend in Kauf genommen werden. An ihnen kann vielmehr gezeigt werden, dass wegen der „Vagheit und Variabilität" der konkreten Texte (Heinemann 2000a, S. 541) jede Ordnung an ihre Grenzen stößt.

2. Welche Sachtexte Jugendliche auswählen und lesen

Nachdem Sachtexte im Rahmen der fachexternen Kommunikation beschrieben und einzelne Textsortenklassen vorgestellt worden sind, wird in diesem Kapitel gefragt, welche Sachtexte Jugendliche auswählen und lesen. Befragungen sowohl von Schülerinnen und Schülern als auch von Lehrkräften liefern wichtige Anhaltspunkte zur Auswahl und Lektüre in Schule und Freizeit. Diese quantitativen Belege werden durch ausgewählte Ergebnisse der lesebiografischen Forschung einprägsam veranschaulicht und differenziert gestützt. Überlegungen zur Verständlichkeit von Texten schließen sich diesen Ausführungen an, bevor Folgerungen für den Unterricht dieses Kapitel abschließen.

2.1. Auswahl von Sachtexten für Schule und Freizeit

Bereits Grundschulkindern begegnen Sachtexte in den unterschiedlichsten Zusammenhängen. Der Umgang mit Sachtexten verstärkt sich dann nachhaltig bei Jugendlichen. Doch welche Texte und Textsorten nehmen Jugendliche wahr? Welche nutzen sie für die Schule und in ihrer Freizeit? Erste konkrete Antworten auf diese Fragen bieten Ergebnisse einer nicht repräsentativen Umfrage, die Becker-Mrotzek (2005, S. 73 ff.) „zum Textsortengebrauch in Schule und (außerschulischem) Alltag" durchgeführt hat. Befragt wurden dabei insgesamt 158 Jugendliche – 53 Schüler und 105 Schülerinnen aller Schulformen. Insgesamt 54 % der Befragten gaben zunächst an, in der Freizeit generell gern zu lesen; bei den Gymnasiasten bejahten 82 % der Jugendlichen diese Frage. 66 % aller Schüler (87 % der Gymnasiasten!) sagten außerdem, dass sie in der Schule häufig literarische Texte lesen; „Sachtexte als häufige Lektüre" wurden nur von insgesamt 59 % der Befragten genannt. Dass der zuletzt genannte Wert – wohl wider Erwarten – nicht höher ist, lässt sich erklären: Jungen, die nach den Ergebnissen der lesebiografischen Forschung eine deutliche „Sachtextvorliebe" auszeichnet (Graf 2004, S. 35), sind in der Erhebung von Becker-Mrotzek unterrepräsentiert. Auf den ersten Blick wirken diese Zahlen vertraut. Sie stimmen jedoch nachdenklich, wenn wir uns vergegenwärtigen, dass ja nicht nur ermittelt wurde, was im Deutschunterricht gelesen wird. Die Erhebung bezog sich vielmehr auf alle Fächer. Schon hier schließen sich Fragen an: Wie deutlich (und berechtigt) ist der offensichtliche Vorrang literarischer Texte im (Deutsch-)Unterricht? In welchem Maße werden im Deutschunterricht Sachtexte berücksichtigt? Dass bei der Beantwortung solcher Fragen nicht nur die Verteilung auf einzelne Textsorten, sondern auch deren Differenzierung in Schul- und Freizeit-Lektüre weiterhelfen kann, liegt auf der Hand.

Das Vorgehen und die Ergebnisse bei Becker-Mrotzek bekräftigen diese Behauptung. Zunächst hat sich Becker-Mrotzek von Schülerinnen und Schülern Textsorten nennen lassen, die ihnen vertraut sind, und anschließend diese Zusammenstellung den Schülerinnen und Schülern aus seiner Stichprobe vorgelegt. Das waren Zehn- bis über Achtzehnjährige in verschiedenen Schulformen (Hauptschule, Gesamtschule, Gymnasium, Berufsschule). Die Nennungen verteilten sich über alle Textsorten, einschließlich der literarischen Texte, wie auf S. 28 dargestellt (Becker-Mrotzek 2005, S. 74; die Textsorten, die zu den Sachtexten zählen, erscheinen unterlegt).

Die Zusammenstellung zeigt, dass die Befragten viele Texte und Textsorten genannt haben, die zu den Sachtexten zu rechnen sind. Diese Sachtexte stehen zumeist im Zusammenhang mit alltäglichen Herausforderungen und Aufgaben, denen Heranwachsende begegnen. Einzelne Textsortenklassen, nämlich die informierenden und appellierend-instruierenden, werden häufig genannt, Beispiele für verpflichtende bzw. bewirkende Texte fehlen hingegen ganz. Da in der Zusammenstellung einerseits Textsorten wie Katalog und Kinoprogramm, andererseits undifferenziert Formate wie Internetseiten oder Tageszeitungen, aufgezählt werden, sind die Möglichkeiten einer Deutung der Ergebnisse begrenzt. Doch trotz dieser Einschränkung lassen sich aus den Angaben Hinweise für die Auswahl von Sachtexten im Deutschunterricht ableiten (siehe dazu unter Kapitel A 2.5).

Verstärkt und zugleich differenziert werden diese Ergebnisse, wenn man zu den Daten bei Becker-Mrotzek Befunde einer Befragung bei Grundschullehrern hinzunimmt. Diese Ergebnisse stützen sich auf eine Erhebung, die innerhalb der vergleichenden internationalen Lesestudie 2006 durchgeführt wurde (international als PIRLS 2006, in Deutschland als IGLU 2006 bekannt). Nach Auswertung der Ergebnisse (Lankes/Carstensen 2007, insbesondere S. 174 ff.) werden an deutschen Grundschulen zumeist didaktisch vorstrukturierte Texte (aus Lesebüchern, in Form von Arbeitsblättern) eingesetzt, „authentische Texte" werden deutlich seltener berücksichtigt. Im Deutschunterricht an Luxemburgs Grundschulen dominieren mit über 90 % die „Schul- und Lehrbücher", die vereinzelt wohl auch Sachtexte enthalten. „Zeitschriften oder Zeitungen für Kinder [...] spielen eine untergeordnete Rolle, ebenso Computerprogramme oder Lesestoff aus dem Internet." So verwundert es nicht, dass „fast die Hälfte der Lehrerinnen und Lehrer" lediglich einmal in der Woche informierende Sachtexte berücksichtigt. Damit sind „Beschreibungen oder Erklärungen zu Dingen, Menschen, Ereignissen", also informierende Sachtexte, gemeint. „Anleitungen oder Handbücher darüber, wie bestimmte Dinge funktionieren" – das sind appellierend-instruierende Texte – fallen dagegen mit 6,6 % der Nennungen deutlich ab (vgl. Berg/Valtin 2007, insbesondere S. 229 f.).

Unterscheidet man in einem weiteren Schritt die Nennungen für Sachtexte in der Schule von solchen, die für Jugendliche in ihrer Freizeit relevant sind, dann ergibt sich die in der Tabelle auf S. 28 ablesbare Verteilung (nach Becker-Mrotzek 2005, S. 74 f.).

Der Vergleich zeigt, dass die Befragten Sachtexte für die Bereiche Freizeit und Schule unterschiedlich oft nennen. Da von den Angaben auf die jeweilige Nutzung

Teil A: Grundlagen und Ergebnisse

Textsorte, Textsortenklasse	Nennungen in Prozent	Bemerkungen, insbesondere zur Textsortenklasse
Kurzgeschichten	43 %	
Sachbücher	34 %	informierender Sachtext
SMS	29 %	
Sprachbücher	28 %	
Briefe	26 %	
Schullektüre	24 %	vorwiegend literarische Texte
Gedichte	22 %	
Romane	19 %	
Jugendromane	14 %	
Dramen	14 %	
Internetseiten	13 %	vorwiegend informierende und appellierend-instruierende Sachtexte
Abenteuerromane	13 %	
Lexika	13 %	informierende Sachtexte
Werbung	11 %	appellierend-instruierende Sachtexte
Tageszeitung	11 %	vor allem informierende Sachtexte
BILD-Zeitung	10 %	vor allem informierende Sachtexte
TV-Programm	8 %	appellierend-instruierender Sachtext
Kataloge	8 %	informierende Sachtexte
Horoskop	8 %	appellierend-instruierender Sachtext
Rezepte	8 %	appellierend-instruierende Sachtexte
E-Mail	7 %	
Jugendzeitschriften	6 %	vor allem informierende Sachtexte
Kinoprogramm	5 %	appellierend-instruierender Sachtext
Krimis	5 %	
Mädchenromane	5 %	
Comics	4 %	
Liebesromane	4 %	
Bedienungsanleitung	4 %	appellierend-instruierender Sachtext
PC-Zeitschriften	3 %	vor allem informierende Sachtexte

Rangfolge der Nennungen von Textsorten bzw. Textsortenklassen durch Schülerinnen und Schüler verschiedener Schulformen ab Sekundarstufe I

2. Welche Sachtexte Jugendliche auswählen und lesen

Textsorte, Textsortenklasse	Nennungen in Prozent für den Bereich *Freizeit*	Nennungen in Prozent für den Bereich *Schule*
Internetseiten	69 %	–
TV-Programm	66 %	8 %
Werbung	60 %	11 %
Kinoprogramm	52 %	5 %
Tageszeitung	50 %	11 %
Kataloge	49 %	8 %
Horoskope	48 %	8 %
Jugendzeitschriften	47 %	6 %
BILD-Zeitung	41 %	10 %
Rezepte	36 %	8 %
Sachbücher	30 %	34 %
PC-Zeitschriften	30 %	3 %
Lexika	28 %	13 %
Bedienungsanleitungen	18 %	4 %

Nennungen in Prozent von Textsorten bzw. Textsortenklassen (nur Sachtexte) für die Bereiche Freizeit und Schule

geschlossen werden kann, verdienen die Prozentzahlen für den Bereich Freizeit besondere Aufmerksamkeit. Hier entscheiden sich die Jugendlichen ja gemäß ihrer Interessen und Bedürfnisse. Die Tabelle zeigt nun, dass lediglich bei der Nennung „Sachbücher" die Werte für die Nutzung in der Freizeit beziehungsweise in der Schule nahe beieinanderliegen; bei anderen Textsorten sind die Unterschiede zum Teil beträchtlich. Internetseiten werden – so die Einschätzung der Befragten – im Unterricht nicht aufgenommen, während sie in der Freizeit der Jugendlichen aus nachvollziehbaren Gründen eine erhebliche Rolle spielen. Eine vergleichbare Relevanz im Alltag kann auf weitere Nennungen übertragen werden: TV- und Kino-Programme werden von den Befragten genannt, weil sie über Freizeitangebote informieren, Werbetexte und Kataloge deshalb, weil sie Kaufentscheidungen beeinflussen; und Horoskope bieten Rat für künftiges Handeln, PC-Zeitschriften informieren über den für viele Jugendliche so wichtigen Umgang mit Rechner und Internet. Bei allen Textangeboten, die die Jugendlichen nennen, sind die Unterschiede zwischen den Zahlen für Freizeit und Schule erheblich. Das gilt erstaunlicherweise selbst für Rezepte und Bedienungsanleitungen.

Textsorten, die außerhalb der Schule eine überragende Rolle spielen, werden demnach im Unterricht kaum berücksichtigt. Darüber hinaus fällt auf, dass lediglich zu zwei der vier vorgestellten Textsortenklassen (vgl. Kapitel 1) Beispiele genannt werden; unerwähnt bleiben auch hier verpflichtende und bewirkende Texte, was verwundert, da doch Schülerinnen und Schüler häufig Klassen- oder Schulordnungen, Zeugnissen, Vollmachten und Würdigungen (Urkunden) begegnen. Dass sich aus diesen Ergebnissen didaktische Folgerungen ergeben, liegt auf der Hand. Sie werden in Kapitel A 2.5 erörtert.

2.2. Zur Lektüre von Sachtexten

In welchem Maße sich jugendliche Leserinnen und Leser Sachtexten zuwenden, ist bisher anhand quantitativer Daten erörtert worden. Diese Ergebnisse können im Rückgriff auf die *lesebiografische Forschung* ergänzt und ausdifferenziert werden. Im Rahmen dieser Forschung werden Selbstaussagen von Leserinnen und Lesern gesammelt, ausgewertet und gedeutet, die den Verlauf einzelner Lesebiografien nachzeichnen und Aussagen zur Lese-Entwicklung formulieren.

Für den hier erörterten Umgang mit Sachtexten ist dabei ein Ergebnis von erheblicher Bedeutung und Tragweite. Nach Graf (2002, S. 522 ff.; 2003, S. 115 f.; 2004, S. 33 ff.) vollzieht sich bei jungen Leserinnen und Lesern etwa ab dem zwölften Lebensjahr ein „dramatischer Umbruch" innerhalb ihrer Lesesozialisation. Graf spricht von einem „Genrewechsel". Die Leselust, die im Kindesalter vorwiegend auf Spannung und Fantasiebefriedigung ausgerichtet war, weicht nun einer stärker sachorientierten Lektüre. Der ästhetische Lesegenuss, den fiktionale Literatur bereiten kann, gilt fortan nur einer Minderheit als attraktiv – ja, denkbare ästhetische Leseerfahrungen werden nun von vielen Jugendlichen sogar gegen die jetzt bevorzugte Sachtextlektüre ausgespielt. Deutliche „Sachtextvorliebe" bei „genereller Abwertung des Fiktionalen" – so lässt sich mit Graf (2004, S. 35) der einschneidende „Genrewechsel" auf eine Formel bringen. Die von Graf (2004, S. 38) mitgeteilte entschiedene Äußerung eines männlichen Jugendlichen veranschaulicht diese Frontstellung deutlich:

> *„In Romanen hat der Autor bereits seine Phantasie und seine Gefühle eingebracht. Das ist aber nicht meine Vorstellung der Dinge. Nur aus Fakten heraus kann ich kreativ werden, Vorstellungskraft und Phantasie entwickeln, mich in die Dinge, die damals passierten, hineinversetzen."*

Wie intensiv dabei die Lektüre von Sachtexten (!) sein kann, zeigt die Antwort eines weiteren Jugendlichen, die eher bei einem Leser oder einer Leserin zu erwarten ist, der oder die fiktionale Texte bevorzugt:

> *„Dieses Buch* [gemeint ist ein Sachbuch] *las ich mit aller Aufmerksamkeit und zu jeder Tageszeit. Nur hatte man am Tag leider wenig Zeit. So blieb nur die Nacht. Damit mein Bruder schlafen konnte und da meine Mutter von den verrückten Lesezeiten nichts erfahren sollte, nahm ich die Taschenlampe mit ins Bett. Oft stand ich morgens um halb vier bis sechs Uhr auf und nahm das Buch mit ins Wohnzimmer."*
> (Graf 2004, S. 36)

Dieser Vorliebe für Sachtexte bei männlichen Lesern stehen Einstellungen von weiblichen Jugendlichen gegenüber, für die der folgende Hinweis einer Leserin charakteristisch ist:

> „Sachbücher in dem Sinne habe ich außer für Studienzwecke wohl nie gelesen. Romane, Erzählungen, Geschichten usw. teilen mir auch Wissen mit." (Graf 2004, S. 38)

Die Verschränkung, die sich aus diesen Aussagen ableiten lässt, kann man so auf den Begriff bringen: Was die Auswahl der Texte betrifft, können unter den Jugendlichen neben den sogenannten Sachtextlesern (zumeist) Leserinnen ausgemacht werden, die sich vornehmlich für fiktionale Texte entscheiden. Wenn die Art der Lektüre betrachtet wird, kann mit „genießenden Sachbuchlesern" und (sich) „informierenden Romanleserinnen" gerechnet werden (Graf 2004, S. 39).

In einem Buch über den Umgang mit Sachtexten drängt sich eine weitere Frage auf: Woraus resultiert nun diese „Sachtextvorliebe"? Welchen Ertrag versprechen sich Jugendliche von Sachtexten? Welche Erwartungen verbinden sie damit? Die Antworten auf diese Fragen (nach Graf 2002 und 2003, auch Wrobel 2008, S. 337 f.) leuchten ein. Jugendliche erwarten, dass

▸ sie dank dieser Texte – vor allem unter Gleichaltrigen – mitdiskutieren können und als gleichberechtigt akzeptiert werden;
▸ die Lektüre von Sachtexten ihnen hilft, alltägliche Aufgaben und Verpflichtungen zu meistern;
▸ sie ihre rezeptiven Fähigkeiten verbessern, ihr verfügbares Wissen erweitern und dass sich dadurch bessere Möglichkeiten der eigenen Meinungsbildung eröffnen.

Auch für diese Auffassung finden sich Belege in lesebiografischen Dokumenten. So schreibt ein Chemiestudent im Rückblick auf seine bisherige Lesesozialisation (Graf 2002, S. 522):

> „Die Kenntnis bestimmter Bücher, glaube ich, gehört zur Allgemeinbildung, weil
> 1. ich die Erfahrung gemacht habe, dass teilweise über diese Bücher diskutiert wird, und ich somit ohne diese Kenntnis nicht am Gespräch teilhaben kann;
> 2. ich die Erfahrungen, die in einem Buch geschildert werden, von Zeit zu Zeit nutzen kann, um bestimmte Situationen besser bestehen zu können."

Bündelt man abschließend die Ergebnisse der lesebiografischen Forschung unter einer geschlechtsspezifischen Perspektive, dann kann man sich dem anschließen, was Graf in einer jüngeren Veröffentlichung (2007) zur Entwicklung von Leserinnen und Lesern festgehalten hat. Die „habituelle Sachtextpräferenz" resultiert bei Jungen aus der Lesekrise am Ende der Kindheit. Wenn Jungen zu diesem Zeitpunkt Lesen als Tätigkeit akzeptieren, dann bevorzugen sie Sachbücher oder Sachtexte. Zugleich werten sie fiktionale Literatur ab. Bei Mädchen mit verbreiteter „habitueller Romanpräferenz" verläuft die Entwicklung anders: Die nachhaltige Prägung durch die fiktionale Literatur der Kindheit wirkt insoweit fort, dass jugendliche Leserinnen nun der fiktionalen Jugendliteratur oder der Unterhaltungsliteratur zuneigen (vgl. Graf 2007, S. 102 ff.).

2.3. Hypertext/Hypermedia im Deutschunterricht

Die bisher vorgestellten Ergebnisse lenken für den Umgang mit Sachtexten den Blick auf eine weitere Tatsache. Viele Sachverhalte werden nicht über Bücher oder Textsammlungen, Zeitungen, Zeitschriften und Magazine erschlossen, sondern über Text-Bild-Angebote im Internet, über Hypertext oder Hypermedia. Umfasst das Angebot lediglich kombinierbare Textbausteine, dann sprechen wir von Hypertext; wird dieser Hypertext durch Bild, Ton, Film, Animation und Simulation medial erweitert, dann ist in der einschlägigen Fachliteratur von Hypermedia die Rede (vgl. Sager 2000, S. 588). Dass sich Text und Hypertext/Hypermedia unterscheiden, ist offenkundig. Allerdings sollten die Differenzen nicht überschätzt werden. Auch Hypertext und Hypermedia sind auf Kohärenz hin angelegt. Teile des Hypertextes (nicht der Hypertext insgesamt!) sind ebenfalls linear organisiert und werden vom Rezipienten sukzessiv erarbeitet. Was in diesem Zusammenhang die Links leisten, wurde und wird in vertrauten Texten (wie Lexika) durch Verweise auf Seiten, Kapitel oder Fußnoten geleistet; und die Zusammenstellung von Links in einer Randspalte ähnelt den Inhaltsverzeichnissen in Büchern. Unterschiede zur Rezeption von Texten ergeben sich eher daraus, dass Hypertext und Hypermedia freier genutzt werden können, häufig multimedial ausgelegt sind und an das Medium Computer gebunden sind. Entsprechungen und Unterschiede zwischen Text und Hypertext/Hypermedia zeigt die folgende Definition. Danach ist nach Sager (2000, S. 589) Hypertext/Hypermedia zu verstehen als

> *„ein kohärenter, nichtlinearer, multimedialer, computerrealisierter, daher interaktiv rezipier- und manipulierbarer Symbolkomplex über einem jederzeit vom Rezipienten unterschiedlich nutzbaren Netz von vorprogrammierten Verknüpfungen."*

Aus dieser Bestimmung des Begriffs lassen sich zwei Merkmale ableiten, die Hypertext/Hypermedia-Rezeption von der Aufnahme üblicher Texte unterscheiden. Das sind zum einen die Verknüpfungsmöglichkeiten, zum anderen die einzelnen Ebenen bei der Hypertext-Rezeption. Sager (2000, S. 593 f.) beschreibt folgende Varianten der Hypertext-Verknüpfung:

▸ *Kette:* Bei der Kette werden die Elemente des Hypertextes (oder von Hypermedia) linear miteinander verbunden. Es gibt deutlich ein Anfangs- und ein Endelement.
▸ *Kreis:* Auch beim Kreis haben wir eine lineare Verknüpfung, jedoch kein klar definiertes Anfangs- und Endelement mehr.
▸ *Stern:* Im Gegensatz zu Kette und Kreis ist der Stern nicht mehr linear verknüpft. Hier gibt es ein Ausgangselement, von dem aus stets aufs Neue weitere Elemente nach eigener Wahl erreicht werden können.

▸ *Baum:* Der Baum stellt eine auf Hierarchie angelegte Struktur dar, in der sich der Rezipient ähnlich wie bei Flussdiagrammen bewegt. Solche Verknüpfungen vermögen komplexe Sachverhalte in Themen und Unterthemen zu gliedern. Da die Teilthemen unabhängig voneinander „funktionieren", verläuft der Sprung von Teilthema zu Teilthema über die Knoten der gesamten Baumstruktur.
▸ *Netz:* Das Netz überwindet diese Begrenzungen: Innerhalb dieser Strukur sind Verknüpfungen zu allen anderen Teilthemen möglich.

Das zweite unterscheidende Merkmal betrifft die Ebenen, die hinsichtlich der Rezeption zu erkennen sind. Die erste Ebene nennt Sager (2000, S. 597) den „Objektbereich", der das Text- und Bildangebot des jeweiligen Sachverhalts umfasst (Beispiel: Schule im 19. Jahrhundert). Die zweite Ebene (die „Ebene des interaktiv nutzbaren Navigationssystems") spricht die Möglichkeiten des Navigierens an (Beispiel: Unterthemen wie Schulraum und Schulmöbel, Unterrichtsfächer und -ziele, Lehr- und Lernmaterialien). Will man Rezipienten ein Gesamtthema vorstellen, dann ist es möglich, eine solche Vorschau für den virtuellen Gang durch eine Schule der damaligen Zeit zu veranschaulichen. Dieser Gang fungiert dann als metaphorischer Rahmen für das ganze Thema – etwa wie der „Gang durch die Geschichte".

Obwohl die Beschreibung einige Unterschiede zu den Printmedien offenbart, besteht kein Zweifel, dass auch Hypertext/Hypermedia Teil der fachexternen Kommunikation sein können und dass damit die erörterten kommunikativen Grundfunktionen für Sachtexte gelten. Informierende Texte werden bei Hypertext/Hypermedia-Angeboten im Vordergrund stehen; die Unterschiede hinsichtlich Textualität, Verknüpfungsweisen, medialer Präsentation und der Möglichkeiten zur interaktiven Rezeption sind im Blick auf die Textsortenbestimmung sekundär. Erforderlich ist allerdings eine gewisse Versiertheit und Disziplin bei der Navigation.

2.4. Textverständlichkeit als Anhaltspunkt zu Auswahl und Lektüre

Die Präferenzen und Motive von Leserinnen und Lesern entscheiden nicht allein über Auswahl und Lektüre von Sachtexten im Deutschunterricht. Was jeweils für den Unterricht ausgewählt und bearbeitet wird, basiert in hohem Maße auch auf didaktisch-methodischen Entscheidungen. Zumindest Lehrerinnen und Lehrer als Verantwortliche sollten über die in Kapitel A 1 vorgestellten Analyseschritte hinaus einschätzen können, wie es um die Verständlichkeit eines konkreten Textes bestellt ist. Die Vertrautheit mit den theoretischen Einsichten und empirischen Befunden der Verständlichkeitsforschung stellen in diesem Zusammenhang eine wertvolle Hilfe dar.

Über die Verständlichkeit insbesondere nichtliterarischer Texte liegen seit Jahrzehnten brauchbare Ergebnisse vor. Weithin bekannt geworden sind die über Experten-Ratings empirisch ermittelten „Dimensionen der Verständlichkeit" von Langer/Schulz v. Thun/Tausch (1974), bei denen „sprachlich-stilistische, kognitiv-inhaltliche und motivationale Aspekte der Textrezeption" berücksichtigt werden (Christmann/

Groeben 1996b, S. 173). Verständliche Texte zeichnen sich demnach aus durch
- sprachliche Einfachheit,
- Gliederung/Ordnung,
- Kürze/Prägnanz sowie
- zusätzliche Stimulanz (im Sinne eines besonderen Anregungspotenzials).

Groeben (^{2}1978) hat diesen Ansatz aufgenommen und im Zuge empirischer Überprüfungen ermittelt, dass die jeweilige „inhaltliche Strukturierung" die Verständlichkeit von Texten in hohem Maße bestimmt. „Sprachliche Einfachheit" hatte im Vergleich dazu einen zwar signifikanten, doch deutlich geringeren Effekt; und das Ausmaß „semantischer Redundanz wirkte sich nur in Kombination mit der sprachlichen Einfachheit verständlichkeitsfördernd aus" (Christmann/Groeben 1996b, S. 173).

Kognitiver Rahmen des Mitgeteilten und kognitive Struktur des Textes
- Weist der Sachtext eine Vorstrukturierung auf (etwa durch sprechende Überschriften, Vorspann, Einleitung) und vermag diese die Rezeption zu steuern?
- Ist der Text konsequent nach einem erkennbaren Muster organisiert?
- Werden größere abgrenzbare Textteile am Ende in Frageform zusammengefasst?
- Weist der Text Analogien/Vergleiche auf, die zwischen bereits Bekanntem und dem neu Mitgeteilten vermitteln?
- Wird im Text das Thema oder das konzeptionell Neue näher und genauer ausgeführt?

Sprachlich-stilistische Gestaltung und Layout
- Werden geläufige, kurze, konkrete und anschauliche Wörter verwendet, insgesamt aber nicht völlig auf ungewöhnliche Wörter (etwa Fremdwörter oder Fachwörter) verzichtet?
- Werden kurze und grammatisch einfache Sätze verwendet – an Stelle grammatisch komplizierter Konstruktionen wie Negativ-Passiv-Sätze, Passiv-Frage-Sätze, Satzschachtelungen (etwa mit eingebetteten Relativsätzen)?
- Werden inhaltliche Wechsel (Themenwechsel) sprachlich angezeigt und Gedankensprünge vermieden?
- Werden grafische Veranschaulichungen (reale Bilder, logische Bilder) eingesetzt?

Attraktivität wichtiger Aussagen
- Werden zu wichtigen Aussagen Fragen gestellt, die Neugier erzeugen?
- Werden gezielt Widersprüche zum Wissen oder zu den Überzeugungen des Lesers formuliert?
- Werden plausible, doch widersprüchliche Alternativen genannt?
- Enthält der Text Informationen, die für den Leser neu sind?
- Enthält der Text persönliche Identifikationsangebote (Hinweis auf persönliche Erlebnisse, Gefühlszustände, Anekdoten u. dgl.)?

Leitfragen zur Verständlichkeit (nach Christmann/Groeben 1996b, S. 176 ff.)

Da beide Ansätze erhebliche Übereinstimmungen aufweisen, ist es schlüssig, dass Christmann und Groeben diese Entwürfe zum Ausgangspunkt „konkreter Handlungsanweisungen zur Herstellung verständlicher Texte" wählten (Christmann/Groeben 1996b, S. 173). Aus dieser Zusammenstellung lassen sich für den Umgang mit Sachtexten – gewissermaßen als Rekonstruktion aus professioneller rezeptiver Sicht – Leitfragen ableiten, die im Einzelfall die Ergebnisse einer Sachtextanalyse unter einem wichtigen Aspekt (nämlich dem der Verständlichkeit) ergänzen (siehe die Darstellung auf S. 34).

So hilfreich diese Zusammenstellung im konkreten Fall auch sein mag – sie sollte nicht suggerieren, dass es *den* verständlichen Text für alle Leser gibt – denn:

> *„Es kann [...] keinen Text geben, der für alle Lernenden* [Leser, J. B.] *optimal ist."*
>
> (Kintsch 1996, S. 525)

Bei dieser Relativierung stützt sich Kintsch auf die verstehenstheoretisch begründete Tatsache, dass von vornherein zwischen dem Text und dem Vorwissen des Lesers „genügend Überlappungspunkte" gegeben sein müssen und dass tieferes Verstehen als Folge eines aktiven Lesens bereits zuvor erworbenes Wissen voraussetzt. Konkret: Ein klar aufgebauter und gegliederter Text in angemessener sprachlicher Gestaltung stellt nicht sicher, dass Leser ihn verstehen, wenn ihnen das notwendige Vorwissen fehlt.

Dass Wert und Nutzen der Verständlichkeitsforschung an dieser Stelle mit einiger Vorsicht angeführt werden, hat also Gründe: Der Umgang mit Texten ist stets eine Interaktion zwischen Text und Leser. Der Blick auf die Verständlichkeit von Texten wird deshalb beim Verstehen nur begrenzt helfen. Im nächsten Kapitel wird dies deutlich, wenn das Verstehen als Prozess dargestellt wird.

2.5. Folgerungen für den Unterricht

Aus den Befragungen bei Jugendlichen, ausgewählten Ergebnissen lesebiografischer Studien und den Hinweisen zur Verständlichkeit von Texten lassen sich einige didaktische Überlegungen und unterrichtspraktische Anregungen und Vorschläge ableiten. Insgesamt ist deutlich geworden, dass mit zunehmendem Alter der Heranwachsenden – insbesondere nach dem einschneidenden „Genrewechsel" – Sachtexten als Unterrichtsgegenstand besondere Bedeutung zukommt. Das gilt vor allem für Jungen, deren aufkommende „Sachtextvorliebe" angeregt werden kann, auf dass möglichst viele zu „genießenden Sachbuchlesern" werden (vgl. Graf 2004). Bei Leserinnen verläuft die Entwicklung der Lesesozialisation weniger dramatisch. Mädchen sind auch an Informationen über Personen, Sachverhalte und Prozesse interessiert, entnehmen sie aber – wie gezeigt worden ist – auch den fiktionalen Texten, die sie weiterhin lesen. Insgesamt wird dadurch von beiden Geschlechtern zwischen fiktionaler und nichtfiktionaler Literatur eine Kluft konstruiert, die weder theoretisch haltbar noch im Blick auf mögliche Leseintentionen funktional ist. Diese Diskrepanz gilt es durch den Austausch von Leseeindrücken (im Sinne der Anschlusskommunikation, Hurrelmann 2002) und durch eine vielseitige Auswahl von Texten im Unterricht zu überwinden. Dies wird am ehesten dann gelingen, wenn Lehrkräfte Schülerinnen und Schüler aktiv in die Unterrichtsplanung miteinbeziehen, auf deren Kompetenz vertrauen und damit insgesamt zur Stärkung der Autonomie von Heranwachsenden beitragen (vgl. auch Streblow 2004).

Zur Auswahl und Lektüre von Sachtexten

Die Befragung von Becker-Mrotzek und lesebiografische Daten (siehe Kapitel A 2.1 und 2.2) legen nahe, beim Umgang mit Sachtexten möglichst viele Textsortenklassen zu berücksichtigen. Nach den Wahrnehmungen der Schülerinnen und Schüler werden in der Schule vor allem informierende und appellierend-instruierende Texte bevorzugt. Die zusätzliche Beachtung verpflichtender und bewirkender Texte (wie etwa Garantieschein, Kostenvoranschlag, Vertrag bzw. Bescheinigung, Urkunde, Vollmacht, vgl. B 3 bzw. B 4) leuchtet schon aus pragmatischen Gründen ein. Darüber hinaus werden dank solcher Ergänzungen die Erfahrungen mit (Sach-)Texten insgesamt erweitert. Wer einem breit gefächerten Textangebot begegnet, verfügt mit der Zeit über reiche Texterfahrungen, die beim Handeln nach Texten und bei der Textanalyse helfen.

Sachtexte schließen Sachbücher mit ein, die von den Jugendlichen erfreulich oft genannt werden. Der Umgang mit Sachbüchern kann im Deutschunterricht auf unterschiedliche Weise geschehen: Ein Sachbuch kann – wie andere Langtexte auch – Schwerpunkt einer Unterrichtsreihe sein. Ebenso ist die Lektüre einzelner Ausschnitte aus dem jeweiligen Sachbuch denkbar. Schülerinnen und Schüler stellen dann anschließend zu den Ausschnitten, die ihren Mitschülern bekannt sind, das gesamte Sachbuch vor. Gelungene Präsentationen wirken wie Lesetipps, die Zuhörer zur intensiven Lektüre anregen.

Bei den inhaltlichen Entscheidungen für informierende Sachtexte orientieren sich Lehrer und Schüler häufig an Inhalten anderer Fächer oder an den bevorzugten Hobbys der Kinder und Jugendlichen, die ansonsten im gesamten Unterricht nicht angesprochen werden (Beispiele: Angeln oder Voltigieren). Dass der Deutschunterricht selbst Inhalte anzubieten hat, die sich über allgemein zugängliche Sachtexte vermitteln lassen, wird bisher leider zu selten gesehen. Sachtexte zu Sprache und Literatur reichern den Unterricht an und können die vertiefte Auseinandersetzung mit Lerngegenständen des Deutschunterrichts begleiten oder ergänzen (vgl. dazu Baurmann/ Müller 2005). Das gilt etwa für das Phänomen der Brailleschrift (B 1.11), für „Briefe gegen das Vergessen" als Aktion von Amnesty International (B 2.6) oder für die Berücksichtigung von Sachbüchern zu Geheimsprachen oder Hieroglyphen.

Verständlichkeit von Sachtexten

Ein Kriterium für die Berücksichtigung von Sachtexten im Unterricht wird die Verständlichkeit von Sachtexten sein. Zur Einschätzung der Verständlichkeit von Sachtexten gibt es zumindest Anhaltspunkte, die in diesem Kapitel genannt worden sind. Die oben aufgeführten Leitfragen zur Verständlichkeit tragen bei Analysen (vgl. die Beispiele unter B 1 bis B 4) dazu bei, die Passung zwischen Text und Leser zuverlässiger zu erfassen, Möglichkeiten sowie denkbare Schwierigkeiten beim Umgang mit konkreten Texten zu antizipieren und das Potenzial an didaktischer Aufbereitung in gelungenen Texten einzuschätzen. Die Differenzierung von Angeboten im Unterricht wird dadurch ebenso gefördert wie Versuche, mit Textfassungen unterschiedlichen Schwierigkeitsgrads zu arbeiten. Darüber hinaus haben die Ausführungen zur Verständlichkeit gezeigt, wie nötig ein differenzierter Blick auf die Texte ist: Einfache Wörter und Sätze sind nämlich – insbesondere in ihrer Häufung – nicht grundsätzlich für das Verstehen von Vorteil. Fach- und Fremdwörter können die Rezeption sogar wirksam und nachhaltig anregen, wenn sie umsichtig eingeführt werden und im Textfluss deutlich hervorgehoben werden. Beispiel: „Offizieller Fan-Club" (OFCN, vgl. B 3.4). Analogien und Vergleiche sind hilfreich – insbesondere dann, wenn sich die miteinander verglichenen inhaltlichen Bereiche deutlich unterscheiden. Beispiel (ex negativo): *Ein Helm ist keine Hose, die man hochkrempeln kann* (B 2.2).

Schließlich sollte auch bedacht werden, dass stimulierende Passagen bis hin zur Abschweifung, die auf den ersten Blick attraktiv wirken, problematisch sein können: Wenn solche Mittel ausgiebig oder sogar übertrieben eingesetzt werden, verwirren sie den Rezipienten eher, als dass sie ihm nützen.

Schullektüre und Freizeitlektüre
Die Befragungen der Schüler haben gezeigt, dass zumindest bei der Auswahl von Sachtexten für die Bereiche Schule und Freizeit unübersehbare Unterschiede bestehen. Aus diesem Sachverhalt werden sich verschiedene didaktisch plausible Entscheidungen ergeben.

So sollte im Deutschunterricht häufiger und entschiedener auf die Sachtexte eingegangen werden, die Schülerinnen und Schülern aus ihrer Freizeit vertraut sind (Beispiel: Bedienungsanleitung). Eine solche Entscheidung schließt enger am Vorwissen der Heranwachsenden an und wird in vielen Fällen motivierend sein. Darüber hinaus wird sich das Textspektrum erheblich erweitern. Dass damit ein differenzierter Beitrag zur Leseförderung verbunden ist, liegt auf der Hand. Dass sich bei einer solchen Öffnung des Unterrichts dann bei den durch Sachtexte angesprochenen Inhalten das Lehrer-Schüler-Verhältnis ändern wird, ist zu erwarten. (Schülerinnen und Schüler sind nun Experten, der Lehrer der Laie.) Ebenso vertretbar ist in vielen Fällen die gegenteilige didaktische Entscheidung – nämlich auf solche Sachtexte im Unterricht zu verzichten, die Jugendliche außerhalb von Schule und Unterricht bevorzugen. Es ist nämlich die Frage, ob sich ein höheres Maß an Motivation einstellt, wenn die von den Befragten häufig genannten Horoskope oder Sachtexte aus Boulevardzeitungen im Unterricht thematisiert werden. Schülerinnen und Schüler könnten ein solches Ansinnen als Versuch der Schule deuten, sich auch noch ihrer Freizeit zu bemächtigen. Auszuschließen ist ebenfalls nicht, dass Jugendliche bei der unterrichtlichen Auseinandersetzung mit Horoskopen und Beiträgen aus Massenblättern doppelsprachig reagieren: Sie liefern im Unterricht die von den Lehrkräften wohl erwarteten Antworten ab, reagieren außerhalb der Institution hingegen ganz anders.

Die Befragungen von Schülern zur Textsorten-Rezeption (siehe S. 28 und 29) haben auch gezeigt, dass bestimmte Textsortenklassen weder in der Schule noch im Freizeitbereich eine Rolle spielen. Das gilt besonders für die Textsortenklasse der verpflichtenden und bewirkenden Texte. Garantieschein, Vereinbarung oder Bescheinigung und Vollmacht sind Jugendlichen kaum bekannt, erst recht nicht vertraut. Da diese Textsorten in einer deutlich schriftgeprägten und bürokratisch-juristisch ausgerichteten Gesellschaft äußerst relevant sind, kann auf deren Berücksichtigung im Unterricht eigentlich nicht verzichtet werden.

Kinder und Jugendliche nutzen zur Informationsbeschaffung häufig das Internet. Sie greifen dabei auf vertraute Sachtexte oder auf das Hypertext/Hypermedia-Angebot zu. Bei der Rezeption von Hypertexten eröffnet die jeweilige Art der Verknüpfung unterschiedliche Zugänge zu Texten beziehungsweise Textteilen. Mag zunächst bei jüngeren Schülerinnen und Schülern ein unreflektierter Zugriff auf Hypertexte akzeptabel sein, so wird Kindern und Jugendlichen doch zunehmend zu vermitteln sein, wie sie im Einzelfall vorgehen sollten, wie sich für ihre Fragestellung die recherchierten und rezipierten Textteile ordnen lassen, wie künftig das Recherchieren und Navigieren umsichtiger geplant und gezielt genutzt werden kann. Übungen ohne Computer bieten sich dazu an. Einzelne Teile des Hypertextes können auf Karteikarten knapp vermerkt werden und dann – etwa durch Wollfäden – mit anderen Elementen verbunden werden (Baurmann/Weingarten 1999, S. 21).

Authentizität und Aktualität

Stärker als bisher sollten im Deutschunterricht *authentische* Sachtexte berücksichtigt werden. Solche Texte nehmen am ehesten die konkreten außerschulischen Leseerfahrungen und jene Fragen auf, die Schülerinnen und Schülern wichtig sind. Das gilt gewiss für die in diesem Buch berücksichtigten Informationen über das Prüfverfahren von Computerspielen (B 1.9), für die Beschäftigung von Kindern nach dem Jugendarbeitsschutzgesetz (B 2.5), für Vereinbarungen zwischen Fan-Club und Fußballverein (B 3.4) oder für das Arbeitszeugnis (B 4.5). Bei diesen und vergleichbaren Texten ist für alle Beteiligten ohne Weiteres nachvollziehbar, dass damit aktuelle Herausforderungen angesprochen werden. Aus didaktischen Erwägungen für den Unterricht eigens produzierte oder aufbereitete Texte werden dagegen oft – ähnlich wie Mustersätze oder -texte im Grammatikunterricht – die Übertragung des Gelernten auch auf außerschulische Situationen kaum oder lediglich in Ansätzen gewährleisten.

So zu argumentieren, heißt nicht, authentische Texte ohne jeden Vorbehalt zu sehen. Authentische Texte zeigen gelegentlich auch, dass sie – da komplex oder eingeschränkt gelungen – die Rezeption oder die Arbeit im Unterricht erschweren. Vornehmlich bei jüngeren Schülerinnen und Schülern empfiehlt es sich, in Einzelfällen ausdrücklich didaktisch aufbereitete Sachtexte (aus Kinderzeitschriften, aus den Seiten bzw. Beiträgen für Kinder in Tageszeitungen, Funk und Fernsehen) heranzuziehen oder im Sinne einer Reduktion von Komplexität Texte für den Unterricht zu kürzen oder zu glätten. Ältere, versiertere Schülerinnen und Schüler sollten sich allerdings mit unbearbeiteten Texten auseinandersetzen, diese selbst verbessern und anschließend deren sprachliche und inhaltliche Grenzen kritisch bedenken (vgl. einzelne Aufgaben in B 1.10 oder B 1.12).

Neben der Authentizität ist die *Aktualität* gewiss ein weiteres wichtiges Kriterium für die Textauswahl. Aktuelle Texte schließen häufig eng am Vorwissen an, das Kinder und Jugendliche bereits erworben haben. Zu bedenken ist allerdings, dass inhaltlich vergleichbare Texte in bestimmten zeitlichen Zusammenhängen zwar gehäuft vorkommen, jedoch ihre Relevanz innerhalb kurzer Zeit verlieren. Offensichtlich wird dies, wenn man sich folgende Situation vergegenwärtigt: Auf die Bitte an Studierende, geeignete Sachtexte für den Deutschunterricht herauszusuchen, ergab sich im Januar/Februar 2007 folgendes Bild: Bei insgesamt 56 Vorschlägen gab es neben 25 Texten zu Einzelthemen

- 11 Texte zum Thema Wetter/Klimawandel,
- 8 Texte zu den Themen Handy, Computer/Computerspiel,
- 7 Texte zum Thema Jugend und Gewalt,
- 5 Texte zum Thema Sucht (Alkohol, Rauchen).

Die Häufungen bilden zweifelsohne inhaltliche Schwerpunkte der damaligen aktuellen öffentlichen Diskussion ab; und sie gewährleisten, ohne großen Aufwand weitere geeignete Texte zum gleichen Thema zu finden, die im Unterricht miteinander verglichen werden können. Allzu aktuelle Themen geraten aber auch schnell in Vergessenheit und passen dann so gar nicht mehr zum Wissens- und Kenntnisstand der Rezipienten. Ein Beispiel: Sachtexte zum Dopingmissbrauch bei der Tour de France 2007 (es waren teilweise äußerst differenzierte, auch spezielle Texte in der Tagespresse) sind dann mit ihren sporthistorischen, sportmedizinischen oder sportsoziologischen Bezügen selbst für Radsportbegeisterte nicht mehr interessant und inhaltlich nur noch begrenzt angemessen einzuschätzen.

Teil A: Grundlagen und Ergebnisse

3. Lesen und Verstehen von Sachtexten – was das heißt und was wir darüber wissen

Nachdem in den beiden ersten Kapiteln Sachtexte als Gegenstand und seine Adressaten, die Leser und Leserinnen, thematisiert worden sind, werden nun Lesen und Verstehen als Interaktion erläutert. Dieser Sachverhalt wird hier entfaltet, indem zunächst Begriffe geklärt werden und dann ein prozessorientiertes Modell zum Verstehen dargestellt wird. Einzelne Komponenten des Verstehens und Teilprozesse werden anschließend auf die Rezeption von Sachtexten bezogen. Empirische Befunde zu einzelnen Größen des Verstehensprozesses liefern Anhaltspunkte für didaktische Entscheidungen und konkrete Umsetzungen im Unterricht. Besondere Bedeutung kommt einem leserdifferenzierten Unterricht zu.

3.1. Lesen und Verstehen als Prozess

Lesen und Verstehen werden im alltäglichen Gebrauch oft nicht oder kaum unterschieden. Anhand der folgenden Beispiele soll gezeigt werden, dass die beiden Tätigkeiten jedoch Verschiedenes meinen.

Beispiel A: Kai hat den Titel des Buches *Frag doch mal... Die meistgestellten Fragen an die Maus* laut vorgelesen, doch insbesondere den zweiten Teil des Titels nach den Punkten nicht verstanden.
Beispiel B: Charlotte hat ein Buch über den Bau von Kathedralen gelesen (vgl. B 1.5) und kann nun erklären, wie früher die Glasfenster großer Kirchen hergestellt wurden.
Beispiel C: Jonas liest den folgenden Dialog laut vor.
    Sprecher 1: *Merhaba. Adın ne?*
    Sprecher 2: *Benim adım Orhan. Senin adın ne?*
    Sprecher 1: *Benim adım da Orhan.*
    Sprecher 2: *Ne tesadüf!*

Kai, Charlotte und Jonas (in den Beispielen A bis C) haben jeweils etwas gelesen – doch Art und Umfang der Verarbeitung unterscheiden sich beträchtlich. Beispiel A spricht das frühe Lesenlernen an. Anfänger können bereits Buchstaben in Laute umsetzen und Buchstabenkomplexe synthetisieren. Doch insbesondere bei schwirigen Wörtern (etwa *meistgestellten*) gelingt es Kai noch nicht, dem zweiten Teil der Äußerung auch einen Sinn zu geben. Im Beispiel B ist das anders: Charlotte kann ge-

3. Lesen und Verstehen von Sachtexten – was das heißt und was wir darüber wissen

wiss schon gut lesen. Sie gibt Wörtern und Sätzen im Textzusammenhang Sinn und verknüpft beim Lesen ihr bereits vorhandenes mit dem durch die Lektüre neu erworbenen Wissen (nach Gerstenmaier/Mandl 1995, S. 867). Insgesamt zeigen die Beispiele A und B: Für das Verstehen von Sätzen und Texten sind grundlegende geistige und sprachliche Fähigkeiten notwendig.

Dieses Zwischenergebnis eröffnet Möglichkeiten, das (vielleicht befremdende) Beispiel C einzuordnen. Selbst derjenige, der nicht Türkisch kann, hat keine Schwierigkeiten, den Text laut vorzulesen; verstehen kann er ihn allerdings nicht. Das heißt – so ganz stimmt das nicht. Die äußere Gestalt dieser vier Zeilen lässt den Leser zu Recht einen Dialog zwischen zwei Sprechern vermuten. Bei näherem Hinsehen fallen zudem die Satzschlusszeichen (insbesondere Frage- und Ausrufezeichen) und Wiederholungen im Text auf (*adın ne, benim adım*). Folglich werden im Dialog wohl Fragen gestellt und Antworten gegeben; der Ausruf am Schluss kann auf eine Pointe hinweisen. Und weiter: *Orhan* könnte ein Name, *Merhaba* eine Grußformel sein. Mit solchen Vermutungen kommt man der Textbedeutung schon näher. Wenn man dazu erfährt, dass *Ne tesadüf!* mit *Was für ein Zufall!* übersetzt werden kann, dann kann man vermuten, dass sich zwei Jungen oder Männer getroffen haben, die den gleichen Vornamen tragen. Dank plausibler Annahmen ist der Leser so auf dem Weg zum Verstehen.

Ausgehend von diesen Beispielen kann nun gefragt werden: Was heißt Verstehen, insbesondere Verstehen von (Sach-)Texten? Nach Kintsch (1996, S. 503 f.), dem prominenten Verstehenstheoretiker, der so verständlich schreiben kann, wird gegenwärtig weithin anerkannt, dass Verstehen von Texten nicht ein schlichtes Aufnehmen und Reproduzieren der Buchstaben, Wörter und Sätze meint. Lesen ist keine Sinnentnahme! Lesen und insbesondere das Verstehen des Gelesenen bedeuten vielmehr, dass Leser bei ihrem Tun (neue) Wissensstrukturen aufbauen, bei ihrer Lektüre Sinn konstituieren/konstruieren. Dabei greifen – so Schmid-Barkow (2004, S. 118 f.) – von der Textvorgabe ausgelöste Vorgänge und „lesergesteuerte Prozesse" so ineinander, dass bereits vorhandenes Wissen beim Leser bestätigt, erweitert oder umgestaltet – eben neu konstruiert wird. Insgesamt lassen sich bei diesem komplexen Prozess fünf Teilprozesse unterscheiden (hier nach Richter/Christmann 2002, S. 28 ff.). Diese Teilprozesse zeigt die Übersicht auf der folgenden Seite – ergänzt um die Komponenten Text, Leser und Lesestrategien (vgl. auch Baurmann 2006).

In den folgenden Abschnitten soll das Modell veranschaulicht werden – zunächst die Teilprozesse, danach Komponenten des Umfelds (Leser und Lesestrategien). Aspekte der Textvorgabe sind bereits im ersten Kapitel erläutert worden und brauchen hier nicht nochmals aufgenommen werden. Zur Veranschaulichung dient ein Zeitungsartikel (informierender Sachtext), wie er häufig in der Tagespresse zu finden ist.

Das Prozessmodell weist fünf Teilprozesse aus – zwei hierarchieniedrige und drei hierarchiehohe. Die Herstellung einer *propositionalen Textrepräsentation* als einer der hierarchieniedrigen Teilprozesse vollzieht sich während des Lesens im Kopf des Rezipienten, wenn Kernaussagen des Textes Zug um Zug zur Kenntnis genommen

Lesen und Verstehen Teilprozesse

Text
- Funktion
- Kontext
- Adressat
- mitgeteiltes Wissen
- Themenentfaltung
- Bezug zum Sachverhalt
- sprachliche und nichtsprachliche Mittel

hierarchieniedrige Prozesse
(zunehmend automatisiert)
- Bilden einer propositionalen Textrepräsentation
- lokale Kohärenzbildung

hierarchiehohe Prozesse
(recht komplex)
- globale Kohärenzbildung
- Bildung von Superstrukturen
- Erkennung rhetorisch-stilistischer Mittel

Leser
- Vorwissen
- Arbeitsgedächtnis
- Lesemotivation

Lesestrategien
- Wiederholungsstrategien
- (reduktive) Organisationsstrategien
- Elaborationsstrategien
- regulative Strategien
- Stützstrategien

Lesen und Verstehen – Prozessmodell

werden. Bei dieser Teiltätigkeit spielen die semantischen Zusammenhänge und der pragmatische Kontext eine bedeutsame Rolle, weniger die grammatische Struktur der einzelnen Sätze. Der Leser erfährt aus der Zeitungsmeldung, dass ein Jugendlicher mit dem Wurf einer Bierflasche einen Bus treffen wollte usw. Dass zwischen Teilsätzen und Sätzen inhaltlich-sprachliche Bezüge bestehen, wird dem Leser im Zuge der *lokalen Kohärenzbildung* offenbar. Im Textteil (Zeilen 3–18) sind solche Bezüge in komplexen Sätzen (*Als ein junger Randalierer [...], landete [...]*) oder zwischen Sätzen durch die Wiederaufnahme des Mitgeteilten zu erkennen (*Nach diesem Vorfall [...]*). Die lokale Kohärenzbildung ermöglicht mithin eine erste inhaltlich orientierte, dabei noch begrenzte Verarbeitung des Gelesenen.

Weiter und zu tieferem Verstehen reichen die hierarchiehohen Teilprozesse, nämlich die globale Kohärenzbildung, die Bildung von Superstrukturen sowie das Er-

Flaschenwurf mit Folgen

(mel). Das ging daneben: Als ein junger Randalierer am Montagabend am Heidter Berg eine Bierflasche auf einen vorbeifahrenden Bus der Stadtwerke werfen wollte, landete das Wurfgeschoss direkt vor einem Funkstreifenwagen der Polizei. Nach diesem Vorfall ließen sich die Polizisten im Fahrzeug nicht lange bitten und nahmen den betrunkenen 15-Jährigen vom Straßenrand kurzerhand mit auf die Wache. Die Eltern holten ihren Sohn wenig später in der Heckhauser Polizeidienststelle ab.

Quelle: Westdeutsche Zeitung, 16. 4. 2003, S. 11

Beispieltext: eine Zeitungsmeldung

kennen rhetorisch-stilistischer Auffälligkeiten. Diese anspruchsvollen Teilprozesse sichern das Verstehen eines Textes weitgehend und dauerhaft ab. *Globale Kohärenzbildung* als Verknüpfung größerer Einheiten (Satzfolgen, Abschnitte) zu einem Bedeutungsganzen gelingt, wenn der Leser das zunächst inhaltlich grob Erfasste, im Arbeitsgedächtnis Gespeicherte mit seinem bereits vorhandenen Vorwissen zu einem inhaltlich und textuell stimmigen Ganzen verknüpft (vgl. Richter/Christmann 2002, S. 32). Beim Beispieltext heißt dies etwa, dass Lesern Spielarten groben Unfugs bis hin zur Fahrlässigkeit nicht fremd sind. Die globale Kohärenzbildung, die Schlüsselstelle des Verstehens, verlangt Lesern ein hohes Maß an Übersicht sowie eine Zusammenschau und Beurteilung des Rezipierten ab. Leser können diesen Teilprozess kontrollierend begleiten und erfolgreich abschließen, wenn sie selbst präzise Fragen zum Text zu beantworten vermögen. Beispiele: „Ist der ‚junge Randalierer' eingesperrt worden oder nicht?" – „Entstanden durch den Flaschenwurf Schäden an Bus und/oder Funkstreifenwagen?" usw.

Gestützt und erleichtert wird diese anspruchsvolle Form der Kohärenzbildung dadurch, dass Leser über (konventionalisierte) Raster oder kognitive Muster zu Texten verfügen. Im vorliegenden Fall erkennen geübte Leser schon vom Layout her die Textsorte *Zeitungsmeldung* (Text in Spalten, Kurzzeilen, Titel in Fettdruck, *(mel)* als Angabe der Quelle; vgl. auch B 1.2 und B 1.8). Diese Einschätzung steuert sowohl die Leseerwartungen als auch die Hypothesen zu Zeit, Ort, Handlung und etwa Handlungsfolgen, die sich während der Lektüre zunehmend herausbilden, anschließend verifiziert beziehungsweise falsifiziert werden. Das *Erkennen rhetorisch-stilistischer*

Mittel sichert schließlich auch bei Sachtexten die Rezeption selbst dann, wenn – wie hier – eine üblicherweise auf Fakten ausgerichtete Meldung mit auffallenden, ein wenig verrätselten, auch ironischen Mitteln arbeitet. Beispiele: *Flaschenwurf mit Folgen* (Überschrift), *Das ging daneben* (Zeile 3) (soll heißen: Nicht nur der Flaschenwurf ging daneben, sondern für den Jugendlichen auch der weitere Abend mit einem Aufenthalt auf der Polizeiwache) – *Nach diesem Vorfall ließen sich die Polizisten ... nicht lange bitten* (Zeilen 10 bis 12) (Polizisten warten bei grobem Unfug nicht darauf, dass sie der Verursacher um ein Einschreiten bittet). Wer hinreichend über Leseerfahrungen und ein entwickeltes Vorwissen verfügt, lässt sich bei der Rezeption durch solche Textstellen nicht irritieren. Worauf kann sich nun das Vorwissen von Leserinnen und Lesern beziehen? Eine differenzierte Antwort auf diese Frage ist mit Streblow (2004, S. 287 f.) möglich. Sie unterscheidet

- das Wissen über Inhalte und Sachverhalte (*thematisches Wissen*); Beispiel: *Wird ein alkoholisierter 15-Jähriger von der Polizei aufgegriffen, werden die Eltern verständigt.*
- das Wissen über Textsorten und Textschemata (*Textsortenwissen*); Beispiel: *Eine Zeitungsmeldung teilt glaubhaft Vorgefallenes mit.*
- das Wissen über (geeignete) Strategien und deren Nutzung bei der Rezeption (*Strategiewissen*); Beispiel: *Auf die Frage, ob der Funkstreifenwagen beschädigt wurde* (was im Text nicht ausdrücklich beantwortet wird), *kann sich der Leser auf die Textstelle „direkt vor einem Funkstreifenwagen" stützen.*
- das Wissen über die eigenen persönlichen Möglichkeiten (*Personenwissen*); Beispiel: *Ich lese zwar schnell, es kann aber passieren, dass ich ein Detail übersehe.*

und – in vielen Fällen –

- das Wissen über die (Lese-)Aufgabe und deren Anforderungen (*Aufgabenwissen*); Beispiel: *Bei Multiple-Choice-Aufgaben kommt es auf genaues Lesen und Prüfen am Text an. Das gelingt mir meistens gut.*

Beim Lesen führen die genannten einzelnen Teilhandlungen und deren Zusammenspiel dazu, dass der Rezipient im Text angelegte Zusammenhänge erkennt und eine (Gesamt-)Vorstellung zum Text im Sinne des Bildens von Superstrukturen entwickelt. Die Forschung spricht vom Aufbau eines Situationsmodells (so Kintsch 1996) oder eines mentalen Modells (vgl. dazu etwa Willenberg 2004, S. 9). Es resultiert aus den Aktivitäten des Rezipienten, der auf bereits vorhandene Wissensstrukturen (Schemata) zurückgreift und diese im Rahmen des Verstehensprozesses umstrukturiert – im Wechsel zwischen Top-down- (also von den hierarchiehohen zu den hierarchieniedrigeren Prozessen) und gegenläufigen Bottom-up-Verfahren (vgl. dazu auch Schmid-Barkow 2004, S. 119).

Die Teilprozesse erfolgen nach der hier bevorzugten interaktionalen Theorie allerdings weder unabhängig voneinander noch streng sukzessiv. Gewiss gehen häufig „hierarchieniedrige" den „hierarchiehohen" Teilprozessen voraus, sodass die Gesamthandlung des Verstehens auch und in Grenzen als sukzessiv bezeichnet werden kann. Die genannten Teilprozesse folgen jedoch nicht ausschließlich starr aufeinander, sondern sie überlappen sich auch (etwa die lokale und globale Kohärenzbildung), sodass zwischen den Teilprozessen Wechselwirkungen auftreten. Mithin ist der gesamte Verstehensprozess auch *interaktiv* bestimmt. Spätestens bei Verstehensschwierigkeiten werden Leser zu bereits aufgenommenen Einheiten (Teilsätzen, Sätzen, Abschnitten) zurückgehen oder gegebenenfalls zu Textstellen im weiteren Textverlauf „springen". Solche sich wiederholenden „Bewegungen" im Text, die das Sukzessive relativieren, werden vor allem zur globalen Kohärenzbildung und zur Bildung der Superstruktur genutzt. Teilprozesse sind demnach wiederholbar, der Gesamtprozess ist somit auch *iterativ* geprägt. Schließlich leuchtet es ein, dass Lesen und Verstehen begünstigt werden, wenn sich Rezipienten der genannten Teilprozesse stets *bewusst* sind (vgl. dazu auch die Modellierung von Teilprozessen in der Schreibtheorie und Schreibdidaktik seit Ludwig 1983). Insgesamt gewährleistet diese differenzierte Sicht auf die Bezüge zwischen Teilprozessen beim Lesen, über eine schlichte, mechanisch wirkende Aneinanderreihung hinauszukommen, der Komplexität des Verstehens Rechnung zu tragen und die gegenwärtig gelegentlich übermäßige Betonung des Outputs im Unterricht zumindest zu relativieren.

3.2. Arbeitsgedächtnis, Lesemotivation und Lesestrategien

Dass dem *Arbeitsgedächtnis* beim Verstehen von Gelesenem besondere Bedeutung zukommt, hat vor Kurzem nochmals Streblow (2004, S. 279) prägnant zusammengefasst. Der Leistung des Arbeitsgedächtnisses ist es zu verdanken, dass Leser dem Text Informationen entnehmen, Propositionen bilden, diese ersten Bedeutungskerne auf ihre Beziehungen zueinander prüfen und gegebenenfalls dabei auftauchende Verstehenslücken schließen können. Darüber hinaus werden dank dieser Hilfe bereits vorhandenes Wissen und Textinformationen im Zuge der globalen Kohärenzbildung miteinander verknüpft.

Lesemotivation und *Lesestrategien* (siehe das Prozessmodell S. 42) stellen weitere wichtige Größen dar. Nach Rheinberg (1995, S. 124 ff.) sind Leser motiviert, wenn sich eine Situation ergibt, die das Verstehen eines Textes erfordert oder herausfordert; wenn es Lesern einleuchtet, dass die Lektüre zu einem Ergebnis führt und wenn sich aus diesem Tun erwünschte Folgen ergeben. Bei der Lektüre von Sachtexten wird die Motivation jugendlicher Leser häufig von vornherein gegeben sein. Konkrete Beispiele – geordnet nach Textsortenklassen (vgl. Kapitel A 1 und Teil B):

- *informierend:* Karsten interessiert sich für die Blindenschrift (vgl. B 1.11).
- *appellierend-instruierend:* Johannes liest die Anleitung zu einem Zaubertrick und prägt sich für eine Geburtstagsfeier die Anweisungen gut ein (vgl. B 2.1).
- *verpflichtend:* Leonie will eine Jeans, die sie vor Kurzem im Internet bestellt hat, zurückschicken. Sie liest dazu die Ausführungen zum Rückgaberecht (vgl. B 3.5).
- *bewirkend:* Carina hat zusätzlich zum Abiturzeugnis eine Würdigung ihrer ehrenamtlichen Tätigkeit erhalten (vgl. B 4.4).

Motivation und Einsatzfreude, Zuversicht und Genugtuung hängen beim Lesen erheblich von der *Selbstbewertung*, von den jeweiligen Einstellungen zu Erfolg und Misserfolg ab. Von Heckhausen stammt das nach wie vor aktuelle „Selbstbewertungsmodell" (hier nach Rheinberg 1995, S. 84), das in diesem Zusammenhang Beobachtungen erklärt, die im Unterricht zu machen sind. Erfolgszuversichtliche Leserinnen und Leser und diejenigen, die Misserfolge befürchten, unterscheiden sich bei der Auswahl von Aufgaben nach Anspruchsniveau, in der Ursachenerklärung für Erfolg und Misserfolg sowie in der Selbstbewertung. Erfolgszuversichtliche führen das Gelingen auf ihre Tüchtigkeit und die eigenen Anstrengungen zurück, während diejenigen, die von vornherein mit ihrem Scheitern rechnen, einen etwaigen Erfolg auf Glück oder auf den geringen Schwierigkeitsgrad der Aufgabe zurückführen. Misserfolge werden ebenso unterschiedlich erklärt – bei den Erfolgszuversichtlichen als Folge mangelnder Anstrengung oder Pech, bei den Misserfolg Befürchtenden als Mangel an eigenen Fähigkeiten. Die Selbstbewertung sieht deshalb einmal positiv, im anderen Fall negativ aus. Unter Folgerungen für die Praxis (siehe Kapitel A 3.4) wird auf die vorgestellten Ergebnisse nochmals eingegangen.

Beim Lesen und Verstehen bedienen sich Rezipienten bei den Teilprozessen bestimmter Verfahren, die gemeinhin Lesestrategien genannt werden. Sie stützen die Teilprozesse und tragen – so sie den Lesern vertraut sind – zu steigender Routine bei. Je sicherer Leser über solche Strategien verfügen, umso leichter und lohnender gelingen das Lesen und Verstehen. In Anlehnung an Bremerich-Vos/Schlegel und Willenberg lassen sich Lesestrategien als erprobte und bewährte Folgen von „mehr oder weniger komplexen Operationen" beschreiben, die Leser und Leserinnen bei spezifischen Aufgaben und Schwierigkeiten zu Lösungen führen (vgl. Bremerich-Vos/Schlegel 2003, S. 410; Willenberg 2004, S. 6; Leisen 2009, S. 18, spricht von „Handlungsplänen"). Aus den unterschiedlichen Erklärungsansätzen leitet Streblow (2004, S. 285) außerdem ab, dass sich Strategien durch hohe Wirksamkeit auszeichnen, „zielführend und flexibel" eingesetzt werden können, zunehmend automatisiert werden, doch dem Nutzer bewusst bleiben. Wenn auch die Grenzen zwischen einzelnen Strategien fließend sind, so lassen sich – heuristisch – von ihrer Funktion her fünf Strategien unterscheiden, die sich „im Umfang, Anspruchsniveau und Unterstützungsgrad" unterscheiden (Leisen 2009, S. 18). Die konkreten Erläuterungen zu den einzelnen Strategien, die beim Verstehen gleichsam als Werkzeug fungieren, nehmen dabei auch Vorschläge auf, die sich nach Leisen (2009, S. 18 ff.) insbesondere für den Umgang mit Sachtexten bewährt haben.

▸ *Wiederholungsstrategien* setzen Leser dann ein, wenn sie der Meinung sind, durch wiederholtes Lesen Sätze oder Texte besser verstehen zu können. Beispiele: Das mehrfache Durchlesen oder das Auswendiglernen einzelner Passagen sind solche Tätigkeiten.

▸ *(Reduktive) Organisationsstrategien* zielen darauf ab, das Gelesene durch Zurückführen auf das Wesentliche oder durch Vereinfachen besser zu organisieren und zu strukturieren. Beispiele: Das Unterstreichen von Wesentlichem, Randbemer-

kungen, das Beantworten oder Stellen einfacher Fragen zum Text, das (schriftliche) Zusammenfassen von Textteilen, das Ordnen oder Gliedern etwa mit Hilfe farbiger Markierungen, das Clustern oder die grafische Darstellung beziehungsweise Übertragung in eine andere Form sind in diesem Zusammenhang zu nennen. Zusammenfassungen sorgen dabei beispielsweise auf der einen Seite für die Stabilität der vermittelten Inhalte und Zusammenhänge, auf der anderen Seite erleichtern sie deren Unterscheidbarkeit.
- *Elaborationsstrategien* vernetzen die Textinformationen auf vielfältige Weise mit dem Vorwissen des Lesers. Beispiel: Paraphrasierungen, das Expandieren von Textteilen oder die Erläuterung von Stichwörtern helfen, neu vermitteltes Wissen mit dem bereits vorhandenen Vorwissen zu verknüpfen; ebenso das Herstellen von Vergleichen, das Formulieren anspruchsvoller Fragen (etwa „über den Text hinaus"), das Aufstellen von Hypothesen, der Aufbau einer Gegenposition oder der Textvergleich.
- *Regulative als metakognitive Strategien* sorgen schließlich dafür, den gesamten Prozess zu planen, zu überwachen und zu prüfen; und *Stützstrategien* helfen, dass Leseprozesse emotional und motivational zufriedenstellend verlaufen. Das Herstellen einer anregenden Leseatmosphäre, die Orientierung an einem realistischen Zeitplan (Leseplan), oder die positive Verstärkung bei Erreichen eines Leseziels sind Beispiele für Stützstrategien.

3.3. Empirische Befunde zum Lesen und Verstehen als Prozess

Nachdem die einzelnen Faktoren des komplexen Lese- und Verstehensprozesses knapp beschrieben worden sind, soll in diesem Teilkapitel dargestellt werden, welche Antworten empirische Arbeiten auf Fragen zum Verstehen von Sachtexten geben. Offensichtlich ist auf den ersten Blick, was gute und fähige Leser auszeichnet – nämlich Motivation und „eine positive leistungsbezogene Selbsteinschätzung", ein gefestigtes, zugleich flexibel einsetzbares Vorwissen, eine „hohe" geistige Leistungsfähigkeit sowie ein sicherer Umgang mit Lern-/Lesestrategien (vgl. Streblow 2004, S. 278, nach Guthrie 2004). Der folgende Überblick fächert des Weiteren dieses Ergebnis an der vorgestellten Modellierung des Verstehensprozesses entlang weiter aus.

Befunde zu den Faktoren Arbeitsgedächtnis, Vorwissen, Motivation

Im vorhergehenden Abschnitt ist bereits der Rang des Faktors *Arbeitsgedächtnis* herausgestellt worden. Dessen Leistungsfähigkeit hängt im Einzelfall von der zunehmenden Geläufigkeit der Verarbeitungsprozesse bei der Lektüre ab, ebenso die möglichen Leistungssteigerungen. Reichhaltige und vielfältige Leseerfahrungen sowie das Verfügen über ein sicheres planvolles Vorgehen beim Umgang mit (Sach-)Texten tragen am ehesten zur Optimierung des Arbeitsgedächtnisses bei. Bloßes isoliertes Training ruft dagegen keine nachweisbaren Steigerungen hervor (vgl. Streblow 2004, S. 279).

Beim *Vorwissen* denkt man – zunächst unabhängig von der Ausdifferenzierung nach Streblow (2004) – vornehmlich an das inhaltliche Vorwissen, das heranwachsende Leserinnen und Leser zum Thema schon mitbringen. Dass fundierte inhaltliche Vorkenntnisse erheblich das Verstehen begünstigen, ist auch nachweisbar. Zwei weitere Wissensbereiche sind allerdings innerhalb der aktuellen empirischen Forschung stärker beachtet worden, da in diesen Bereichen eher Interventionen möglich sind und auch erfolgversprechender erscheinen. Verstehen wird demnach gefördert, wenn Leser hinreichend über Textsorten- sowie Strategiewissen verfügen.

Was die *Lesemotivation* betrifft, hat die PISA-Studie 2000 (Deutsches PISA-Konsortium [Hg.] 2001) gezeigt, dass deutsche Schüler und Schülerinnen weniger motiviert sind als Gleichaltrige vieler anderer Länder. Ein erfreulicheres Ergebnis lässt sich für Grundschüler aus der IGLU-Studie 2006 ablesen: Viertklässer haben zum Lesen ein positives Verhältnis und lesen in ihrer Mehrheit auch außerhalb der Schule recht gern (Bos u. a. 2007, S. 155).

Dabei beeinflusst die konkret vorhandene Lesemotivation zumeist die Lesehäufigkeit und wohl auch die Qualität des Verstehens. Intrinsisch motivierte Kinder und Jugendliche lesen dreimal so viel wie diejenigen, die nicht über vergleichbare motivationale Antriebe verfügen. Nicht zu bezweifeln ist darüber hinaus die Tatsache, dass vorhandenes „thematisches Interesse" eine intensivere Verarbeitung des Gelesenen begünstigt. Bei hoher Motivation kann darüber hinaus erwartet werden, dass sich Heranwachsende vermehrt an schwierigeren Aufgaben versuchen und sich entschlossen aufkommenden Verstehensschwierigkeiten stellen. Beides – Motivation und inhaltliches Interesse – sind wichtige Bedingungen für die Lesekompetenz und deren Entwicklung (vgl. hierzu und zum Weiteren Streblow 2004, S. 280 f.).

In den letzten Jahren sind intrinsische und extrinsische (also von innen heraus entwickelte Antriebe gegenüber solchen, die von außen an den Leser herangetragen werden) nicht mehr so deutlich voneinander abgesetzt worden. Intrinsische und extrinsische Motivation werden vielmehr häufig ineinander übergehen oder auch wechseln. Hinsichtlich der Lesemotivation ist es allerdings in jedem Fall angebracht, wenn die jeweilige Lesesituation nicht allzu stark kontrolliert wird.

Es ist bereits oben angedeutet worden, dass sich Erfolgszuversichtliche von ihrer Altersgruppe hinsichtlich des gewählten Anspruchsniveaus deutlich abheben: Erfolgszuversichtliche bevorzugen – in realistischer Einschätzung ihrer Möglichkeiten – mittelschwere Aufgaben, während diejenigen, die Misserfolge befürchten, ihnen gemäße Anforderungen eher umgehen: Sie wählen entweder Texte und Aufgaben, die eine deutliche Unterforderung darstellen, oder besonders schwere, die sie gar nicht meistern können.

Befunde zu den Teilprozessen

Übereinstimmung besteht in den relevanten Untersuchungen darin, dass schnelle und zuverlässige Zugriffe auf der Wortebene, die Kapazität des Arbeitsgedächtnisses und das Vorwissen wichtige Voraussetzungen für das Verstehen sind. Mit der *Wort-*

ebene sind dabei nicht einzelne Wörter gemeint, die Wort für Wort erlesen und verstanden werden. Dank der umfänglichen, weitreichenden Forschung zu den Augenbewegungen beim Lesen (vgl. etwa die Übersicht bei Günther 1988, S. 99 ff.) wissen wir, dass Leser nicht Wörter, sondern Buchstabenkomplexe erfassen. Schmid-Barkow (2004, S. 120), die diesen grundlegenden Wahrnehmungsprozess beschreibt, teilt in diesem Zusammenhang mit, dass im Allgemeinen pro Augenbewegung „zirka 15 Buchstaben rechts und 5 Buchstaben links vom Fixationspunkt ruckartig ins Blickfeld [geraten]". Schwächere Leser sind häufig genötigt, zur Sicherung des Gelesenen an den Rändern des Wahrnehmungsfelds „Rücksprünge" vorzunehmen, was sich auf das Lesetempo und das Verstehen mindernd oder negativ auswirkt. Weiter bestätigt die Forschung, dass die jeweilige Leistungsfähigkeit des Arbeitsgedächtnisses das Speichern und Verarbeiten von Informationen quantitativ und qualitativ bestimmt (vgl. Richter/Christmann 2002, S. 45 bzw. 49). Unumstritten ist zudem die besondere Bedeutung des Vorwissens. So ist beobachtet worden, dass leseschwächere, doch Fußball spielende Jungen Texte zu diesem ihnen vertrauten Wissensbereich besser verstehen als Mädchen mit erheblich besseren Lesefähigkeiten, denen Fußballspielen gänzlich fremd ist (so Willenberg 2004, S. 9, der sich auf Helmke stützt). Diese Beobachtung korrespondiert mit Ergebnissen, nach denen zumindest schwache Leser Mängel bei hierarchieniedrigen Prozessen insbesondere durch thematisches Wissen ausgleichen können (Streblow 2004, S. 288).

Die *Erarbeitung einer propositionalen Textrepräsentation* setzt voraus, dass die Identifikation von Buchstaben und Wörtern sicher, flüssig und zuverlässig gelingt. Der Kontext und die Häufigkeit bestimmter Wörter können diesen Teilprozess stützen und zum Teil wirkungsvoll entlasten. Aktivitäten des Lesers auf der Textoberfläche dominieren dabei – vornehmlich orientiert an gegebenen Inhaltswörtern. Erst bei nicht eindeutigen Textstellen werden grammatische Bezüge (zusätzlich) herangezogen (Richter/Christmann 2002, S. 28 ff.).

Lokale Kohärenzbildung als Identifizierung der „semantischen Relationen zwischen aufeinander folgenden Sätzen (bzw. Propositionen)" wird nach Richter/Christmann (2002, S. 30) durch sprachlich deutlich markierte Verknüpfungen zwischen Sätzen begünstigt. Entsprechend herausgehobene Stellen werden dabei besonders rasch aufgenommen und sicher verarbeitet. Bei mehrdeutigen Sätzen hat es sich bei guten Lesern bewährt, Textteile umformulieren oder wiederholt lesen zu lassen, ausdrücklich nach den Beziehungen zwischen Teilinformationen zu fragen oder auftretende Schwierigkeiten explizit zu formulieren. Das berichten Rosenshine/Meister (1994, S. 513), die sich auf eine Studie von Bereiter/Bird von 1985 stützen.

Die *globale Kohärenzbildung* als anspruchsvolle Teilhandlung zielt darauf, größere Einheiten zu erfassen und zu einem Gesamtzusammenhang zu integrieren. Vom Leser erfordert dies, Textaussagen zu umfangreicheren Komplexen zusammenzufügen (durch *Konstruieren*), für das Textverständnis weniger relevante Mitteilungen an dieser Stelle nicht weiter zu berücksichtigen (durch *Tilgen* von Textteilen), einzelne Aussagen zu verallgemeinern (*generalisieren*) und dabei über die Mitteilungen im

Text hinauszugehen. Bessere Leser orientieren sich eher an umfassenderen Zusammenhängen und weniger an Nebensächlichkeiten und Details. Je nach Text werden die Verknüpfungen von Teilinhalten oder die zu ziehenden Schlüsse (Inferenzen) unterschiedlich sein: Konsistente und weniger komplexe Texte erfordern zur Bildung von Bedeutungen eine geringere Reichweite solcher Folgerungen als inkonsistentere und komplexere. Aus Kommentaren zu „unterschiedlichen Verstehensleistungen" in der aktuellen Studie IGLU 2006 (vgl. Bos u. a. 2007) ergibt sich, dass sich Kinder deutscher Schulen am Ende der Grundschule bei anspruchsvollen Anforderungen, die komplexe Schlussfolgerungen, Einordnungen und Deutungen des Gelesenen sowie insgesamt das „Prüfen und Bewerten von Sprache und Inhalt" der vorgelegten Texte verlangen, noch erheblich steigern können (vgl. Bos u. a. 2007, S. 155).

Explizite Hinweise im Text (einführende Sätze, die etwa als advanced organizer fungieren, Zusammenfassungen oder Teilergebnisse, Überschriften, Beispiele, Vergleiche u. dgl.) erleichtern das Bilden von Inferenzen (Richter/Christmann 2002, S. 32 f.; Christmann/Groeben 1996b, S. 147 f.). Die ergiebige Erforschung zum Phänomen „advanced organizer" führt übrigens zu einem beachtenswerten Ergebnis: Wenn die Angebote im Text, die das Verstehen vorbereiten und stützen, der Struktur des zu lesenden Textes entsprechen, dann fällt Lesern die bloße Reproduktion des Gelesenen leicht; wenn sich die vorstrukturierenden Hilfen deutlich von der Struktur des Textes unterscheiden, dann gelingt allerdings die anspruchsvollere Verknüpfung einzelner Textteile problemloser: Die Vorstellung vom Text als Ganzem wird prägnanter, da der Leser nachhaltiger gefordert ist, Inferenzen zu bilden (vgl. Mannes/Kintsch bei Kintsch 1996, S. 505 ff.). Dieser Befund deutet auch an, dass sich an dieser Schlüsselstelle entscheidet, ob Leser bei einem oberflächlichen Verstehen verharren oder zu tieferem Verstehen vordringen (vgl. Kintsch 1996).

Zur *Bildung von Superstrukturen* ist es nach Christmann/Groeben (1996b, 138 ff.) günstig, wenn Leserinnen und Leser erkennen, wie der Text aufgebaut ist; und wenn darüber hinaus zu erschließen ist, welche Informationen aus welchen Gründen aufeinander folgen. Die jeweilige Textsorte als Superstruktur ist dabei gewiss relevant, die Befunde dazu sind allerdings uneinheitlich. Empirisch ist indes belegt, dass explizite Angaben zur Superstruktur zumindest weniger fähigen Rezipienten helfen. Dadurch können sie auftretende Schwierigkeiten im Verstehensprozess teilweise kompensieren, da auf diesem Weg Einbußen bei hierarchieniedrigen Prozessen durch textsortengeleitete Versuche globaler Kohärenzbildung ausgeglichen werden können. Derartige Befunde und Beobachtungen sind gewiss auf das Erkennen rhetorisch-stilistischer Mittel übertragbar (vgl. Streblow 2004, S. 288).

3.4. Folgerungen für den Unterricht

Nach der detaillierten Beschreibung des komplexen Verstehensprozesses kann das Ziel des Umgangs mit Sachtexten im Unterricht so beschrieben werden: Aus prozessorientierter Sicht sind Schülerinnen und Schüler zu befähigen, die genannten hierarchieniedrigen und -hohen Teilprozesse immer besser zu beherrschen, zunehmend sicher miteinander zu koordinieren und auch eigenständig zu kontrollieren. Geläufige Handlungspläne (als Lesestrategien) werden den komplexen Gesamtprozess des Verstehens wirksam unterstützen. Jüngeren, weniger versierten Leserinnen und Lesern wird es helfen, bei Bedarf auf dem Weg zum angestrebten Ziel einem bewährten didaktischen Prinzip zu folgen – nämlich der Isolierung von Schwierigkeiten im Sinne einer Reduktion von Komplexität. Konkret bedeutet dies, gerade bei ungeübteren Rezipienten, einzelne Teilprozesse Schritt für Schritt zu begleiten, diese Kinder und Jugendlichen beim komplexen Prozess zu entlasten oder etwa beim Einüben bestimmter Lesestrategien ein Lernen am Modell zu praktizieren. Das im Rahmen der lokalen Kohärenzbildung erschlossene inhaltlich-sprachliche Zusammenspiel der Textvorgabe kann – unterstützt durch die Lehrkraft oder im Rückgriff auf zuvor angefertigte Mindmaps oder Cluster zum jeweiligen Vorwissen – zur globalen Kohärenzbildung genutzt werden; der Aufbau einer propositionalen Textrepräsentation wird zunächst durch das wiederholte Lesen, auch Vortragen durch einen Experten (Lehrer, Schüler) gesichert. Das wechselseitige Lehren und Lernen nach Palincsar/Brown (siehe Kapitel A 4) repräsentiert eindrucksvoll das Lernen am Modell.

Aus prozessorientierter Sicht sind bei der Lektüre zwei Grundbewegungen möglich: das verbreitete Bottom-up-Vorgehen, also die „aufsteigende Verarbeitung" von Wörtern über Sätze zur Textbedeutung, oder die „absteigende wissensgeleitete [...] Verarbeitung" (also Top-down-Verfahren; hier nach Meireles 2006, S. 301). Nach den im Prozessmodell genannten Merkmalen greifen ja insbesondere beim tieferen Verstehen beide Bewegungen ineinander. Je nach Text und Rezipient werden Bottom-up- und Top-down-Verfahren unterschiedlich einzusetzen sein. Infolgedessen werden im Lernprozess bei allen Schülerinnen und Schülern sowohl das Zusammenspiel dieser Vorgehensweisen als auch deren Wahl beziehungsweise Akzentuierung im Einzelfall gefördert. Meireles (2006), die diesen Ansatz vertritt, hat selbst ein vorzügliches Beispiel vorgestellt, bei dem Lernende nur vom eigenen Weltwissen ausgehen können, ihre Aufmerksamkeit aber wegen mangelnder Sprachkenntnisse des Polnischen auf die „ganzheitliche Erfassung eines Textes" fokussieren müssen. Auf der Grundlage dieses Top-down-Verfahrens sind einzelne Erwartungen/Hypothesen zum folgenden Text möglich, die dann verifiziert beziehungsweise falsifiziert werden (vgl. Meireles 2006, S. 301 und 311 ff.). Meireles legt brasilianischen Studierenden, die kein Polnisch können, einen Zeitungsbeitrag mit Bild aus der polnischen *Sport Gazeta* vom 4. April 2005 vor (Meireles 2005, S. 311; Anfang des Textes siehe nächste Seite). Ein Rezipient, der des Polnischen nicht mächtig ist, wird erkennen, dass der Text von einem Formel-1-Rennen in Bahrain (*Grand Prix Bahrainu*) berichtet, dass der Spanier Fernando Alonso auf Renault (*Hiszpan Fernando Alonso (Renault)*) gewonnen hat. Der zweite Satz lässt einen Zusammenhang zwischen dem italienischen Ferrari-Team (*teamu Ferrari*) und dem Papst Johannes Paul II. (*papiezia Jana Pawla II*) vermuten. Der damalige Papst stammte aus Polen und war kurz vor dem Grand-Prix-Rennen

Teil A: Grundlagen und Ergebnisse

> Hiszpan Fernando Alonso (Renault) wygrał wyścig o Grand Prix Bahrajnu, trzecią eliminację mistrzostw świata Formuły 1. Kierowcy włoskiego teamu Ferrari wystartowali w bolidach, na których podkreślono żałobę po śmierci papieża Jana Pawła II.
>
> Team Ferrari wystąpił w boidach, których przednia część została na znak znak żałoby pomalowana na czarno.
> (Fot. MICHAEL EULER AP)

Quelle: *Sport Gazeta* (http://gazeta.pl, 4. 4. 2005; Foto: AP)

Beginn einer Sportmeldung aus der *Sport Gazeta* (Internet)

(nämlich am 2. April 2005) verstorben. Bild und Bildunterschrift lassen vermuten, dass das Ferrari-Team diesem Trauerfall Rechnung getragen hat. Die Übersetzung des Textes bestätigt weitgehend diese Annahmen, lautet die Zeitungsmeldung in einer deutschen Übersetzung doch so:

Der Spanier Fernando Alonso (Renault) hat das Rennen zum Grand Prix in Bahrain gewonnen, das der dritte Wettbewerb zur Weltmeisterschaft in der Formel 1 war. Die Fahrer des italienischen Ferrari-Teams starteten in Boliden (Rennwagen), auf denen Symbole der Trauer zum Tod von Johannes Paul II. angebracht waren.

Die Bildunterschrift kann so übersetzt werden:

Das Ferrari-Team fuhr in Boliden (Rennwagen), bei denen der vordere Teil zum Zeichen der Trauer schwarz umgespritzt worden war. (Übersetzung durch Ursula Rudzki)

An diesem Beispiel wird deutlich, dass ein Zusammenwirken von Top-down-Verfahren und Vorwissen einen ersten Zugang zum Text eröffnet. Als erste Schritte in diesem Sinne sind weitere Vermutungen denkbar: *trzecia* weist wohl auf die Zahl *Drei* hin, *eliminacja* wird mit *eliminieren/ausscheiden* zu tun haben usw.

Die Einsichten, die Jugendlichen hier auf motivierende Weise vermittelt werden, sind nicht zu unterschätzen: Beim Verstehen können schon Top-down-Vorgehensweisen helfen, die anschließend durch Bottom-up-Verfahren ergänzt werden. Das Bottom-up-Verfahren muss also nicht in jedem Fall am Anfang des Verstehensprozesses stehen.

Aus den Ausführungen zur Lesemotivation lässt sich des Weiteren eine wichtige lesepraktische Konsequenz ableiten: Es empfiehlt sich, Texte und Aufgaben mittleren Schwierigkeitsgrades zu wählen. Hier führen eigene Anstrengungen am ehesten zu einem vorzeigbaren Ergebnis. Häufig geht damit das Gefühl einher, dass sich die eigenen Fähigkeiten (weiter-)entwickeln, was insgesamt die Zuversicht bei anderen Aufgaben erhöht (nach Rheinberg/Krug 1993, S. 37). Treten diese Effekte ein, dann sind zunehmende Steigerungen im Schwierigkeitsgrad denkbar, was sowohl für die Texte als auch für die Aufgaben gilt. Praktische Erfahrungen (empirische Belege dazu fehlen) legen nahe, dass selbst Texte höheren Schwierigkeitsgrades von Schülerinnen und Schülern auf der Grundlage des Erfolgs bei leichteren Aufgaben bewältigt werden.

Denkt man an das Umfeld der Textrezeption, dann ergeben sich im Blick auf die regulativen Strategien und Stützstrategien Möglichkeiten, den Umgang mit Sachtexten im Unterricht und darüber hinaus anzuregen und zu fördern. Die Orientierung der Lektüre an einem (eigens ausgearbeiteten) Leseplan, Aufzeichnungen zum Leseprozess bis hin zum Lesetagebuch oder die Verpflichtung, das Gelesene anderen vorzustellen sind Mittel, die Planung, Durchführung und Auswertung der Lektüre gezielt zu begleiten und zu reflektieren. Darüber hinaus tragen Hinweise zur Gestaltung einer anregenden Leseatmosphäre, die Orientierung an realistischen Lesezielen und Formen der positiven Verstärkung beim Erreichen einzelner Leseziele zum Erfolg bei. Positive Verstärkungen können dabei sowohl „von außen" (durch Erwachsene) oder (zunehmend) vom einzelnen Leser selbst kommen.

Diese und weitere Maßnahmen zu einem zunehmend besseren Umgang mit Sachtexten tragen der Tatsache Rechnung, dass sich weibliche und männliche Leser erheblich unterscheiden. Möglichkeiten eines leserdifferenzierten Unterrichts sollten infolgedessen deutlich verstärkt werden. Nach den Ausführungen in diesem Kapitel werden dabei das jeweilige Vorwissen (1), die Neigungen und Interessen von Mädchen und Jungen als Leser (2), der Schwierigkeitsgrad (3) von Texten und Aufgaben, die denkbaren Lernwege (4), der Zeitaufwand (5) für das Lesen und Verstehen sowie das vorhandene Maß an Selbstständigkeit (6) zu beachten sein.

4. Umgang mit Sachtexten. Didaktische Grundlagen

Zunächst wird in diesem Kapitel untersucht, welche Bedeutung die Bildungsstandards für den Deutschunterricht dem Umgang mit Sachtexten beimessen. Diese bislang reichlich additiven Zusammenstellungen mit begrenztem verstehenstheoretischem Fundament werden anschließend auf einige tragfähige Überlegungen zur Kompetenz und zum kompetenzfördernden Unterricht bezogen. Ein kompetenzfördernder Umgang mit Sachtexten ist in verschiedenen unterrichtlichen Kontexten denkbar – im Deutschunterricht, auch in Form von Teilaufgaben oder Trainingsprogrammen, sowie in fächerübergreifenden Zusammenhängen. Das Kapitel schließt mit Hinweisen auf empirische Untersuchungen zur Unterrichtsqualität und zu Vorgehensweisen im Leseunterricht.

4.1. Umgang mit Sachtexten aus der Sicht der Bildungsstandards

Als Folge der Vergleichsuntersuchungen im Bildungsbereich (PISA, TIMSS und IGLU) hat die Ständige Konferenz der Kultusminister seit 2003 u. a. für das Fach Deutsch „bundesweit geltende" Bildungsstandards entwickelt, die – gezielter als bisher – die „Vergleichbarkeit von Schulabschlüssen" und die „Durchlässigkeit" innerhalb des deutschen Bildungssystems sichern sollen. In den von der Kultusministerkonferenz veröffentlichten „Erläuterungen zur Konzeption und Entwicklung" werden die wichtigsten Momente dieses ergebnisorientierten (auf Output abgestellten) Ansatzes deutlich (vgl. dazu im Folgenden: Ständige Konferenz der Kultusminister 2005a).

Für das Fach Deutsch sind Bildungsstandards für folgende Schulabschlüsse entwickelt worden: Für den Mittleren Schulabschluss/Jahrgangsstufe 10 (2003), für den Hauptschulabschluss/Jahrgangsstufe 9 und für den Primarbereich/Jahrgangsstufe 4 (beide 2004). Für diese Schulabschlüsse sind „Regelstandards" formuliert worden, „die sich im mittleren Anspruchsniveau bewegen" und „in der Regel […] im Durchschnitt" von allen Schülerinnen und Schülern als erreichbar angesehen werden (S. 6 bzw. S. 9). Die Zusammenstellungen der Standards bilden dabei nicht das gesamte Fach ab, sondern nur dessen „Kernbereiche" (S. 9). Die Formulierungen stellen eine „Mischung aus Inhalts- und Outputstandards" dar – sie sagen, welche Inhalte zu berücksichtigen sind und welche Lernergebnisse erwartet werden (S. 9).

Wo finden sich hier nun Stellen, die sich eindeutig auf den Umgang mit Sachtexten beziehen? Die Antworten auf diese Frage unterscheiden sich – je nach Schulform – deutlich. Der Kompetenzbereich, stets „Lesen – mit Texten und Medien umgehen" genannt, wird in den Dokumenten zu den Bildungsstandards zunächst allgemein beschrieben und anschließend in einzelne Teilbereiche (Beispiel: „über Lesefähigkeiten verfügen") aufgefächert, die sich zum Teil ausdrücklich auf Sachtexte beziehen. Gemeinsamkeiten und Unterschiede zeigt die unten stehende Darstellung, wobei die

	Bildungsstandards		
	für den Primarbereich	für den Mittleren Schulabschluss	für den Hauptschulabschluss
Lesetechniken	▸ über Lesefähigkeiten verfügen, ▸ über Leseerfahrungen verfügen, u. a. bei Sach- und Gebrauchstexten	▸ verschiedene Lesetechniken beherrschen	*ohne Zwischenüberschriften werden Lesetechniken und -strategien aufgezählt, danach Leseziele und -verfahren;* *teilweise verstehenstheoretisch orientiert*
Lesestrategien	▸ Texte erschließen	▸ Strategien zum Leseverstehen kennen und anwenden	
Leseverfahren	▸ Texte präsentieren, vorlesen, vortragen u. dgl. *deutlich auf literarische Texte bezogen*		
Sachtexte		▸ Sach- und Gebrauchstexte verstehen und nutzen, ▸ Medien verstehen und nutzen	▸ Sach- und Gebrauchstexte verstehen und nutzen, ▸ Medien verstehen und nutzen
Methoden		▸ Methoden und Arbeitstechniken *weitgehend Lesestrategien, auch „Präsentationstechniken"*	▸ Methoden und Arbeitstechniken *ähnlich wie Mittlerer Schulabschluss, allerdings reduziert*

Teilbereiche zum Umgang mit Sachtexten in den Bildungsstandards (eigene Kommentare kursiv)

Bildungsstandards für den Hauptschulabschluss als Reduktion der Bildungsstandards für den Mittleren Bildungsabschluss hinter diesem (in der dritten Spalte) berücksichtigt werden.

Auf den ersten Blick fällt auf, dass die Bildungsstandards für den Primarbereich, den Mittleren Schulabschluss und den Hauptschulabschluss lediglich begrenzt aufeinander zu beziehen sind. Statt einer klaren verstehenstheoretischen Orientierung, die am ehesten im Dokument für den Hauptschulabschluss zu erkennen ist, werden insbesondere bei den Vorlagen der Sekundarstufe I für den Umgang mit Sachtexten Lesestrategien und Lesetechniken aufgeführt. Welche Konzepte mit diesen Bezeichnungen verbunden werden, ist ebenso unklar wie die Bezeichnung für den in diesem Buch erörterten Textbereich (in den Bildungsstandards durchgängig „Sach- und Gebrauchstexte" genannt, vgl. dagegen die Erläuterungen in Kapitel A 1). Eine intensivere Hinwendung zur allgemeinen Beschreibung und Auffächerung in Sektoren und Teilkompetenzen im Sinne der Kapitel A 1 bis 3 vermag dann allerdings einige Aspekte im Blick auf Sachtext, Leser und Verstehensprozess weiter zu klären. Dazu empfiehlt es sich, die Bildungsstandards für die Grundschule und die Sekundarstufe I nacheinander auszuwerten und dabei gegebenenfalls auch den Kompetenzbereich „Sprache und Sprachgebrauch untersuchen" zu berücksichtigen.

Die Bildungsstandards für den Primarbereich stellen das Lesen als „eigenaktiven Prozess der Sinnkonstruktion" dar. Was den Umgang mit Sachtexten (auch als Angebot „verschiedener Medien") betrifft, so ist gewiss der Hinweis auf die Entwicklung von „Leseinteresse" und „Lesebereitschaft" wichtig (vgl. Ständige Konferenz der Kultusminister 2005b, S. 9). Konkret werden anschließend im Teilbereich „über Leseerfahrungen verfügen" Teilziele genannt wie
▸ verschiedene Sorten von Sach- und Gebrauchstexten kennen,
▸ Texte begründet auswählen,
▸ Angebote in verschiedenen Medien und im Internet kennen und nutzen.

Die umfangreiche Liste im Sektor „Texte erschließen" führt Teilziele auf, die sich unter drei Punkten zusammenfassen lassen: Prozeduren im Sinne von Lesestrategien (Beispiele: „gezielt einzelne Informationen suchen", „zentrale Aussagen eines Textes erfassen oder Aussagen mit Textstellen belegen"), Textvergleiche („Unterschiede und Gemeinsamkeiten von Texten finden") und Hinweise zum handelnden Umgang mit Texten („handelnd mit Texten umgehen: z. B. illustrieren, [...] collagieren"). Das zuletzt genannte Teilziel korrespondiert übrigens mit Teilkompetenzen des sich anschließenden Abschnitts „Texte präsentieren", innerhalb dessen das vorbereitende und sinngestaltende Vorlesen sowie die Nutzung „verschiedener Medien für Präsentationen" genannt werden. Unter dem Kompetenzbereich „Sprache und Sprachgebrauch untersuchen" werden die „sprachlichen Operationen" (wie umstellen, ersetzen, ergänzen und weglassen) genannt, die in einigen Fällen Verstehensprozesse zu stützen vermögen; sie können den Prozeduren zugeordnet werden (vgl. Ständige Konferenz der Kultusminister 2005b, S. 12 f.).

Die Bildungsstandards für den Mittleren Bildungsabschluss (vgl. Ständige Konferenz der Kultusminister 2003, S. 9) leiten die allgemeine Beschreibung wie folgt ein:

"Die Schülerinnen und Schüler verfügen über grundlegende Verfahren für das Verstehen von Texten, was Leseinteresse und Lesefreude fördert und zur Ausbildung von Empathie und Fremdverstehen beiträgt."

Der weitere Text skizziert dann knapp eine teilweise überholte Vorstellung des Lesens und Verstehens („Hinweise auf Informationsentnahme", vgl. dagegen Kapitel 3; „Verknüpfung der Informationen untereinander" und mit dem „Vorwissen"). Die Entwicklung von Lesetechniken und der Einsatz von Lesestrategien sollen den komplexen Prozess stützen. Darüber hinaus werden Teilkompetenzen angesprochen, die vor allem auf den Umgang mit literarischen Texten und Medien zielen. Der Leser findet also drei Aspekte vor – Hinweise zur *Zielsetzung* (1), zum *Verstehensprozess* (2) und zu *Strategien* (3). Die Auffächerung in einzelne Teilbereiche mit ausformulierten Teilkompetenzen konkretisiert zwar diesen Ansatz, die Zuordnung zu den Aspekten (1) bis (3) ist allerdings aus verstehenstheoretischer Sicht missverständlich (siehe oben) und nicht hinreichend trennscharf. Das gilt etwa für den Gebrauch der Termini *Lesestrategien* und *Lesetechniken*.

Unter dem Sektor „verschiedene Lesetechniken beherrschen" – ein Relikt der früheren Leseerziehung – werden Leseweisen vorgestellt (Beispiel: „überfliegend lesen"). Abgesehen davon, dass auch hier der Strategie-Begriff nicht geklärt wird (siehe dagegen Kapitel A 3) werden dann unter der Überschrift „Strategien zum Leseverstehen" so verschiedene Aspekte angesprochen wie die Zielsetzung (Beispiel: „Leseerwartungen bewusst nutzen"), Teilprozesse (Beispiel: „Bezüge zwischen Textteilen herstellen" als lokale Kohärenzbildung) oder Strategien (Beispiel: „Stichwörter formulieren" im Sinne einer reduktiven Organisationsstrategie). Aus dieser begrenzt verstehenstheoretisch reflektierten Sicht resultieren dann auch unzutreffende Zuordnungen. Die Teilkompetenz „Textschemata erfassen" (Ständige Konferenz der Kultusminister 2003, S. 13) stellt keine Strategie dar, sondern verweist auf die Bildung von Superstrukturen als hierarchiehohen Teilprozess (vgl. Kapitel A 3).

Unter der Überschrift „Sach- und Gebrauchstexte verstehen und nutzen" werden einzelne Teilkompetenzen konkret formuliert. Doch auch hier bleibt die Zusammenstellung ebenso uneinheitlich: Dem Aspekt Zielsetzung (1) kann der Hinweis auf das geforderte „breite Spektrum auch längerer und komplexer Texte", einschließlich der „nichtlinearen Texte" zugeordnet werden wie auch die Unterscheidung von „Information und Wertung". Eher dem Verstehensprozess (2) zuzuordnen sind die Ausführungen zu „Textfunktionen" und „Textsorten", zu „Intentionen", „Textmerkmalen" und (beabsichtigten) „Wirkungen". Strategien (3) werden aufgenommen unter „Informationen zielgerichtet entnehmen, ordnen, vergleichen, prüfen und ergänzen", außerdem dort, wo „begründete Schlussfolgerungen" aus dem Umgang mit Sachtexten erwartet werden. Die Ausführungen zu „Methoden und Arbeitstechniken" schließlich decken einen breiten Bereich der Lesestrategien ab (Schwerpunkt: reduktive Organisationsstrategien, vgl. Kapitel A 3); regulative Strategien und Stützstrategien werden nicht berücksichtigt.

Es bleibt nun zu fragen: Wie sind vor dem Hintergrund der Kommentierungen zu den Bildungsstandards (Primarbereich, Mittlerer Schulabschluss) die für den Hauptschulabschluss formulierten einzuschätzen? Die Bildungsstandards für den Hauptschulabschluss (Jahrgangsstufe 9) von 2004 gehen von der gleichen Zielsetzung aus wie die Bildungsstandards für den Mittleren Schulabschluss. Die beiden ersten Sektoren werden in diesem Fall ohne Zwischenüberschrift zusammengefasst (siehe die Darstellung S. 55), stellenweise verknappt und im Anspruchsniveau reduziert. Lediglich die Beziehungen zwischen „nichtlinearen" und „linearen Texten", das „Recherchieren" sowie das „Formulieren" von Stichwörtern werden zusätzlich aufgeführt (vgl. Ständige Konferenz der Kultusminister 2004, S. 13 ff.).

Wie sind nun die Bildungsstandards zum Umgang mit Sachtexten (und des Verstehens solcher Texte) einzuschätzen? Im Vergleich mit den verstehenstheoretischen und linguistischen Ausführungen (in Kapitel A 3 bzw. 1) sind einige Übereinstimmungen unverkennbar. Entsprechungen bestehen hinsichtlich einiger verstehenstheoretischer Grundüberlegungen zum Lesebegriff, zum Verstehen und dessen Teilprozessen, zu Lesestrategien und zur Textsorte. Verstehen als aktive Sinnkonstituierung (vgl. Kapitel A 3) ist in den drei „Vereinbarungen" der Kultusministerkonferenz unterschiedlich ausgeprägt: Dass „Lesen einen eigenaktiven Prozess der Sinnkonstruktion" darstellt, findet sich nur in den Bildungsstandards für den Primarbereich (vgl. Ständige Konferenz der Kultusminister 2005b, S. 9), wird jedoch nicht konsequent durchgehalten. Die Bildungsstandards in der Sekundarstufe I tendieren dagegen von vornherein zu einer begrenzten Sicht des Lesens und Verstehens (Lesen als Sinnentnahme), die – wie früher üblich – mit Lesetechniken und -fertigkeiten verbunden wird.

Ausgehend von dieser verstehenstheoretisch unakzeptablen Entscheidung sind künftig weitere *Präzisierungen und Weiterentwicklungen* notwendig, was sich dann auch auf die Formulierung von Teilkompetenzen auswirken wird. Wo Teilprozesse oder Strategien aufgeführt werden, sind zudem Erweiterungen und eine nachvollziehbarere Ordnung vonnöten. Wünschenswerte Änderungen in dieser Richtung werden dann das bisher bestehende Übergewicht hierarchieniedriger Teilprozesse (im Sinne der lokalen Kohärenzbildung) und einfacher Lesestrategien (wie etwa die reduktiven Organisationsstrategien) beseitigen. Da für den Primarbereich erfreulicherweise „Leseinteresse" und „Lesefreude" ausdrücklich genannt werden, bieten sich im Sinne eines erweiterten Kompetenzbegriffs hinreichend Möglichkeiten der Verknüpfung mit regulativen und Stützstrategien. Zu solchen und weiteren Entwicklungen ermutigt der letzte Absatz, mit dem die allgemeinen „Erläuterungen" der Kultusministerkonferenz zu den Bildungsstandards schließen. Dort heißt es nämlich:

> *„[...] die Arbeit [ist] als ein längerfristiger Prozess mit Weiterentwicklungsperspektiven zu sehen [...] Das IQB [Institut für Qualitätsentwicklung im Bildungswesen] wird in Zusammenarbeit mit*

den Ländern u. a. die von der Kultusministerkonferenz vorgelegten Bildungsstandards validieren, präzisieren und normieren. Damit bleiben die Bildungsstandards offen für die Entwicklung in der Fachwissenschaft, Fachdidaktik und in der Schulpraxis. Sie werden in einem offenen Diskurs überprüft und weiter entwickelt." (Ständige Konferenz der Kultusminister 2005a, S. 20 f.)

4.2. Umgang mit Sachtexten im kompetenzfördernden Unterricht

Bei der Darstellung und Diskussion der Bildungsstandards sind Kompetenzbereiche und Teilkompetenzen bereits angesprochen worden. Wenn in diesem Teilkapitel nun ausgeführt wird, was kompetenzfördernder Unterricht meint und was damit intendiert wird, drängt sich die Frage auf, ob zuvor nicht der Begriff *Kompetenz* zu erläutern und ein *Kompetenzmodell* für das Fach, den Lernbereich oder wenigstens für den Umgang mit Sachtexten entwickelt und vorgestellt werden müsste.

Nicht zuletzt der „Strukturierungsversuch" von Böhnisch (2008) „innerhalb der Kompetenzdebatte" legt nahe, beim gegenwärtigen Stand der Sachlage eher auf ein umfassendes Konzept zu verzichten und stattdessen einen pragmatischen Weg zur didaktischen Strukturierung zu wählen. Böhnisch (2008) zeigt nämlich in seinem Beitrag, dass der Diskurs über Kompetenzen und Kompetenzmodelle im Fach Deutsch recht heterogen verläuft und ein Konsens nicht abzusehen ist. Weithin anerkannt sind lediglich einige Grundlinien, die hier sichtbar gemacht werden. Akzeptiert wird vor allem die Beschreibung eines allgemeinen Kompetenzbegriffs nach Weinert (^{2}2002, S. 27 f.). Unbestritten ist außerdem, dass die einzelnen Kompetenzen jeweils zwei Aspekte beinhalten – einen performativen und einen inhaltlichen (vgl. Bremerich-Vos 2009, S. 14). Ein Vorschlag, von dieser Basis aus ein Kompetenzmodell für den gesamten Deutschunterricht zu entwickeln, ist zwar unternommen worden (Ossner 2006), hat sich allerdings gegen „spezielle Modelle" (Böhnisch 2008) nicht durchgesetzt. Dass die Zahl an „speziellen Modellen" vielmehr wächst, resultiert aus unterschiedlichen Ursachen und Erfahrungen. So lässt sich aus dem Modell von Becker-Mrotzek (2008, insbesondere S. 62) zur „Gesprächsfähigkeit" als lediglich einem (!) Teilbereich des „Sprechens und Zuhörens" ableiten, dass sich dieser Kompetenzbereich (und nicht nur dieser) als äußerst komplex erweist.

Gleichsam im Sinne einer Reduktion von Komplexität wird deshalb für den Umgang mit Sachtexten die funktionale, für den Umgang mit dieser Textklasse recht tragfähige Beschreibung des Lesens zugrunde gelegt, wie sie das PISA-Konsortium 2000 entwickelt hat (vgl. zum Folgenden Artelt u. a. 2001, S. 78 ff.). Demnach ist Lesen und Verstehen – wie auch in Kapitel A 3 dargelegt – ein aktiver Prozess und Grundvoraussetzung menschlicher Existenz in einer schriftgeprägten Gesellschaft. Wer lesen kann, wird – nach dem Konzept von PISA 2000 – zunehmend besser Informationen ermitteln und ein allgemeines Textverständnis entwickeln, Gelesenes im Gesamtzusammenhang zu deuten wissen und über den Inhalt und die Form des Textes reflektieren. Diese rein kognitive Ausrichtung ist mit guten Gründen durch Bettina

Hurrelmann (hier 2002, S. 16) kritisiert und um emotionale, motivationale und soziale Teildimensionen ergänzt worden.

Die Unterrichtsanregungen im zweiten Teil dieses Buches gehen von diesem verstehenstheoretisch fundierten Ansatz aus (vgl. Kapitel A 3). Ein stetiger, möglichst den Ertrag sichernder Unterricht beachtet dabei, über welche Teilkompetenzen Schülerinnen und Schüler *bereits* verfügen, welche durch den *gerade* stattfindenden Unterricht auf dem Gelernten aufgebaut werden können und welche Möglichkeiten dadurch für *künftige* Lernsituationen eröffnet werden. Mit Baurmann/Pohl (2009, insbesondere S. 85) lässt sich dieses „Grundmuster kompetenzfördernden Schreibunterrichts" auf das Lesen und Verstehen, insbesondere auf den Umgang mit Sachtexten, übertragen: Kompetenzfördernder Unterricht wird folglich klären, was sich Schülerinnen und Schüler bereits angeeignet haben und welche Aufgaben und Hilfen ihnen nun angemessen sind. Sobald in einem Lernzusammenhang Teilkompetenzen gefestigt worden sind, können dann – die Zone der nächsten Entwicklung (Wygotsky) antizipierend – neue, noch nicht erworbene Teilkompetenzen evoziert werden. In einer Übersicht lässt sich der kompetenzfördernde Umgang mit Sachtexten dann so darstellen:

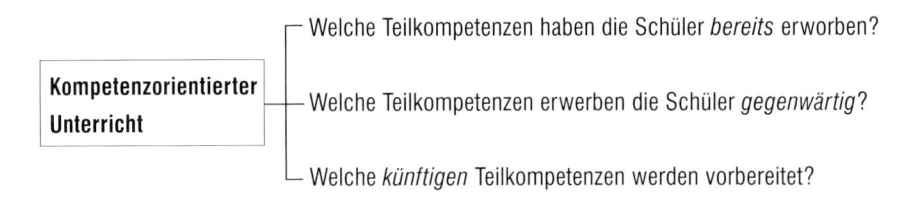

Kompetenzorientierter Unterricht	— Welche Teilkompetenzen haben die Schüler *bereits* erworben? — Welche Teilkompetenzen erwerben die Schüler *gegenwärtig*? — Welche *künftigen* Teilkompetenzen werden vorbereitet?

Grundmuster des kompetenzfördernden Unterrichts (nach Baurmann/Pohl, 2009, S. 85)

4.3. Umgang mit Sachtexten – mögliche didaktische Orte

Unterrichtlich ist die Auseinandersetzung mit Sachtexten in unterschiedlichen Kontexten denkbar. Welches didaktisch-methodische Arrangement konkret geplant wird, hängt von den ausgewählten Texten, den Schülern, von den intendierten Zielen und Herangehensweisen ab. In den folgenden Abschnitten werden einige mögliche didaktische Orte beschrieben, in denen Sachtexte und/oder Verstehensprozesse ihren Platz finden können.

Sachtexte im Deutschunterricht

Die Auseinandersetzung mit Sachtexten ist im Deutschunterricht seit jeher vertraut, wenn auch der damit verbundene Aufwand bis heute häufig begrenzt bleibt. Das Lesen und Verstehen von Sachtexten bedarf nach traditioneller Einschätzung vieler Lehrkräfte und Didaktiker nach der Vermittlung der Grundlagen in der Grundschule kaum weiterer gezielter, curricular reflektierter Arbeit. Diese Einschätzung beginnt sich seit einiger Zeit zu verändern. Vor allem die frühen internationalen Vergleichsstudien haben für den deutschsprachigen Raum einen erheblichen Nachholbedarf offenbart. Angesichts dieser Sachlage bedarf der Deutschunterricht über die anregenden und ermutigenden Einzelbeispiele hinaus einer erheblichen Intensivierung des Umgangs mit Sachtexten. Am ehesten werden Angebote kompetenzfördernden Unterrichtens zu einem entwickelten Lesecurriculum führen, in dem von der Grundschule bis zum Abitur Sachtexte neben den bislang hinreichend vertretenen literarischen Texten ihren Platz haben. Ein solches Curriculum liegt bisher noch nicht vor, es gibt jedoch Studien zum Leseunterricht (siehe Kapitel A 4.3), auf denen aufgebaut werden kann.

Zwei Faktoren eröffnen gerade dem Deutschunterricht einige Möglichkeiten: In Kapitel A 2 ist dargelegt worden, welchen Platz Sachtexte (einschließlich Sachbücher) im Alltag der Kinder und Jugendlichen einnehmen und was sich Heranwachsende vom Umgang mit Sachtexten versprechen. Der Deutschunterricht kann durch sein Lektüreangebot die Interessen, Wünsche und Lese-Erfahrungen der Heranwachsenden aufnehmen, die Lese- und Verstehensfähigkeiten von Kindern und Jugendlichen erweitern, das Angebot insgesamt ordnen und Kriterien zur Beurteilung von Sachtexten und Sachbüchern liefern. Darüber hinaus ist der Deutschunterricht in der Lage, unabhängig von curricular erwarteten oder vorgeschriebenen Inhalten „die ganze Vielfalt von Sachtexten und Umgangsweisen" zu berücksichtigen und zu nutzen (vgl. Baurmann/Müller 2005, S. 8 ff.). Dabei kann verstärkt der Tatsache Rechnung getragen werden, dass in den Bereichen des Faches selbst Inhalte gegeben sind, die Kinder und Jugendliche interessieren und deren Berücksichtigung den Deutschunterricht erheblich bereichert. Das gilt für das Thema Jugendsprachen ebenso wie für die in Teil B vorgeschlagenen Anregungen zu Buchtipps (1.4), für die Informationen über die Brailleschrift (1.11), für die „Briefe gegen das Vergessen" (2.6), für Stellenanzeigen (2.7), für das Thema Schulordnung (3.1) oder die Würdigung einer ehrenamtlichen Tätigkeit (4.4).

Äußerst vielfältig und aspektreich wird diese Intention darüber hinaus im „Sachbuch" des Schweizerischen Lehr-Lern-Systems *Sprachwelt Deutsch* verfolgt (vgl. Peyer/Friederich/Grossmann/Bischofberger 2003). In über 20 Kapiteln (auf fast 300 Seiten) finden sich dort neben informierenden auch appellierend-instruierende Texte, neben Listen und Tabellen Text-Bild-Mischungen mit „realen" und „logischen" Bildern (Fotos, Zeichnungen bzw. Diagramme, Planskizzen u. dgl.).

Ein vielfältiger Umgang mit Sachtexten vermag so die vertrauten Lesepraxen von Heranwachsenden aufzunehmen und die Einstellung zum Lesen, letztlich die Herausbildung eines positiven „Leseselbstkonzepts" (vgl. Bos/Freiberg/Hornberg/Reding/Valtin 2007, S. 153 ff.) zu stärken. Vorteilhaft ist ein solches Angebot insbesondere für Leser mit begrenztem Vorwissen. Eine „kombinierte Verwendung von Bildern, Texten und Diagrammen" hilft solchen Rezipienten wirkungsvoll, „da diese noch nicht hinreichend in der Lage sind, anhand einer einzigen Form der Informationsdarbietung multiple mentale Repräsentationen zu konstruieren" (Schnotz 2002, S. 80).

Die hier sich abzeichnenden Unterschiede von Jungen und Mädchen als Lesern legen nahe, den Umgang mit Sachtexten im Deutschunterricht *leserdifferenziert* zu planen und durchzuführen (vgl. dazu auch Baurmann/Müller 2005, S. 12 f.). Geschlechtsspezifische Unterschiede und der beschriebene „Genrewechsel" (siehe Kapitel A 2) werden dann ebenso zu beachten sein wie individuelle Abweichungen hinsichtlich des Lektüreumfangs, der jeweiligen Lesepräferenzen sowie Lesefähigkeiten. Die Zusammenarbeit mit einer Bibliothek wird in diesem Zusammenhang einen leserdifferenzierten Unterricht stärken, wie Schelter (2005) mit ihrem Vorschlag zum „Sachbuchkoffer" gezeigt hat: So ein Koffer mit Sachbüchern zu unterschiedlichen Themen und Anspruchsniveaus – gestützt durch Fragebögen unterschiedlichen Schwierigkeitsgrads – kann Leserinnen und Lesern bei der Auswahl und Lektüre helfen. Aus diesen Überlegungen ergeben sich „methodische Konsequenzen" wie die folgenden (vgl. Baurmann/Müller 2005, S. 11 f.):

▸ Nachhaltiger als bisher sollte beim Umgang mit Sachtexten das *Erstverständnis* ernst genommen werden. Dessen Darstellung im Gespräch oder in Notizen, dessen Ergänzung durch eigene Fragen oder weitere Recherchen eröffnen eher (individuelle) Zugänge zum Text als festgelegte Fragen und Aufgaben, die von vornherein die Lektüre einengen.

▸ Es empfiehlt sich, nicht gewohnheitsmäßig mit dem *Unterstreichen* unbekannter Wörter oder Wendungen zu beginnen. Dieses Bottom-up-Vorgehen (vgl. Kapitel A 3.4) lässt mehr oder minder die bereits vorhandene mentale Basis bei Lesern außer Acht oder wird auch dem Gesamtzusammenhang des Textes selten gerecht.

▸ Erfolg versprechender ist es, von *ersten Rezeptionsergebnissen* der Schülerinnen und Schüler auszugehen. Das wird bei Bastelanleitungen der handelnde Vollzug des Gelesenen sein, die Anschlusskommunikation im Gespräch (mit einem Partner, in der Gruppe bzw. Klasse) oder die Lektüre weiterer Texte, die das Gelesene verdeutlichen und vertiefen.

▸ Verstehen ist stets ein *hypothesen- und wissensgeleiteter Prozess*. Infolgedessen bieten sich Aufgaben an, die das bereits vorhandene Vorwissen für die Lektüre aktivieren, Erwartungen herausfordern und geeignete Herangehensweisen nahelegen. Der Austausch über die Ergebnisse solcher Aufträge zeigt beträchtliche Unterschiede bei Jungen und Mädchen als Lesern.

▸ Der eigentliche Lektürevorgang kann obendrein über die Arbeit mit Voraussagetexten wesentlich intensiviert werden (vgl. Winkler 2005). Dazu wird den Lesern nur ein Teil des Textes gegeben – verbunden mit der Anregung, den weiteren Textverlauf vermutend vorherzusagen. Die mit diesem Vorgehen verbundene Verlangsamung der Lektüre fördert erheblich ein vertieftes Verstehen (vgl. dazu die Arbeit mit einer Zeitungsmeldung in Arbeitsblatt 1.6 auf der Begleit-CD-ROM).

▸ Notizen zu einzelnen Aussagen reichern die Hypothesenbildung ebenfalls an, etwa durch das Schreiben von Kommentaren und Zusammenfassungen oder das Abbilden der Textstruktur durch Teilüberschriften oder Mindmaps (vgl. auch Kühn 2003).

▸ Sachtexte und Sachbücher stehen häufig in einem übergreifenden Lernzusammenhang, sodass Textvergleiche unterschiedliche Sichtweisen und Abgrenzungen eröffnen. Das zeigen zum Beispiel die Vorschläge zu Rezension, Blog und Klappentext (in Arbeitsblatt 1.12 auf der Begleit-CD-ROM).

Teilaufgaben und Trainingsprogramme

Wenn das Lesen und Verstehen von Texten als komplexer Prozess mit unterschiedlich anspruchsvollen Teilprozessen Schülerinnen und Schüler im Einzelfall überfordert, dann vermag die Bearbeitung von Teilaufgaben oder der Einsatz von Trainingsprogrammen die Aneignung des Gelesenen zu erleichtern beziehungsweise gezielt vorzubereiten. Gegenwärtig gilt dabei besondere Aufmerksamkeit den Lesestrategien. Im dritten Kapitel sind Lesestrategien bereits als erprobte und bewährte Folgen von „mehr oder weniger komplexen Operationen" beschrieben worden. Es wurde darauf hingewiesen, dass sie – einmal eingeübt und dann routinisiert – das Lesen und Verstehen wirksam zu begleiten und zu stützen vermögen. Es verwundert deshalb nicht, dass Lesestrategien in Trainingsprogrammen gebündelt, experimentell überprüft und auf den Unterricht übertragen werden. In Kapitel A 4.4 werden Ergebnisse solcher Bemühungen vorgestellt. Mitzudenken ist dabei, dass sich selbst die überzeugenden Resultate solider Forschung nicht einfach auf die Komplexität von Unterricht übertragen lassen. Wie beispielsweise eine didaktisch angemessene Umsetzung des im folgenden Kapitel näher erläuterten reziproken Lehrens und Lernens aussehen kann, zeigt das folgende Beispiel:

> „Fadih (14 Jahre alt, Kl. 6) hat sich in einer Freiarbeitsstunde aus der Bücherkiste ein Buch aus der Was-ist-Was-Reihe genommen (Die sieben Weltwunder). Er blättert das Buch durch, ohne eine Zeile zu lesen oder auch ein wenig auf einer Seite zu verweilen. Danach legt er das Buch auf den Tisch. Die Lehrerin kommt an seinen Tisch, sieht das Buch und fragt: ‚Welches sind denn nun die sieben Weltwunder? Ich glaube, alle kenne ich nicht.' Fadih zuckt mit den Schultern. Die Lehrerin: ‚Das ist ja ein tolles Thema, zeig doch mal das Buch.' Dabei stellt sie sich selbst halblaut Fragen zum Thema (War da nicht dieser Koloss von Rhodos dabei? Gehört nicht eine Pyramide dazu?). Gemeinsam mit Fadih schaut sie das Buch an, indem sie das Inhaltsverzeichnis liest, die sieben Weltwunder aufzählt und dann an den Illustrationen entlang mit Fadih ihr aufgefrischtes Wissen vertieft. Fadih fängt an, Interesse zu zeigen, beide staunen über den Koloss von Rhodos, über die Hängenden Gärten, lachen über den Namen König Mausolos usw. und lesen einige Informationen, vor allem die Bildunterschriften."
>
> (Baurmann/Müller 2002, S. 46)

Sachtexte im integrativen Unterricht

Um ein mögliches, in der Unterrichtspraxis häufig aufkommendes Missverständnis von vornherein auszuschließen: Für die Arbeit mit Sachtexten über das Fach Deutsch hinaus ist nicht entscheidend, ob sich im Einzelfall der Deutschunterricht auf irgendeine, wenn auch nur vordergründige Weise mit einem anderen Fach verbinden lässt. Schon die Diskussion um den Gesamtunterricht in den 1920er-Jahren hat überzeugend herausgestellt, dass eine solche Vorstellung zum integrativen Unterricht zu „witzloser Tüftelei" oder rein „äußerer Assoziation" verkommt. Es nützt weder der Sache, noch trägt es zum vernetzten Denken der Schülerinnen und Schüler bei, wenn etwa der Garantieschein zum Kauf einer Uhr (vgl. B 3.3) mit dem Rechnen in Stunden, Minuten und Sekunden, mit einem Gedicht zu Uhren, mit der Wortfamilie Uhr oder den Zeitzonen im Geografie-Unterricht verbunden wird. Von der Sache her geboten und bereichernd ist ein Lernen in Zusammenhängen dort, wo im Unterricht Themen aufgenommen werden, deren Klärung verschiedener Perspektiven bedarf oder die „quer" zur vertrauten Struktur der Fächer liegen. Jugendkultur und Jugend heute, Gewalt und Mobbing, Alkohol und Drogen oder Aspekte der Hinführung zur Arbeitswelt sind inhaltliche Zusammenhänge, die eine vorübergehende Integration einzelner Fächer erfordern oder die durch solche Verknüpfungen gründlicher und aspektreicher entfaltet werden (vgl. Baurmann/Hacker 1989). Bei einem solchen integrativen Vorgehen werden die Grenzen zwischen Sachtexten, Lehr- und Fachtexten im Einzelfall nicht klar zu ziehen sein. Daraus kann sich freilich ein Vorteil ergeben: Ergänzen sich fachexterne und fachinterne Kommunikation, Sachtext und Lehr- sowie Fachtext, dann wird auf diese Weise in einer Art Propädeutikum die Rezeption von Fachtexten vorbereitet (vgl. A 1.1).

4.4. Unterricht und Unterrichtsqualität. Empirische Befunde

Kompetenzfördernder Unterricht im Fach selbst, der Einsatz von Trainingsprogrammen sowie von Teilaufgaben (etwa zu den Lesestrategien) oder auch Möglichkeiten integrativen Arbeitens gewährleisten noch nicht, dass der konkrete Umgang mit Sachtexten in der Realität auch gelingt. Die Unterrichtsforschung allgemein und neuere Arbeiten zum Lesen in der Schule umreißen allerdings einen Rahmen, der zumindest Anhaltspunkte liefert.

Insgesamt spricht viel dafür, dass im Allgemeinen Klarheit und Verständlichkeit, Sequenzierung und Gliederung des Unterrichts, die Verstärkung dieses Handelns, die Qualität der Motivation sowie eine hinreichende Passung der Lehr-Lern-Angebote Lehr-Lern-Erfolge begünstigt. Das schließt ein jeweils angepasstes Maß an Übungsintensität, ein lernförderliches Klima (etwa beim Umgang mit Fehlern) und Methodenvielfalt mit ein (vgl. dazu Lankes/Carstensen 2007; S. 162 ff.; Bremerich-Vos 2009, insbesondere S. 28).

Spezielle Ergebnisse zum Umgang mit Sachtexten lassen sich aus folgenden aktuellen Untersuchungen ablesen: Aussagen zum *Leseunterricht* ergeben sich aus den Befragungen von Lehrkräften in Deutschland und Luxemburg im Zuge von IGLU beziehungsweise PIRLS (Lankes/Carstensen 2007; Berg/Valtin 2007). Darüber hinaus verdienen Arbeiten Beachtung, in denen der Umgang mit Sachtexten, insbesondere *Lesestrategien*, und das *reziproke Lehren und Lernen* als Verfahren beim Umgang mit Texten thematisiert werden. Auf Arbeiten zu den drei genannten Aspekten soll nun näher eingegangen werden.

Befunde zum Leseunterricht

Im Zusammenhang mit der jüngsten internationalen Vergleichsstudie zu den „Lesekompetenzen von Grundschulkindern" sind insgesamt über 10 000 Lehrkräfte in verschiedenen Ländern zu ihrem Leseunterricht befragt worden (Lankes/Carstensen 2007). Wenn sich die Ergebnisse dieser Befragung auch nur auf die Grundschule beziehen und vorrangig die (subjektiven) Wahrnehmungen der Lehrkräfte wiedergeben, so sind einige Resultate für den Umgang mit Texten im Unterricht doch interessant. Die schriftliche Befragung überprüfte dabei die eben dargestellten Merkmale, die hinsichtlich der Unterrichtsqualität als wichtig angesehen werden. An deutschen Grundschulen, die sich im Mittel zwar nicht in der Spitzengruppe platzieren konnten, doch besser als 2001 abschnitten, nimmt das Sprechen über die Lektüre im Unterricht einen unangefochtenen Spitzenplatz ein. Das explizite Anleiten zu Lesestrategien oder die Initiierung hierarchiehoher Teilprozesse zum elaborierten Verstehen des Gelesenen treten dagegen in den Hintergrund. Das „kognitive Anregungspotential" bleibt somit begrenzt, zumal sich der eigentätige Umgang mit der Lektüre zumeist auf das schriftliche Beantworten von Fragen beschränkt (Lankes/Carstensen 2007, S. 170 f.). Misst man die „Methodenvielfalt" an Leseweisen im Unterricht (lesen, mitlesen, vorlesen), an den Lesematerialien (literarische, nichtliterarische, authentische, didaktische Texte; vgl. Kapitel A 2) und daran, wer die Texte jeweils auswählt, dann sind die Ergebnisse für die deutschen Grundschulen ernüchternd: Wie in Kapitel A 2 dargestellt, werden vorrangig didaktisch vorstrukturierte Texte (etwa aus Lesebüchern) eingesetzt, an der Auswahl der Lektüre werden die Schüler selten beteiligt und zum eigenständigen Umgang mit Texten und Medien werden sie nicht nachhaltig genug ermutigt (Lankes/Carstensen 2007, insbesondere S. 174 ff.).

Maßnahmen der „individuellen Unterstützung" werden aus den Voten zu Organisationsformen im Unterricht abgeleitet. Im Vergleich zu Ländern wie England, Schweden und Kanada (Alberta), die sich durch eine hohe „Unterstützungskultur" auszeichnen, bewegen sich die Ergebnisse bei Lehrerinnen und Lehrern an deutschen Grundschulen im mittleren Bereich. Einzelne leseschwächere Kinder erhalten „besondere Hausaufgaben" (73 % der Nennungen) oder werden veranlasst, mit Mitschülern zu üben (75 %). 35 % der Befragten schicken schwächere Leser in den Förderunterricht (vgl. Lankes/Carstensen 2007, S. 179).

Für eine kleinere Stichprobe von insgesamt 3062 Lehrkräften wurde von den Autoren noch eine zusätzliche Analyse vorgenommen, die zur Darstellung von Unterrichtsprofilen genutzt wurde (Lankes/Carstensen 2007, S. 184 ff.). Diese Profile werden im Folgenden knapp vorgestellt. Dabei wird jeweils auch der prozentuale Anteil für alle Länder insgesamt sowie für Deutschland genannt und im Blick auf den Umgang mit Sachtexten im Unterricht kommentiert.

▸ *Typ 1:* Eng geführter Unterricht im Klassenverband ohne individuelle Unterstützung

                      insgesamt: 30 %   Deutschland: 50 %

Der Unterricht vollzieht sich eng geführt im Klassenverband. Oft liest die Lehrkraft aus didaktischem Material vor, die Kinder lesen mit. Sach- und Gebrauchstexte werden neben anderen Texten eingesetzt. Eine individuelle Unterstützung einzelner Schülerinnen und Schüler findet nicht statt.

- *Typ 2:* Wenig Anregung zur Lektüre, dafür Ermutigung zum selbstständigen Lesen und individuelle Förderung

  insgesamt: 22 % Deutschland: ca. 8 %

  Von einem kompetenzfördernden Leseunterricht kann nicht oder kaum die Rede sein. Das liegt daran, dass der Klassenunterricht stark zurücktritt. Die individuelle Förderung erschöpft sich darin, dass Kinder ihre Lektüre frei wählen und dann Einzelne oder homogene Gruppen von Fall zu Fall unterstützt werden. Zur Individualisierung und Differenzierung wird auf „externen Förderunterricht" verwiesen.

- *Typ 3:* Wenig anregender, wenig abwechslungsreicher Klassenunterricht ohne individuelle Förderung

  insgesamt: 20 % Deutschland: ca. 32 %

  Der Umgang mit Texten wird vornehmlich durch Instruktion und schriftliches Beantworten von Fragen gesteuert. Ein anspruchsvoller eigenständiger Umgang mit Texten kommt nicht vor. Kindern wird häufig von Altersgenossen vorgelesen; dabei wird zumeist didaktisches Material genutzt. Die wenig entwickelte Förderkultur resultiert teilweise auch aus der begrenzten Ausstattung der Schulen. Diese Art der Unterrichtsgestaltung ähnelt Typ 1.

- *Typ 4:* Abwechslungsreicher Unterricht mit ausgeprägter Förderkultur

  insgesamt: 16 % Deutschland: ca. 5 %

  Die Lehrkraft setzt sich durch eigenes Vorlesen, den Einsatz niveauangepassten Materials und die individuelle Unterstützung einzelner Kinder in hohem Maße ein. Sie instruiert die Kinder und lässt ihnen beim Erwerb von Lesestrategien Zeit. Vielfältige Maßnahmen des Individualisierens und Förderns (Gruppenarbeit, Förderunterricht, auch Unterricht durch andere Personen) werden angebahnt, begleitet durch eine breite Auswahl verschiedener Texte (einschließlich von authentischem Material) und den kreativen Umgang mit ihnen.

- *Typ 5:* Anregender Unterricht im Klassenverband mit didaktischen Materialien

  insgesamt: 13 % Deutschland: 5 %

  Bei dieser Form der Unterrichtsgestaltung werden die höchsten Werte der kognitiven Aktivierung erreicht. Lehrkräfte, die sich diesem eher traditionellen „anregenden Unterricht im Klassenverband" verpflichtet fühlen, bemühen sich besonders um die Verbesserung der Lesekompetenz. Dabei orientieren sie sich an den Ergebnissen der neueren Leseforschung und sorgen dafür, dass Kinder und Jugendliche als Leser ihre eigenen Erfahrungen und ihr Vorwissen einbringen; dass sie lernen, Voraussagen, Schlussfolgerungen und Verallgemeinerungen zu formulieren. Dementsprechend kommt dem schriftlichen Beantworten von Fragen zum Text und einer kreativ-produktiven Auseinandersetzung mit Texten besondere Bedeutung zu. Die Arbeit mit didaktisch aufbereiteten Leseangeboten, auch mit Sachtexten, steht im Vordergrund (Lankes/Carstensen 2007, S. 185 f.).

Ergebnisse zu Lesestrategien

Dass eine sorgfältige (kleinschrittige) Einübung von Lesestrategien – also ein Training – das Leseverständnis erheblich verbessert, konnte Klauer 1996 in einer Untersuchung bekräftigen. In seiner Studie mit Fünft- und Sechstklässern waren die positiven Effekte nach einem halben Jahr noch feststellbar. Bremerich-Vos und Schlegel haben 2003 Klauers Versuch nochmals aufgenommen: In drei Klassen des 5. Schuljahrs haben sie ebenfalls ein umfangreiches Training von Lesestrategien durchgeführt. Die Lerngruppen waren dabei bedeutend umfangreicher als in der Studie Klauers; außerdem nahm sich die Lehrerin im Laufe des Trainings stark zurück; sie ließ stattdessen jeweils zwei Fünftklässer im Sinne des wechselseitigen Lehrens und Lernens als Lerntandems arbeiten. Die Lerneffekte waren – verglichen mit den Ergebnissen bei Klauer – gering: Nach Auffassung der Autoren könnten sich die Größe der Gesamtgruppe, das Arrangement der Schüler in Lerntandems und das direkte (statt indirekte) Trainieren von Lesestrategien nachteilig auf die Ergebnisse ausgewirkt haben. Darüber hinaus wird meines Erachtens der jeweils begrenzte Expertenstatus der 10- bis 12-Jährigen in den Lerntandems zusätzlich zu bedenken sein.

Die bisher erwähnten Untersuchungen – so ein Zwischenfazit – gingen von der aktuellen lesetheoretischen Diskussion aus. Sie wurden nach den Standards experimentellen Arbeitens geplant und dann mit Probanden in der Schule oder im Deutschunterricht durchgeführt.

Gibt es im Unterschied dazu auch Untersuchungen zum Umgang mit Sachtexten, die ausdrücklich vom Unterricht her entwickelt wurden? Durchaus – für den deutschsprachigen Raum kann in diesem Zusammenhang auf die Arbeit von Belgrad, Grütz und Pfaff (2004) verwiesen werden. Das Team hat bei insgesamt 1450 Viertklässlern erforscht, wie gut die Kinder einen Sachtext (eine kurze Meldung in der Zeitung) nach unterschiedlichen Unterrichtsarrangements verstehen. Die für diese Untersuchung gewählten Arrangements waren zuvor durch „informelle Befragungen" bei Lehrkräften als tatsächlich von ihnen im Unterricht bevorzugte Vorgehensweisen ermittelt worden (Belgrad/Grütz/Pfaff 2004, S. 27). Nach dem stillen Lesen des Textes durch Schüler (Arrangement 1), dem Vorlesen durch die Lehrkraft (Arrangement 2) oder einem kurzen gelenkten Unterrichtsgespräch (Arrangement 3) folgte bei allen Schülerinnen und Schülern ein stilles Lesen des Textes. Anschließend wurden ausgewählte Verstehensleistungen mittels eines Fragebogens gemessen. Insgesamt waren die Verstehensleistungen beim stillen Lesen (Arrangement 1) am besten – vor allem in Verbindung mit dem Unterstreichen oder Herausschreiben wichtiger Wörter, was vielen Kindern ja aus dem Unterricht vertraut ist. Zu lediglich schwach positiven Wirkungen trug das vorausgehende Unterrichtsgespräch bei (Arrangement 3), das als Antizipation und Aktivierung des Vorwissens gedacht war. Unklar in der Tendenz blieb die Wirkung des Vorlesens (Arrangement 2; vgl. Belgrad/Grütz/Pfaff 2004, S. 37 ff.).

Diese Belege ausgewählter Untersuchungen können in den Zusammenhang der Diskussion über Strategien gestellt werden. Mit Streblow (2004, S. 286 f.) kann gefolgert werden, dass Lesestrategien für den Umgang mit Sachtexten wichtig und nützlich sind und dass sich leistungsstarke und -schwächere Leser in dieser Hinsicht schon früh unterscheiden. Das an sich aussichtsreiche Training von Strategien kann in seinem Ertrag durch Selbstbeobachtung und Selbstreflexion gesichert werden (etwa durch standardisierte Lerntagebücher im Sinne einer anspruchsvollen regulativen Strategie).

Reziprokes Lehren und Lernen als Verfahren

Ein neuer Weg – auch für den Umgang mit Sachtexten – hat sich mit dem reziproken Lehren und Lernen aufgetan. Im deutschsprachigen Raum ist dieser Impuls in jüngerer Zeit insbesondere durch die Arbeiten von Palincsar und Brown (ab 1984) bekannt geworden. Insbesondere zur Vermittlung von Strategien bedienen sich die beiden Autorinnen einer Interventionstechnik, nämlich des reziproken Lehrens und Lernens. Anfänger (hier: schwächere Leser) werden dabei durch Experten mit grundlegenden Aktivitäten bei der Lektüre vertraut gemacht – etwa mit dem Zusammenfassen, Fragen, Klären und Vorhersagen/Antizipieren. Die Lerner werden zunächst von einem Experten schrittweise zu diesen Tätigkeiten angeleitet, um sie dann anschließend zunehmend eigenständig auszuführen. Die unten stehende Übersicht und das dazu ergänzte Beispiel veranschaulichen konkret die drei Phasen des wechselseitigen Lehrens und Lernens (Palincsar/Brown 1984, S. 123 ff.). Es wird deutlich, welche Aufgaben Lerner und Experte in den einzelnen Abschnitten zu erfüllen haben und wie sich Teilhandlungen im Laufe des reziproken Lehrens und Lernens zunehmend vom Experten zum Lerner verlagern.

Für den Erwerb des Fragenstellens verläuft nach diesem Phasenmodell das reziproke Lehren und Lernen beispielsweise wie im nachfolgenden Dialog. Dabei zeigen die

Phase	Aufgabe des Lerners	Aufgabe des Experten (Lehrer, versierter Mitschüler)
1	Der Lerner ist Beobachter und nur für einen kleinen Teil der Aktivitäten verantwortlich.	Der Experte führt zunächst die Handlungen vor, leitet insgesamt die notwendige geistige Tätigkeit.
2	Der Lerner übernimmt einzelne Tätigkeiten und wiederholt sie auch.	Der Experte tritt Verantwortung an den Lerner ab, teilt mit ihm die kognitive Tätigkeit, führt und korrigiert noch, wo der Lerner strauchelt.
3	Der Lerner nimmt das Geschehen zunehmend selbst in die Hand; er verinnerlicht und reflektiert den gesamten Prozess.	Der Experte tritt als Helfer in den Hintergrund und beschränkt sich zunehmend auf die Rolle des interessierten Zuschauers/Zuhörers.

Phasen des reziproken (wechselseitigen) Lehrens und Lernens

Äußerungen 13 bis 21 im Transkript, wie Charles, ein schwacher Leser im 7. Schuljahr, von einem Experten zu sachgerechtem Fragen angeleitet wird. (Die Formulierungsversuche von Charles sind kursiv gesetzt.) Der Textauszug, von dem das Verfahren ausgeht, lautet:

Das Spinnenmännchen ist viel kleiner als sie, sein Körper ist mattbraun. Es verbringt die meiste Zeit damit, auf einer Seite seines Netzes zu sitzen.

---

13 **Charles:** (hat keine Frage)
14 **Experte:** Wovon handelt dieser Abschnitt?
15 **Charles:** Spinnenmännchen. *Wie Spinnenmännchen …*
16 **Experte:** Gut so. Weiter.
17 **Charles:** *Wie das Spinnenmännchen kleiner ist als … Wie soll ich das sagen?*
18 **Experte:** Lass dir Zeit. Du willst eine Frage stellen zum Spinnenmännchen und was es tut. Die Frage beginnt mit „wie".
19 **Charles:** *Wie verbringen sie ihre Zeit? Sitzend.*
20 **Experte:** Du bist nahe dran. Die Frage sollte sein: *Wie verbringt das Spinnenmännchen die meiste Zeit?* – Nun fragst du.
21 **Charles:** *Wie verbringt das Spinnenmännchen die meiste Zeit?*

(Palincsar/Brown 1984, S. 138; eigene Übersetzung)

Zu welchen unterrichtsrelevanten Ergebnissen kommt nun die Studie der beiden Autorinnen? Wechselseitiges Lehren und Lernen, möglichst durch eine explizite Hinführung vorbereitet, kann Leseleistungen erheblich verbessern – ein Effekt, der selbst sechs Monate nach der ersten Überprüfung noch stabil vorhanden war. Die Steigerung der Verstehensleistungen zeigte sich bei Palincsar/Brown vor allem beim gezielten Fragen, bei der Ermittlung der Grundidee des Textes (entspricht der Elaborationsstrategie) und für das Zusammenfassen des Gelesenen (entspricht einer reduktiven Organisationsstrategie). Im zweiten Teil der Untersuchung wurde die Vorgehensweise auf die Arbeit mit siebten Klassen übertragen. Dabei wurde die Expertenrolle bei kleinen Lerngruppen zuvor eingewiesenen Lehrkräften übertragen. Die erwähnten positiven Wirkungen konnten auch unter den Bedingungen der Schulpraxis bestätigt werden (vgl. Palincsar/Brown 1984, insbesondere S. 166).

Rosenshine und Meister haben vor einiger Zeit über die viel beachtete Arbeit der beiden Autorinnen hinaus alle bis in die 1990er-Jahre zugänglichen Studien zum wechselseitigen Lehren und Lernen umsichtig ausgewertet. Sie stellen verallgemeinernd heraus, dass reziprokes Lernen ein auf *Instruktion ausgerichtetes Verfahren* darstellt (Rosenshine/Meister 1994, S. 479), bei dem Schüler dank der Unterstützung durch Experten (Lehrer, Forscher) mit „kognitiven Strategien" vertraut werden, die das Leseverständnis deutlich verbessern. Konkret sind dies in den ausgewerteten Untersuchungen das Zusammenfassen, das Erzeugen von Fragen, die Klärung einzel-

ner Textstellen und das Nennen von Vorhersagen zum weiteren Text. Die Ergebnisse sprechen für die Wirksamkeit des reziproken Lernens: Bei zehn Studien, die anhand *eigens entwickelter Tests* die Wirksamkeit des wechselseitigen Lehrens und Lernens prüften, konnte ein hohes Maß an Effizienz ermittelt werden, beim Vergleich mit *standardisierten Tests* bewährten sich immerhin noch sieben Untersuchungen. Darüber hinaus zeigten detaillierte Analysen, dass folgende Bedingungen die Ergebnisse beim reziproken Lehren und Lernen nicht entscheidend beeinflussen:
- die Anzahl der Übungseinheiten,
- die Gruppengröße der Lerner,
- die Anzahl der vermittelten Strategien.

Der Vergleich der Untersuchungen mit eigens entwickelten gegenüber standardisierten Tests ergab ein weiteres Resultat, das für die Unterrichtspraxis Beachtung verdient: *Längere Texte* erleichtern das Verarbeiten und Beantworten von Fragen, sie sind leserfreundlicher (Aufbau, Kohärenz, Wortschatz). Bei *kürzeren Texten* ist wiederholtes Lesen notwendig, da bei den Antworten mehrere Aussagen miteinander verknüpft werden müssen und außerdem entwickeltes Weltwissen vorhanden sein muss. Der beobachtete Unterschied lässt noch einen weiteren Schluss zu: Das Lernen des Fragens ist etwas anderes als das eigenständige Befragen weiterer neuer Texte. Dieser Sachverhalt verweist auf die Transfer-Problematik (Rosenshine/Meister 1994, S. 507 ff.).

Unabhängig vom differenziert zu beurteilenden Gesamtergebnis stellen Rosenshine/Meister das Verdienst von Palincsar/Brown heraus, die das reziproke Lernen beim Verstehen von Texten weithin bekannt gemacht haben. Palincsar/Brown haben vier wichtige Tätigkeiten (fragen, zusammenfassen, klären und vorhersagen) beim Verstehen von Texten besonders beachtet. Darüber hinaus ist es ihrer Ansicht nach (Rosenshine/Meister 1994, S. 480) ein Vorzug der Arbeiten von Palincsar/Brown, dass die Schüler bei der Vermittlung der Aktivitäten zu Weiterführungen ermutigt werden – nämlich indem sie
- Zusammenfassungen anderer ergänzen bzw. erweitern,
- weitere Fragen (zum Text) vorschlagen,
- die Vorhersagen anderer kommentieren,
- Unverstandenes nachforschend klären,
- helfen, Missverständnisse aufzuklären.

Die Impulse, die Palincsar/Brown dem reziproken Lernen gegeben haben, waren von Anfang an einer Übertragung auf die Unterrichtspraxis verpflichtet: Die Autorinnen hatten sowohl die Stärkung als auch die Sicherung des Verstehens unter realen unterrichtlichen Bedingungen im Blick. Deshalb begrenzten sie die konkrete Arbeit im Unterricht auf vier Aktivitäten im Gegensatz zu bis zu 150 Lesefertigkeiten, die vertraute US-amerikanische Unterrichtsmaterialien anbieten. Statt vorgegebener, didaktisch oft schon „geglätteter" Arbeitsblätter setzten sie aktuelle (authentische) Lesetexte ein. Dabei lieferten sie Hilfen, die Schüler beim Lernen unterstützen, und sie vertraten nachdrücklich die Idee, dass Schüler sich wechselseitig helfen können (nach Rosenshine/Meister 1994, S. 506 f.).

4.5. Folgerungen für den Unterricht

Für die Konkretisierung an Beispielen (in Teil B) und als Anregungen für die Unterrichtspraxis lassen sich aus diesem Kapitel einige Folgerungen ableiten. Der Umgang mit Sachtexten wird sich – entschiedener als bisher in den Bildungsstandards – an den verstehenstheoretisch begründeten Aspekten *Text* (*Funktion*, *Textsorte*), *Leser* und dem *Prozess des Verstehens* sowie den *Lesestrategien* orientieren. Zunächst der *Deutschunterricht* selbst, das Angebot von *Teilaufgaben* und fördernden *Trainingsprogrammen*, zudem ein didaktisch reflektierter *integrativer* (fächerübergreifender) *Unterricht* werden bei jeweils unterschiedlicher Akzentuierung kompetenzfördernd wirken. Eine möglichst reichhaltige Textauswahl von vornehmlich authentischen Texten, ein hinreichendes kognitives Anregungspotenzial und Methodenvielfalt eröffnen in besonderer Weise Möglichkeiten eines leserdifferenzierten Unterrichts. Wenn sich Schülerinnen und Schüler auf den hier beschriebenen, teilweise empirisch bewährten Wegen zunehmend für sich ein Grundmuster für den Umgang mit Sachtexten aneignen, dann hat ein kompetenzfördernder Unterricht ein wichtiges Ziel erreicht. Ein solches Raster bietet beispielsweise der „Beobachtungsfächer" von Senn/Widmer (2005, insbesondere S. 39, hier leicht verändert), der folgende „vier Schritte" vorsieht:

- *Überblicken:* sich im Textangebot orientieren, das Textangebot situieren
- *Bearbeiten:* Teiläußerungen des Textangebots rezipieren, Schwierigkeiten erkennen und bewältigen
- *Verarbeiten:* Verarbeiten des Textes im Ganzen, dabei Verknüpfen mit dem bereits vorhandenen Wissen des Lesers und Verarbeiten des Gelesenen in unterschiedlichen Formen, gegebenenfalls Ergänzung des Mitgeteilten durch Nutzen zusätzlicher Quellen, Austausch einzelner Verarbeitungen
- *Überprüfen:* Qualität der eigenen Verarbeitung und des Textangebots abschließend einschätzen

Schließlich sei noch auf einen Befund zur Unterrichtsgestaltung hingewiesen: Die Befragungen bei Lehrkräften (der Primarstufe) haben gezeigt, dass Leseunterricht (und damit auch der Umgang mit Sachtexten) an Schulen des In- und Auslands auf vielfältige, unterschiedlich Erfolg versprechende Weise stattfindet. Bedacht werden sollte dabei, dass sich ein „anregender Unterricht im Klassenverband" ebenso bewährt wie eine so klar strukturierte Interventionstechnik wie das zuvor dargestellte reziproke Lehren und Lernen.

Teil B:
Vorschläge für einen kompetenzfördernden Unterricht

Vorbemerkungen

Die folgenden Beispiele zum Umgang mit Sachtexten berücksichtigen unter Teilkapiteln informierende (siehe Kapitel A 1), appellierend-instruierende (Kapitel A 2), verpflichtende (Kapitel A 3) und bewirkende Sachtexte (Kapitel A 4). Darüber hinaus ergeben sich häufig Verflechtungen zwischen diesen Textsortenklassen, wenn konkrete Sachzusammenhänge das Zusammenspiel verschiedener Textsorten erfordern oder nahelegen. Da informierende und appellierend-instruierende Sachtexte besonders häufig und in beträchtlicher Vielfalt vorkommen, außerdem ans Verstehen erheblich differierende Anforderungen stellen, werden zu diesen Textsortenklassen viele Vorschläge angeboten. Bei den verpflichtenden und bewirkenden Sachtexten wird hingegen deutlich, dass die Textmenge in der Regel begrenzt ist, den schriftlichen Mitteilungen allerdings erhebliches Gewicht zukommt. Wo immer es möglich war, sind authentische Texte herangezogen worden. Daraus ergeben sich zwei Konsequenzen: Auffälligkeiten in diesen Texten können Schülerinnen und Schülern den Zugang erschweren. Zugleich ist damit aber die Chance verbunden, über eine intensive Arbeit am sprachlichen Detail die auftretenden Schwierigkeiten zu meistern und künftig als mündiger Sprecher inhaltlich und sprachlich verständlichere Texte zu fordern.

Im Ganzen akzentuieren die unterrichtlichen Anregungen jeweils auf unterschiedliche Weise die Größen *Leser*, *Verstehensprozess* und *Lesestrategien*. Die Angaben zu Klassenstufen stellen dabei lediglich Anhaltspunkte dar. Im Sinne eines kompetenzfördernden Unterrichts (siehe Kapitel A 4) wird beachtet,

▸ welche Fähigkeiten im Einzelfall bei den Schülerinnen und Schülern vorausgesetzt werden,
▸ was sie innerhalb der konkreten Unterrichtsreihe lernen und
▸ was Schülerinnen und Schüler von dem, was sie gelernt haben, bei künftigen Aufgaben zum Lesen und Verstehen nutzen können.

Textangebote und Aufgaben auf der Begleit-CD-ROM sollen nicht nur im Klassenunterricht oder in Einzelarbeit rezipiert und aufgearbeitet werden. Wirkungsvoller ist gewiss ein Unterricht, der möglichst oft „kooperatives Lernen" (hier vor allem nach Brüning/Saum 2006) anstößt. Das wird auch in dieser Publikation versucht.

Kooperatives Lernen zeichnet sich dadurch aus, dass der Unterricht durch die fachlich kompetente Vorbereitung der Lehrkraft vorstrukturiert wird, geplante Aufgaben von Lerngruppen umgesetzt und die Ergebnisse im Klassenunterricht vorgestellt werden. Dabei hat es sich bewährt, die Größe der Gruppen zahlenmäßig zu begrenzen (in der Regel nicht mehr als vier Schülerinnen und Schüler). Innerhalb der Gruppe sollte eine „positive wechselseitige Abhängigkeit" bestehen – verbunden mit der Einsicht, dass jedes Mitglied der Lerngruppe durch seine Arbeit zum Gruppenresultat beiträgt und dass dieses Ergebnis der Klasse vorgestellt wird. Ein höheres Maß an (Schüler-)Aktivität, stabile emotionale Sicherheit beim Lernen und anspruchsvollere Lernleistungen sind intendierte Folgen des Kooperativen Lernens (vgl. dazu Brüning/Saum 2006; Heckt in Green/Green 2005; Johnson/Johnson/Johnson-Holubec 2005).

Für die Unterrichtspraxis ist es günstig, mit Brüning/Saum (2006, S.17 ff.) von einem „Grundprinzip des Kooperativen Lernens" auszugehen. Dieses Grundprinzip kann in einer Modellierung so dargestellt werden (nach Brüning/Saum 2006):

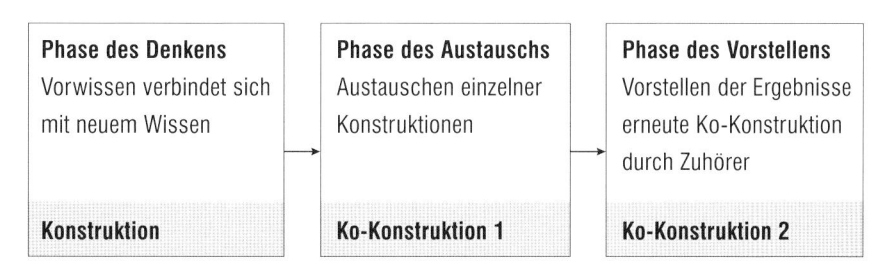

Phase des Denkens	Phase des Austauschs	Phase des Vorstellens
Vorwissen verbindet sich mit neuem Wissen	Austauschen einzelner Konstruktionen	Vorstellen der Ergebnisse erneute Ko-Konstruktion durch Zuhörer
Konstruktion	**Ko-Konstruktion 1**	**Ko-Konstruktion 2**

Grundprinzip des Kooperativen Lernens

Die Darstellung zeigt, dass diesem Grundprinzip aktuell anerkannte Vorstellungen vom Lernen zugrunde liegen, die mit dem bereits im Kapitel A 3 vorgestellten lese- und verstehenstheoretischen Konzept korrespondieren: Lernen ist ein eigenaktiver Prozess, bei dem bereits vorhandenes Vorwissen mit neuem Wissen (das jeweilige Lernangebot im Unterricht) verknüpft wird. Das beginnt – nach Brüning/Saum 2006 – in der „Phase des Denkens" für sich (Konstruktion). In der „Phase des Austauschs" werden dann die Konstruktionen der einzelnen Lerner in der Kleingruppe vorgestellt und zur „Ko-Konstruktion 1" verdichtet. „Ko-Konstruktionen 1" der einzelnen Lerngruppen werden daraufhin in der „Phase des Vorstellens" durch die Zuhörer zu „Ko-Konstruktionen 2" weiterentwickelt. Insgesamt wird auf diese Weise die Aktivität beim Lernen kontinuierlich hoch gehalten; und da die äußeren Bedingungen präzise in der Klasse miteinander vereinbart worden sind (jeder kann aufgerufen werden, für die einzelnen Phasen gibt es zeitliche Vorgaben), ist das gesamte Verfahren in der Tat aufgaben- und lernzielorientiert. Ein solches Grundmuster hat den Vorteil, dass Schülerinnen und Schüler zunehmend mit einem wirksamen Ablauf des Lernens und Arbeitens vertraut werden, der ihnen selbst und der Gruppe insgesamt zugute kommt. Die damit einhergehende Ritualisierung ist nicht negativ zu sehen: Rituale geben Kindern und Jugendlichen häufig Sicherheit. Einer im Einzelfall auftretenden Erstarrung kann durch eine Ausdifferenzierung des Grundmusters begegnet werden (vgl. dazu Brüning/Saum 2007).

Jeder der folgenden Beiträge beginnt mit dem Text und Hinweisen dazu. Diese Erläuterungen orientieren sich an den vorgestellten Analyseschritten im ersten Kapitel. Die aus der Analyse entwickelte Erarbeitung von Unterrichtszielen mündet anschließend in Vorschläge und Anregungen zum Unterricht, denen Hinweise zu Hausaufgaben und Beziehungen folgen (einschließlich einiger Vorschläge zur Überprüfung des Gelernten im Sinne sogenannter Leistungsaufgaben (vgl. Abraham u. a. 2007, S. 12).

Teil B: Vorschläge für einen kompetenzfördernden Unterricht

Für ausgewählte Hausaufgaben (auch Leistungsaufgaben) werden dabei mögliche Lösungen skizziert und im Sinne eines kompetenzorientierten Unterrichts Bezüge zu weiteren Unterrichtsreihen genannt. Die Erläuterungen zu den einzelnen Unterrichtsreihen schließen mit der Nennung von Materialien. Das betrifft neben Tipps zu weiterführender Literatur vor allem Hinweise auf Texte, Arbeitsblätter mit Aufgaben und weitere Materialien, die für den Einsatz im Unterricht auf der beiliegenden Begleit-CD-ROM versammelt sind.

1. Umgang mit informierenden Sachtexten

1.1. Wege zur Schule (ab Klasse 2)

Wege zur Schule

Bei uns kommen viele Kinder zu Fuß zur Schule.
Manche fahren mit dem Rad oder Schulbus.
Es gibt aber Länder, da ist die nächste Schule weit weg.
Dort können die Kinder weder Rad noch Schulbus benutzen.

In Island gibt es nicht überall breite Straßen.
Da reiten einige Kinder auf ihrem Pony zur Schule.
Während des Unterrichts werden die Ponys auf dem Schulhof angebunden.
Nach dem Unterricht reiten die Kinder dann wieder nach Hause zurück.

Es gibt Kinder, die auf kleinen Inseln in großen Seen leben.
Diese Kinder werden mit Booten zum Unterricht gebracht.
Ihre Schule liegt auf dem Festland oder auf einer größeren Nachbarinsel.

Und selbst das gibt es – zum Beispiel in Kanada:
In sehr einsamen Gegenden werden Kinder mit dem Flugzeug gebracht.
Ihre Schule kann nämlich 100 Kilometer vom Wohnhaus entfernt sein.

Text 1.1

Hinweise zum Text
Der Text *Wege zur Schule* informiert darüber, dass Kinder dieser Welt auf verschiedene Weise zur Schule kommen – manche mit dem Boot, auf einem Pony oder sogar mit dem Flugzeug. Texte zu diesem Thema gibt es vielfach, im vorliegenden Fall ist

der Text auf junge, noch nicht so versierte Leserinnen und Leser sprachlich zugeschnitten. Kinder können sich als Schüler gut in die Situation hineindenken, womit der Text auch beginnt. Dann wird im ersten Absatz auf Bedingungen verwiesen, die sich deutlich von den Erfahrungen hiesiger Kinder unterscheiden (Besuch der Schule mit dem Pony, zu Wasser oder sogar mit dem Flugzeug). Der mitgeteilte Sachverhalt ist in seiner Relevanz für Kinder interessant. So unterschiedlich die beschriebenen Schulwege auch sind (in Island, von kleinen Inseln aus und in den Weiten Kanadas), so begrenzt ist das Ganze vom Thema her, werden doch lediglich ausgewählte Fakten beschrieben. „Wege zur Schule" ist ein einfacher, nach Zeilen organisierter und in Abschnitten gegliederter Text: Er nimmt im ersten Abschnitt das Vorwissen der Kinder auf und leitet kontrastiv auf fremde Verhältnisse über. Das geschieht hinsichtlich des Aufwands steigernd (mit Pony, Boot, schließlich mit Flugzeug) und wird vor dem Schlussabsatz auch sprachlich gekennzeichnet (Und selbst das gibt es – zum Beispiel in Kanada). Wortwahl und Satzbau stellen lediglich an einigen wenigen Stellen besondere Anforderungen (etwa *Festland* und *Nachbarinsel*). Im vierten Absatz können die beiden letzten Sätze zunächst Verstehensschwierigkeiten bereiten, da sie eine Information aussparen (*zur Schule*) und ein Element enthalten (*Ihre Schule*), das sich auf ein Wort im vorangehenden Satz bezieht (nämlich auf *Kinder*).

Unterrichtsziele

Es wird vorausgesetzt, dass die Kinder über die einfachen Grundlagen des Lesens verfügen – also den Text Satz für Satz erlesen können. Die inhaltliche Vertrautheit mit dem Sachverhalt und die prägnante Gliederung in Zeilen und Abschnitte helfen, das Gelesene zu verstehen. Innerhalb dieser Unterrichtsreihe können infolgedessen die Kernaussagen Zug um Zug herausgearbeitet werden (Aufbau einer propositionalen Textrepräsentation). Die beiden letzten Sätze verlangen das Verknüpfen von Gelesenem. Dadurch wird die für alle weiteren Verstehensprozesse so wichtige Elaborationsstrategie vorbereitet. Hinsichtlich der genannten Schwierigkeiten (Festland, Nachbarinsel) sollte gegebenenfalls auf anschauliche Hilfen im Sinne einer Wiederholungsstrategie zurückgegriffen werden (vgl. Arbeitsblatt).

Vorschläge und Anregungen für den Unterricht

Im Unterricht kann das vertraute Thema Schulweg aufgenommen werden. Der Text wird vorgelesen oder – je nach Lernstand – von den Kindern erlesen. Im anschließenden Unterrichtsgespräch werden die Kinder gewiss auf die Attraktivität der genannten Möglichkeiten eingehen (Pony, Boot, Flugzeug); der mit der jeweiligen Beförderung verbundene Aufwand sollte allerdings auch angesprochen werden. Die Malaufgaben (Aufgaben 2 und 3) klären und sichern das Gelesene und Besprochene. Die beiden letzten Sätze könnten von einzelnen Kindern erläutert oder durch Sprachproben verdeutlicht werden. Beispiele: *In sehr einsamen Gegenden werden Kinder mit dem Flugzeug zur Schule gebracht. Die Schule dieser Kinder kann nämlich 100 Kilometer vom Wohnhaus entfernt sein.*

Hausaufgaben

Die Kinder fragen ihre Eltern nach deren früherem Schulweg. Sie schreiben dazu etwa drei Sätze auf.

Materialien

Text und Arbeitsblatt: 👁 unter 1.1.

1.2. Hund festgefroren – eine Zeitungsmeldung (ab Klasse 3)

Hund festgefroren

Heftiges Übergewicht hat einem Hund in den USA das Leben gerettet.

Jetzt im Winter sind wir froh, nachts ein Dach über dem Kopf und eine warme Heizung im Haus zu haben. Ein Hund in Wisconsin – das ist ein Bundesstaat in den USA – musste aber tatsächlich draußen schlafen und ist dort richtig festgefroren! Das heißt, er konnte sich überhaupt nicht mehr bewegen!
In Wisconsin ist es noch viel, viel kälter als bei uns. Als die Besitzerin den Hund am nächsten Tag wieder ins Haus holen wollte, war es schon zu spät. Mitarbeiter des Tierheims haben den Hund schließlich mit warmem Wasser wieder aufgetaut.
Die gute Nachricht: Ihm geht es gut. Geholfen hat ihm, dass er ein paar Kilo zu viel auf den Hüften hat. Das viele Fett des übergewichtigen Hundes hat ihn geschützt gegen Eis und Schnee.

Quelle: Andreas Mayer, Klicker – Nachrichten für Kinder (*LILIPUZ*, WDR 5). Foto: © dpa-Report

Text 1.2

Hinweise zum Text

Der Text ist zweifelsohne eine Zeitungsmeldung – ausgewählt und aufbereitet für Kinder. Die Redaktion von LILIPUZ, dem „Radio für Kinder" (WDR 5), hat Text und Bild ins Internet gestellt. Kleine und große Leserinnen und Leser schätzen derlei Meldungen über sonderbare Begebenheiten (doch mit glücklichem Ausgang). Sie können solche narrativ entfalteten Nachrichten häufig unter einer Rubrik wie „Vermischtes" finden. Informiert wird dabei auf eine unterhaltsame Weise, da Mitgeteiltes die Neugier der Leser weckt und als etwas Besonderes auffällt. Im vorliegenden Fall beginnt dies schon mit dem Titel und dem beeindruckenden Bild. Der Leser fragt sich sofort: „Wie kann es dazu kommen, das ein Hund festfriert? Und was wird dem armen Tier passiert sein?" Der erste Satz nimmt den guten Ausgang vorweg (der Hund wurde *gerettet*), deutet das gute Ende allerdings lediglich an. Insgesamt liegt eine Nachricht vor, die bei Kindern als Leser die Neugier weckt und vornehmlich dank der einfachen Wortwahl, des überschaubaren Satzbaus (lediglich zwei Satzgefüge) und die eingestreuten Erläuterungen (*das ist ein Bundesstaat in den USA*; *Das heißt, er konnte sich überhaupt nicht mehr bewegen*) gewiss den Zugang erleichtert.

1. Umgang mit informierenden Sachtexten

Unterrichtsziele

Im Mittelpunkt steht die schrittweise Hinführung zur Arbeit mit Voraussagetexten. Das Innehalten nach der Überschrift, dem ersten Satz und einem Teil der Zeitungsmeldung macht Schülerinnen und Schülern Lesen und Verstehen als hypothesenbildenden Prozess bewusst. Die geäußerten Vermutungen müssen plausibel sein, das heißt: Sie haben einer Überprüfung an Details der Überschrift, des ersten Satzes und des Textanfangs standzuhalten. Die Arbeit mit Voraussagetexten stützt und stärkt die Aufnahme von Kernaussagen Zug um Zug (Aufbau einer propositionalen Textrepräsentation). Vorformen eines solchen antizipierenden Lesens sind den Kindern schon vom Lesenlernen her vertraut (Vervollständigen von Wörtern oder Sätzen); ebenso erste Erfahrungen mit Zeitungsmeldungen. Der Umgang mit Voraussagetexten kann im weiteren Unterricht ausgebaut werden, indem längere und komplexere Texte berücksichtigt werden (siehe etwa B 1.6). Die Arbeit mit Voraussagetexten fördert das Bilden von Superstrukturen (als anspruchsvollen Teilprozess) vor allem dann, wenn Leserinnen und Leser zunehmend auch die jeweilige Textsorte beachten.

Vorschläge und Anregungen für den Unterricht

Der Unterricht kann mit dem ersten Arbeitsblatt beginnen: Aufgaben 1 und 2 lösen Vermutungen zum Geschehen aus, die anschließend miteinander verglichen werden. Sowohl bei diesen beiden Aufgaben als auch bei der dritten ist kreatives Denken gefragt. Einzelne Vorschläge können deshalb kaum gegeneinander ausgespielt werden, sie sollten nebeneinander stehen bleiben. Der Vorteil der ersten drei Aufgaben ist nämlich vor allen Dingen darin zu sehen, dass sich die Schülerinnen und Schüler inhaltlich dem Text nähern. Aufgabe 4 lädt dann nach Vorgeben eines weiteren Textteils zum Weiterschreiben ein (auch als Hausaufgabe denkbar). Wenn im Sinne von Aufgabe 5 die Ergebnisse der Voraussagetexte verglichen werden, dann sind Fragen angemessen wie:
▸ Leuchtet der entwickelte Schluss ein?
▸ Auf welche Stellen im Text kann sich die Lösung stützen?
▸ Ist der Schluss gelungen, überrascht und unterhält er die Leser?

Die Aufgaben 6 und 7 auf dem zweiten Arbeitsblatt gehen vom gesamten Text aus. Sie wenden sich der Textsorte *Zeitungsmeldung* zu. Eine Textstelle kann präzisiert werden (denkbare Lösungen: *Mitarbeiter des Tierheims haben das Fell des Hundes mit warmem Wasser wieder aufgetaut*; *Mitarbeiter des Tierheims haben mit warmem Wasser das Fell des Hundes vom Eis gelöst*). Aufgabe 7 stellt eine anspruchsvolle Hausaufgabe dar, die diese Unterrichtsreihe abzuschließen vermag. Lösungen zu Aufgabe 7: Die Leser werden direkt angesprochen – In der Zeitungsmeldung gibt es Stellen, die der Sprache von Kindern nahe sind: *heftiges Übergewicht*; *Das heißt, er konnte sich überhaupt nicht mehr bewegen!*; *noch viel, viel kälter*; *Die gute Nachricht: Ihm geht es gut*; *hat ihn geschützt gegen Eis und Schnee* – Einiges wird näher erklärt: *das ist ein Bundesstaat in den USA*; *Das heißt …*

Aufgabe 8 gilt auch der Textsorte, ist als Sammelarbeit im Anspruchsniveau allerdings begrenzt. Werden die gefundenen Meldungen an der Pinnwand allen Kindern zugänglich gemacht und außerdem der überraschendste Beitrag belohnt, dann wird der Umgang mit dem Sachtext positiv verstärkt. Aufgabe 8 kann übrigens – im Sinne der Binnendifferenzierung – als alternative Hausaufgabe eingesetzt werden.

Hausaufgaben und Bezüge zu weiteren Unterrichtsreihen
Aufgaben 4 und 7 bzw. 8 sind als Hausaufgabe denkbar.

Meldungen aus Massenmedien werden auch thematisiert in B 1.6 (Ein Handy kann Leben retten) und B 1.8 (Pkw kollidieren bei Überholmanöver).

Materialien
Text und Arbeitsblätter: 👁 unter 1.2.

1.3. Horst Eckert – wer ist denn das? (ab Klasse 3)

Hinweise zum Text
Die knappe biografische Notiz zu Janosch (Horst Eckert) informiert Kinder über einen der bekanntesten Kinderbuchautoren der Gegenwart. Viele Kinder kennen Bücher von ihm – in den meisten Fällen *Oh, wie schön ist Panama*. Der folgende Text ähnelt vielen Beschreibungen zu Janosch, wie sie auch im Internet leicht zu finden sind (etwa über die Kindersuchmaschinen http://www.milkmoon.de, http://www.fragfinn.de oder http://www.safetykid.net). Texte dieser Art sind öffentlich zugänglich, hier außerdem auf das Interesse, die Motivation und das (gewiss unterschiedliche) Vorwissen zugeschnitten. Orientiert am fortschreitenden Lebensalter des Autors werden in der biografischen Notiz ausgewählte Fakten angesprochen, die deskriptiv dargestellt werden. Wortwahl und Syntax orientieren sich am durchschnittlichen Sprachvermögen von Grundschulkindern. Eine besondere Form der didaktischen Aufbereitung ist dadurch gegeben, dass er in zweifacher Hinsicht für Kinder lösbare Rätsel aufgibt: Der Künstlername Janosch wird im gesamten Text vermieden. Darüber hinaus wird der Lebenslauf nicht an Jahreszahlen, sondern am jeweiligen Lebensalter des Autors festgemacht.

Unterrichtsziele
Es wird davon ausgegangen, dass die Kinder einiges Vorwissen zu Janosch haben. Sie kennen Bücher, daraus Figuren (zum Beispiel die Tigerente) und auch Produkte, die mit dem Namen des Autors verbunden sind. Einfache Texte werden die Kinder bereits lesen und einzelne Aussagen im Sinne der lokalen Kohärenzbildung aufeinander beziehen können. Der Begriff *Autor* sollte den Kindern bekannt sein. Im Rahmen des Unterrichts wird schrittweise die lokale Kohärenzbildung gestärkt, es werden dazu einfache Lesestrategien aufgenommen (Wiederholungs- und Organisationsstrategie) und weiter gefestigt. Die zusätzliche Berücksichtigung ausgewählter Internetange-

Horst Eckert – wer ist denn das?

Horst Eckert wurde 1931 geboren. Als Kind hatte er es schwer: Sein Vater trank und prügelte ihn, seine Mutter wehrte sich gegen diesen Vater nicht. Horst Eckert hatte also eine schlimme Kindheit.

Mit 13 Jahren musste Horst Eckert Geld verdienen. Zuerst arbeitete er als Schlosser und Schmied, danach in einer Textilfabrik.

Ab dem 22. Lebensjahr studierte er dann Kunst in München, musste aber sein Studium abbrechen. Die Lehrer an der Akademie meinten, dass er nicht gut genug malen und zeichnen könnte.

Sieben Jahre später erschien sein erstes Kinderbuch. Es hieß *Die Geschichte von Valek dem Pferd*. Weitere Bücher folgten. Horst Eckert, der mittlerweile einen anderen Namen trug, wurde sehr berühmt. Er bekam auch viele Preise.

Als Horst Eckert 47 Jahre alt war, erschien das Buch, das bis heute viele Kinder kennen (*Oh, wie schön ist Panama*). In dieser Zeit wurde der Autor sehr krank, weil er lange Zeit ganz viel Alkohol getrunken hatte. Es war ein Wunder, dass Horst Eckert die Alkoholkrankheit überlebt hat.

Mit 49 Jahren hat Horst Eckert sein Leben sehr geändert: Er lebt nun gesund in einem kleinen Haus auf der Insel Teneriffa.

Bis heute hat Horst Eckert viele Kinderbücher geschrieben und die Bilder dazu gemalt. In seinen Büchern sind ihm Freundschaft und das Glück für alle Menschen wichtig.

Also ...

Wer ist Horst Eckert? Unter welchem Namen kennst du ihn?

Text 1.3

bote regt das Vergleichen von Informationen aus verschiedenen Quellen zum gleichen Sachverhalt an und erweitert darüber hinaus bereits vorhandenes Wissen. Insgesamt wird dadurch für den künftigen Unterricht eine zunehmende Vertrautheit mit hierarchieniedrigen Verstehensprozessen und der eigenständige Einsatz einfacher Lesestrategien angebahnt.

Vorschläge und Anregungen für den Unterricht

Je nach Lesevermögen wird die biografische Notiz allen (oder zumindest den leseschwächeren) Kindern zunächst vorgelesen. Viele Kinder werden – ausgehend vom genannten Titel – Janosch als Autor identifizieren. Die Aufgaben 2 und 3 können alternativ oder arbeitsteilig eingesetzt werden: Aufgabe 2 fordert zum nochmaligen Lesen des Textes auf und zielt darauf, das Vorwissen der Kinder zu Janosch zu aktivieren. Aufgabe 3 spricht Eigenschaften des Autors an, die ihn nicht als makelloses Vorbild zeigen. Das Gespräch darüber bahnt eine differenzierte Sicht auf den Autor an, die durch die Recherchen im Internet (Aufgabe 4) vertieft werden kann. Die zum Schluss angeregte Zuordnung fasst die im Text vermittelten Daten zum Lebenslauf noch einmal zusammen.

Hausaufgaben

Die Aufgaben 4 und 5 sind als Hausaufgaben geeignet. Darüber hinaus können die Kinder angeregt werden, Bücher von Janosch zu nennen und Produkte mitzubringen, die mit Janosch verbunden sind (vgl. dazu die Internet-Homepage des Autors unter http://www.janosch.de).

Materialien

Text und Arbeitsblätter: unter 1.3.

1.4. *Affenheiß und schweinekalt* – ein Buchtipp (ab Klasse 4)

Hinweise zum Text

Der Buchtipp als Vorform der Rezension informiert interessierte Leserinnen und Leser über ein Werk. Im vorliegenden Fall werden Kinder über LILIPUZ, dem „Radio für Kinder" des WDR 5 auf ein Buch von Nicola Davies aufmerksam gemacht. Nicola Davies ist in Cambridge als Zoologin ausgebildet worden, arbeitet als Autorin für Fernsehsendungen und veröffentlicht Sachbilderbücher für Kinder. Auf dem deutschen Markt sind erhältlich: *Das Buch vom Machen und Müssen* (2006), *affenheiß und schweinekalt* (2007) und *Was juckt mich da?* (2008). Der vorliegende Buchtipp bezieht sich auf das Buch *affenheiß und schweinekalt*. Schon der Titel deutet an, dass es wohl um ein witzig-freches Sachbuch geht: *affen-* in *affenheiß* wirkt derb-verstärkend, wird wie bei *affengeil*, *Affenhitze*, *Affentempo* umgangssprachlich gebraucht und bedeutet sehr heiß. Mit *schweinekalt* verhält es sich ebenso – das *Duden Deutsche Universalwörterbuch* (^{4}2001, S. 1421) führt daneben noch *schweineteuer, schweinsmäßig, Schweineglück, Schweinehund* an. Aus Sicht der Kinder widmet sich das Buch einem besonderen Thema: Auf witzige Art werden Fakten zu den Überlebenstricks ausgewählter Tiere vermittelt. Diese Darstellung folgt nach Nennung des Titels, wichtiger bibliografischer Daten und nach Reproduktion des Covers und des zweigeteilten Buchtipps: Einem zusammenfassenden ersten Satz folgt ein zweiter, sehr anschaulich gehaltener Abschnitt. Die kleine Buchbesprechung schließt damit an der gewitzten Art des Buches (vgl. Titel, Cover, Sprachduktus und Comic-artige Illustration) im Frage-Antwort-Verfahren an. Das dritte konkrete Beispiel (*Bärentierchen*) beginnt mit einer kaum glaublichen Feststellung (*nicht kleinzukriegen*); dem schließen sich Belege

1. Umgang mit informierenden Sachtexten

BUCHTIPP

NICOLA DAVIES
affenheiß und schweinekalt

- Aus dem Englischen von Monika Lange
- Illustrationen von Neal Layton

Sauerländer Verlag
64 Seiten, 12,90 Euro
ab 8 Jahren

Ein pfiffiges Sachbuch über die Überlebenstricks der Tiere mit witzigen Bildern und ein großer Spaß für alle „Forscher".

Warum bekommen Pinguine keine kalten Füße? Weil sie einen Wärme-Austauscher im Blut haben. Und wer hat den kuscheligsten Mantel auf der ganzen Welt? Die arktischen Moschusochsen. Die tragen *qiviut*, das wärmste Wollfell der Welt. Es wächst ihnen bis zu den Knöcheln und ist achtmal wärmer als Schafswolle. Bei Hitze **und** Kälte nicht kleinzukriegen sind die winzigen *Bärtierchen*. Man kann sie kochen, einfrieren, hohem Druck aussetzen oder vergiften. Ist die Gefahr vorüber, so entfalten sie ihre eingerollten Körper wieder und tun, als ob nichts gewesen wäre.

Quelle: *LILIPUZ*, WDR 5. © Monika Hanewinkel

Text 1.4. Der Buchtipp enthielt auch eine Reproduktion des Buch-Covers, das hier aus rechtlichen Gründen entfallen muss. Es kann jedoch über das Internet zugänglich gemacht werden.

an, die auf Leser noch unwahrscheinlicher wirken. Inhaltlich spricht der Buchtipp viele Kinder an: Neben den Besonderheiten wird Unvertrautes und Fremdes erwähnt, das neugierig macht (etwa *Wärme-Austauscher*, *arktische Moschusochsen* und *qiviut* als das Fell dieser Tiere). Vom Satzbau und der Wortwahl her kommt der Text den Kindern entgegen: Fragen werden ähnlich wie im Gespräch reduziert beantwortet, mögliche extreme Handlungen (*kochen*, *einfrieren* …) werden reihend aufgeführt.

Unterrichtsziele

Diese Unterrichtsreihe spricht zwei Gesichtspunkte an: Die Hinführung zum Buchtipp als Vorform der Rezension – verbunden mit der Vermittlung einfacher buchtechnischer Phänomene wie Titel, Untertitel, Autor/Autorin und dergleichen, die schließlich mit Recherchen im Internet fortgeführt werden. Die Kinder können die Mehrzahl der Aufgaben meistern, wenn sie Zug um Zug eng am Text zu den Kernaussagen gelangen (Aufbau einer propositionalen Textrepräsentation). Wiederholungs- und reduktive Organisations-Strategien stützen diese Vorgehensweise. Einzelne Aufgaben (nämlich 5, 6, 7 und 9) verlangen – da anspruchsvoller – den Einsatz von Elaborationsstrategien.

Vorschläge und Anregungen für den Unterricht
Nach stillem Lesen durch die Kinder (schwächeren Lesern kann der Text vorgelesen werden) sind die Aufgaben 1 bis 4 Zug um Zug zu lösen. Aufgabe 5 verlangt wie die Aufgaben 1 und 2 ein Auffinden von Kernaussagen im Text. Die Aufgaben 5 bis 7 sprechen Grunddaten des Buches (Autor, Titel, Umfang, Preis) an und führen wie Aufgabe 12 zur Textsorte hin. Aufgabe 9 schließt an der vorangegangenen an, ist allerdings anspruchsvoll. (Denkbare Lösung: *Der Titel ist oft auffallend und weckt erstes Interesse; er verrät oft noch nicht so viel. Der Untertitel erklärt schon eher, um was es in einem Buch geht; hier werden die „Überlebenstricks der Tiere" thematisiert.*) Aufgaben 10 und 11 sind Recherche-Auftrag und Leseanregung zugleich.

Hausaufgaben und Bezüge zu weiteren Unterrichtsreihen
Aufgaben 11 und 12 sind als Hausaufgabe geeignet. Kindersuchmaschinen wie http://www.milkmoon.de oder http://www.trampeltier.de sind bei der Recherche hilfreich.
Vergleiche auch B 1.12 (Uwe Timm: *Der Freund und der Fremde*).

Materialien
Text und Arbeitsblätter: 💿 unter 1.4.
Literaturhinweis: Duden Deutsches Universalwörterbuch (⁴2001), hg. von der Dudenredaktion, Mannheim.
Das Cover von *affenheiß und schweinekalt* kann über das Internet beschafft werden, beispielsweise über den Online-Buchhandel oder die Website des Verlagshauses (http://www.patmos.de/titel-0-0/affenheiss_und_schweinekalt-6372).

1.5. *Sie bauten eine Kathedrale*: Glasbläser stellen die Kirchenfenster her (ab Klasse 5)

Hinweise zum Text
Der vorliegende Textausschnitt stammt aus dem berühmten Kinder-Sachbuch (auch Sach-Bilderbuch genannt) *Sie bauten eine Kathedrale* von David Macaulay. Das Buch erschien auf Deutsch 1974, wurde schon ein Jahr später mit dem Deutschen Jugendbuchpreis ausgezeichnet und erfuhr seitdem zahlreiche Auflagen (auch als Taschenbuch erhältlich). Schon aufgrund seiner Ausbildung und reichen Erfahrungen war David Macaulay als Autor und Illustrator für dieses Buch ein Glücksfall: Er hat in den USA Architektur studiert, fünf Studienjahre in Europa verbracht und als Zeichenlehrer sowie als Grafiker gearbeitet. Insbesondere Kinder und Jugendliche, die sich für Technik und Technik-Geschichte interessieren, waren und sind begeisterte Leser des erwähnten Buchs. Das umfassende Thema (Bau einer Kathedrale ab dem 13. Jahrhun-

1. Umgang mit informierenden Sachtexten

Die Glasbläser hatten inzwischen mit der Herstellung der farbenprächtigen Scheiben für die großen Fenster begonnen. Holzasche wurde mit gewaschenem Sand bei hoher Temperatur zu Glasfluss geschmolzen, bevor man verschiedene Metalle für die Farbgebung zusetzte. Dann nahm der Glasbläser einen Klumpen der flüssigen Masse auf den Kopf seiner Hohlpfeife und blies ihn zu einem Hohlkörper auf. Durch rasches Hin- und Herdrehen der Pfeife nahm dieser walzenförmige Gestalt an. Diese Form wurde nun abgeschlagen, an ihren Enden begradigt und der Länge nach aufgeschnitten. Nach abermaliger Erhitzung wurde das Glas zu Platten ausgewalzt.

Mit einem scharfkantigen Metallstab schnitt man die Glastafeln auf die richtige Fenstergröße zu. Die Fensterform wurde mit Kreide auf einer Werkbank vorgezeichnet und das Glas einfach daraufgelegt. Wenn genügend Glasstücke zugeschnitten waren, wurden sie durch Bleistege miteinander verbunden. Die einzelnen Stücke waren selten größer als acht Zoll im Quadrat, aber mit Hilfe der Bleistege ließen sich Quadrate bis zu dreißig Zoll zusammensetzen. Eiserne Verstrebungen und steinerne Pfosten hielten diese großen Stücke so zusammen, dass die Fenster eine Höhe von sechzig Fuß erreichten.

Quelle: David Macaulay: *Sie bauten eine Kathedrale*. Artemis Verlag Zürich und München, 1974, S. 60 f.

Text 1.5

dert) setzt an Vorwissen einiges voraus – zumindest aber ein Interesse für handwerkliche Tätigkeiten. Der vorliegende Ausschnitt (Text und Bildfolge, S. 85) erzählt, wie die Glasbläser bunte Glaselemente für die großen Kirchenfenster (*Höhe von sechzig Fuß*, das entspricht einer Höhe von bis zu 18 Metern) herstellten.

Die didaktische Aufbereitung des Ganzen ist beträchtlich: Der gesamte Vorgang wird chronologisch entwickelt, wobei ihn ein Absatz deutlich gliedert (Herstellen der Glasplatten, dann Zusammensetzen der Platten zu Fenstern). Der gesamte Bildkomplex ist dreigeteilt, wobei jeweils die Abbildung des Ofens bei der Orientierung helfen kann: Aufblasen der Glasmasse zu einem Hohlkörper (Zeilen 1–5), Abtrennen der Walze (Zeilen 5 f.) und Aufschneiden, Einpassen und Verbinden der Glastafeln (Zeilen 7–15). Das Zusammenwirken von Text und Bildelementen kann helfen, den beschriebenen Vorgang zu verstehen – zumal Wortwahl und Satzbau nicht durchgängig einfach gehalten sind. Einige Sätze sind zwar überschaubar strukturiert, jedoch umfangreich; die Wortwahl tendiert in ihrer Genauigkeit zum Fachwortschatz, vgl. etwa *Glasfluss*, *Farbgebung*, *walzenförmige Gestalt*, *begradigt*, *scharfkantig*, *Bleistege* oder die alten Längenmaße (Zoll: etwa 2,5 cm, Fuß: etwa 30 cm).

Unterrichtsziele

Es wird vorausgesetzt, dass die Kinder bereits selbstständig Texte erlesen und einzelne Aussagen auf dazu passende Bilder beziehen können. Letzteres gilt im vorgesehenen Unterricht etwa für Wörter wie *begradigt*, *scharfkantig* oder *Bleistege*. Im Mittelpunkt des Unterrichts steht ein informierender Sachtext, der historisch zurückliegende Vorgänge thematisiert. Das eigene Vorwissen der Schülerinnen und Schüler soll über die Auseinandersetzung mit den Bildern und dem Text erweitert werden. Aufgaben der Arbeitsblätter (unter 1.5 auf der Begleit-CD-ROM), die Wiederholungs-, Organisations- und Elaborationsstrategien verlangen, sichern neues Wissen und festigen es. Der künftige Umgang mit (Sach-)Texten kann auf den vermittelten Erfahrungen beim Verknüpfen von vorhandenem mit neuem Wissen und auf das Zusammenspiel verschiedener Lesestrategien aufbauen.

Vorschläge und Anregungen für den Unterricht

Aufgabe 1 kann als vorbereitende Hausaufgabe helfen, das Vorwissen zu alten Kirchen zu aktivieren (Besuche von Kirchen am Wohnort oder im Urlaub, Berichte im Fernsehen oder Informationen im Internet). Aufgabe 2 (2a ist einfacher als 2b) und 3 lassen erkennen, dass in Sachtexten Abbildungen und Geschriebenes miteinander verknüpft werden. Es bietet sich an, Aufgabe 2 im Sinne des Kooperativen Lernens zu erarbeiten (zunächst Einzelarbeit, dann Austausch mit dem Banknachbarn, schließlich Vorstellung eines gemeinsam erarbeiteten Ergebnisses für größere Lerngruppen).

Insbesondere für leseschwächere Schülerinnen und Schüler sind die Aufgaben 4 und 6 geeignet, das Zusammenspiel von Bild und Text an konkreten Textstellen zu erfahren. Aufgabe 7 ist eine einfache Möglichkeit, Kernaussagen zu ordnen. Lösung für diese Aufgabe:

1 Glasfluss	2 Glasplatten, Glastafeln	3 Glasquadrate	4 Glasfenster

Die anspruchsvolle Aufgabe 8 fragt ausdrücklich nach dem neu Hinzugelernten. Da diese Aufgabe schriftlich zu bearbeiten ist, wird – vor allem in der Auseinandersetzung mit den geschriebenen Texten – die Bedeutung der Elaborationsstrategie bewusst gemacht. Aufgabe 9 motiviert zur Lektüre des gesamten Buchs, das anschließend von den Rezipienten in einer Präsentation vorgestellt werden kann. Die Anregung, für die Lektüre einen Leseplan anzulegen, unterstützt das umfangreichere Lesevorhaben.

Hausaufgaben und Bezüge zu weiteren Unterrichtsreihen

Aufgabe 8 und – fakultativ – Aufgabe 9 sind als Hausaufgaben denkbar, sie verbinden sinnvoll die Produktion und Rezeption.

Materialien

Text und Arbeitsblätter: unter 1.5.

1.6. Ein Handy kann Leben retten (ab Klasse 6)

Hinweise zum Text

Vor einigen Monaten meldeten einige Presseagenturen, dass ein Brite von einer brasilianischen Kammspinne angegriffen worden war und nur dank seines Handys vor dem möglichen Tod gerettet werden konnte: Er hatte die angreifende Kammspinne, eine der giftigsten Spinnenarten überhaupt, noch mit seinem Handy fotografieren können. Ärzte informierten sich bei einem Zoo und spritzten daraufhin ein wirksames Gegenmittel. Journalisten nehmen eine solche Begebenheit (sonderbar, doch mit glücklichem Ausgang) gern auf und entfalten sie narrativ als knappe informierende Meldung (vgl. S. 88). Leserinnen und Leser jeden Alters können solche Texte immer wieder unter einer Rubrik wie „Vermischtes" finden. Informiert wird dabei auf eine unterhaltsame Weise, da das Mitgeteilte von Anfang an die Neugier der Leser weckt und als etwas Besonderes auffällt. Im vorliegenden Fall bereiten auch die verwendeten sprachlichen Mittel schon Sechstklässern kaum Schwierigkeiten. Neben einfachen Sätzen (hier und da durch *und* verbunden) finden sich ein paar Satzgefüge, wobei der erste Satz mit eingeschlossenem Relativsatz am ehesten als anspruchsvoll zu bezeichnen ist. Die Wortwahl entspricht der geschriebenen Sprache in den verbreiteten Printmedien.

Unterrichtsziele

Im Mittelpunkt dieser Unterrichtsanregung steht das Arbeiten mit Voraussagetexten. Die Anregung, Voraussagetexte zu Textanfängen zu verfassen, macht Schülerinnen und Schülern Lesen und Verstehen als hypothesenbildenden Prozess bewusst. Da-

Teil B: Vorschläge für einen kompetenzfördernden Unterricht

Ein Brite, der von einer giftigen Spinne gebissen wurde, ist dank seines Handys gerettet worden. Matthew Stevens
5 wurde verletzt, als er in der Küche hinter seinem Kühlschrank sauber machte. Dabei biss ihn eine äußerst angriffslustige Spinne. Matthew Stevens konnte noch den Notdienst anrufen und das
10 Tier mit seinem Handy fotografieren. Dann brach er bewusstlos zusammen.

Den Ärzten im Krankenhaus kam die Wunde sonderbar vor. Sie fürchteten um das Leben des Verletzten und faxten
15 das Bild der Spinne an den Zoo in Bristol. Die Zoologen erkannten das Tier als gefährliche brasilianische Kammspinne. Daraufhin spritzten die Ärzte dem Verletzten ein wirksames
20 Gegenmittel. Die Spinne, eine der giftigsten in der Welt, wurde gefangen.

Foto: João P. Burini

Text 1.6

bei trägt das Beachten kleinster Details bei der Rezeption zum vertieften Verstehen bei. Einfache Formen antizipierenden Lesens, die sich auf einzelne Sätze oder auf begrenzte markante Stellen im Text beziehen, sollten bereits vertraut sein – ebenso erste Erfahrungen mit Zeitungsmeldungen. Der Umgang mit Voraussagetexten kann im weiteren Unterricht ausgebaut werden, indem längere Texte berücksichtigt und mehr als eine Unterbrechung im Text vorgesehen werden. Leserinnen und Leser sollten bei ihren Voraussagetexten zunehmend auch die jeweilige Textsorte beachten. Dadurch wird insgesamt das Bilden von Superstrukturen (als anspruchsvoller Teilprozess) gefördert.

Vorschläge und Anregungen für den Unterricht
Der Unterricht kann gleich mit dem Textanfang und Aufgabe 1 einsetzen. Erste Gesprächsbeiträge bereiten die Aufgaben 2 und 3 vor, die nach eigener Wahl alternativ bearbeitet werden können (Aufgabe 3 ist auch als Hausaufgabe möglich). Der Vergleich einzelner Lösungen (Aufgabe 4) sollte deutlich auf den Anfang der Meldung und auf die Textsorte bezogen werden. Unter diesem Aspekt sind auch die gefun-

denen Überschriften zu beurteilen: Tragen sie jeweils dem mitgeteilten sonderbaren Geschehen Rechnung? Tragen Überschrift und Lösung dazu bei, dass Leserinnen und Leser diese Meldung unterhaltsam finden? Aufgabe 5 (Sammeln vergleichbarer Zeitungsmeldungen) vermag zu belegen, ob hier erste Textsortenkenntnisse erworben worden sind.

Hausaufgaben und Bezüge zu weiteren Unterrichtsreihen
Aufgaben 2 und 5 sind als Hausaufgabe geeignet.
B 1.2 (Hund festgefroren) und B 1.8 (Pkw kollidieren bei Überholmanöver) sprechen ebenfalls Zeitungsmeldungen an.

Materialien
Text und Arbeitsblätter: 👁 unter 1.6.
Das zweite Arbeitsblatt kann erst nach Bearbeiten des ersten eingesetzt werden.

1.7. Ein Anruf beim … einbeinigen US-Sportler Carl Joseph (ab Klasse 6)

Hinweise zum Text
Der vorliegende informative Text mit dem Foto (s. S. 90) ist von der kommunikativen Situation her schon bemerkenswert: Den Lesern einer überregionalen Tageszeitung (*Süddeutsche Zeitung* vom 15.12.2008) liegt in einer vertrauten Rubrik (*Ein Anruf beim …*) die journalistische Bearbeitung eines Telefon-Interviews vor. Diese Rubrik wendet sich vornehmlich an Leserinnen und Leser, die über eine Person oder einen Sachverhalt aus erster Quelle informiert werden wollen. Das Interview mit dem *einbeinigen US-Sportler* ist für diejenigen interessant, die dem Sport besonders verbunden sind und die sich über die Ergebnisse hinaus für außergewöhnliche Sportler und deren Leistungen interessieren. Die Fakten, die hier mitgeteilt werden, verweisen in der Tat auf eine außergewöhnliche Situation: Carl Joseph, 47 Jahre alt, gegenwärtig Sonderpädagoge und Football-Trainer an einer Schule in Florida, hat als Einbeiniger einen überdurchschnittlichen Gleichgewichtssinn und eine beachtliche innere Stärke. Beides befähigt ihn, Basketball und Football gemeinsam mit Sportlern ohne Handicap zu spielen und 1,78 m im Hochsprung zu erreichen. Im Frage-Antwort-Wechsel wird das Thema deskriptiv oder – wo es um Biografisches geht – narrativ entfaltet. Anlass für das Gespräch ist die ehrenvolle Nominierung des Sportlers für Floridas *Hall of Fame des Highschool-Sports* (also die Aufnahme unter die prominenten Schüler- und Studentensportler Floridas). Dem Interview ist eine Einleitung vorangestellt. Im Interview selbst werden folgende Teilthemen angesprochen: die außergewöhnliche Sportlerkarriere und deren Beginn, unterschiedliche Reaktionen der Gleichaltrigen, die ausgeübten, vor allem in den USA beliebten Sportarten (vor allem Basketball, Football), die Reaktionen und Maßnahmen von Ärzten auf den körperlichen Zustand von Carl Joseph, die Dokumentation der außergewöhnlichen Leistungen unter *YouTube* und die Motive für diese Form welt-

EIN ANRUF BEIM ...

einbeinigen US-Sportler Carl Joseph, der nun zu Ehren kommt

Carl Joseph, 47, machte in den siebziger Jahren als Sportler Karriere, obwohl er von Geburt an nur ein Bein hat: Basketball, Football, 1,78 Meter im Hochsprung. Nun wurde er für Floridas Hall of Fame des Highschool-Sports nominiert.

SZ: Herr Joseph, erinnern Sie sich an Ihren ersten Slam Dunk?
Joseph: Es geschah im Sportunterricht in der neunten Klasse. Zum ersten Mal stopfte ich den Basketball von oben in den Korb. Ich fühlte mich dabei sehr gut. Meine Mitschüler kannten meine Sprungkraft, sodass sie sich über den Dunking eines Einbeinigen nicht wunderten.

SZ: Sie wurden auf einer Tabakfarm im Norden Floridas geboren, in sehr armen Verhältnissen, als Sohn einer alleinerziehenden Mutter. Wie haben Sie Ihre Jugend mit neun Geschwistern erlebt?
Joseph: Als ganz normal, weil ich den Unterschied zwischen arm und reich überhaupt nicht kannte. In Madison, unserem Dorf, war niemand wirklich wohlhabend, ob weiß oder schwarz.

SZ: Wie begann Ihre Sportkarriere?
Joseph: Meine ganze Familie ist sehr sportlich. Wir Kinder spielten jeden Tag draußen auf den ungeteerten Straßen. Anfangs wurde ich oft umgeworfen, aber meine Mutter zwang mich, wieder aufzustehen und mit dem Jammern aufzuhören. Bald war ich derjenige, der die anderen zu Boden warf.

SZ: Es gab doch bestimmt auch Rückschläge. Wurden Sie wegen Ihrer Behinderung und Hautfarbe diskriminiert?
Joseph: Manche Trainer hatten Angst, mich aufzustellen, weil ich verletzt werden könnte, aber durch meine Leistung stimmte ich sie um. Was die Diskriminierung angeht: Madison war in den sechziger Jahren ein integrierter Ort. Schwarze und Weiße respektierten einander.

SZ: In den Filmaufnahmen verblüfft Ihr Gleichgewichtssinn während des Football-Spiels.
Joseph: Mit der Balance hatte ich nie Probleme. Als ich noch ein Baby war, musste meine Mutter die Haustür verbarrikadieren, damit ich nicht auf die Straße lief. Mit zwei Jahren bekam ich eine Prothese, merkte aber, dass ich mich ohne besser bewegen konnte. Auch später verzichtete ich meist auf mein Holzbein, das zweieinhalb Kilo wog. Wenn ich draußen spielte, lehnte es immer an einem Baum.

SZ: Man nannte Sie „Sugarfoot".
Joseph: In der 10. Klasse spielte ich in der Schulauswahl der Madison High. Die Jungs dachten, dass mein Bein mir Ruhm und Wohlstand bringen würde...

SZ: ... und nach Leichtathletik und Basketball begannen Sie auch noch mit American Football.
Joseph: Ich war in allen drei Sportarten zugleich aktiv. Aber ich liebte den Körperkontakt beim Footballspielen.

SZ: Waren Ihre Gegner immer fair? Wurden Sie genauso hart angegriffen wie zweibeinige Spieler?
Joseph: Klar, blöde Sprüche gab es, von Mitspielern wie von Gegnern. Auf dem Platz wurde ich in doppelte oder dreifache Manndeckung genommen und sie zielten sogar bewusst auf mein Bein. Für mich war das immer Motivation, noch härter zu werden. Natürlich ändern sich die Football-Regeln nicht, wenn du nur ein Bein hast. Ich spielte immer so, als hätte ich zwei. Ich bin doch nicht behindert. Deshalb habe ich auch nie Behindertensport gemacht.

SZ: Was haben Ihre Ärzte gesagt?
Joseph: Sie wollten, dass ich die Prothese so oft wie möglich trug, auch beim Sport. Aber das schwere Holzbein machte mich langsamer. Mit ihm fühlte ich mich wirklich behindert. Ich wollte nur spielen, medizinische Bedenken interessierten mich nicht. Das Schlimmste, was mir deshalb passiert ist, war die Einstellung der finanziellen Behindertenhilfe. Die Behörde sagte, wer Sport treibe, könne unmöglich behindert sein.

SZ: Sie zeigen die alten Football-Aufnahmen nun bei YouTube – aus Eitelkeit?
Joseph: Ich hoffe, ein großes Publikum zu erreichen, auch die Jüngeren, die meine Fernsehauftritte in den frühen 1980ern nicht gesehen haben. Ich will, dass meine Kinder und Freunde mich in Aktion sehen, denn Sehen bedeutet Glauben. Und wer glaubt schon ohne Videobeweis, dass ich diese Sachen auf einem Bein gemacht habe?

SZ: Gerade wurden Sie für Floridas Hall of Fame des Highschool-Sports nominiert.
Joseph: Es wäre eine Ehre, offiziell zur Elite zu gehören. Aber es ist vor allem ein Signal an alle behinderten Kinder: Alles ist möglich, wenn du nur genug Glauben, Mut und Hoffnung hast!

Interview: Christian Kortmann

Quelle: Christian Kortmann, *Süddeutsche Zeitung*, 15. 12. 2008, S. 9. Foto: Jeff Meyers

Text 1.7

weiter Darstellung im Internet. An verschiedenen Stellen des Interviews wird deutlich, dass Carl Joseph sich selbst nicht für behindert hält.

Das Gespräch ist sprachlich geglättet und der Schriftsprache nahe. Am ehesten verweisen die Übergänge von der Frage zur jeweiligen Antwort aufs Mündliche. Die Syntax bleibt überschaubar; einige Wörter werden – dem Bereich des US-Sports entnommen – gegebenenfalls zu erklären sein: *Slam Dunk/Dunking* (Wurf beim Basketball von oben in den Korb), *Sugarfoot* (damit wird wohl die Einbeinigkeit als Quelle einer „süßen", sportlich erfolgreichen Zukunft angesehen), *Hall of Fame* (ein Ort, an dem mit Bildern und Texten an hervorragende Leistungen erinnert wird). Der lebendige Wechsel zwischen Fragen/Impulsen und Antworten erleichtert die Rezeption von Details, zumal die Fragen/Impulse und die Antworten durch Interviewer und Joseph durch Kursiv- und Normaldruck deutlich voneinander abgehoben sind. Die Strukturierung der Gesamtaussage wird allerdings durch den Rezipienten hergestellt.

Unterrichtsziele

Sport ist ein Thema, das viele Kinder und Jugendliche fasziniert. Das schließt zunehmend auch Sportler und deren Aktivitäten ein, die nicht im Rampenlicht stehen. Der einbeinige Carl Joseph aus den USA ist dafür ein Beispiel. Diesem vielseitigen Ausnahmeathleten mit einem außergewöhnlichen Gefühl für Gleichgewicht und Bewegungsabläufe, überdurchschnittliche Beinkraft und besonderem Behauptungswillen begegnen die Leserinnen und Leser in einem Zeitungsinterview. Diese Form der Präsentation hat für das Lesen und Verstehen Vorzüge und Nachteile. Die Frage-Antwort-Teile stützen die Aufnahme des Mitgeteilten Zug um Zug (erleichtern also den Aufbau der propositionalen Textrezeption). Daraus ergibt sich nicht ohne Weiteres eine zuverlässige Sicht des Ganzen (im Sinne der globalen Kohärenzbildung). Dies legt eine anspruchsvolle Schreibaufgabe nahe (Umschreiben des Interviews in einen Beitrag für andere interessierte Schüler, Aufgabe 4). Was in diesem Fall durch die Verknüpfung von eigenem Vorwissen mit dem neu erworbenen Wissen mit Hilfe der Elaborationsstrategie erarbeitet wird, erleichtert nachhaltig künftige, zunehmend selbstständigere Zugänge zu Texten. Vorausgegangen sein sollten der Auseinandersetzung mit dem Interview vielfältige Aufgaben zur Ermittlung von Textdetails, gestützt durch Wiederholungs- und (reduktive) Organisationsstrategien. Darüber hinaus hat die Vertrautheit mit kleineren biografischen Notizen (wie etwa zu Janosch, vgl. B 1.3) den Vorzug, dass die Schreiber sich auf ein Textmuster stützen können.

Vorschläge und Anregungen für den Unterricht

Zunächst werden die Schülerinnen und Schüler den Text still für sich rezipieren. Das Vorlesen mit verteilten Rollen (Interviewer, Sportler) kann den ersten Leseeindruck verstärken.

Aufgabe 1 schafft dann einen Überblick über den gesamten Text. Werden dabei nicht nur präzise die körperlichen Fähigkeiten von Carl Joseph, sondern auch seine psychische Robustheit und seine Einstellung zum Sport und zu Behinderungen herausgearbeitet, können die Aufgaben 2 und 3 übergangen werden. Schwächere Schülerinnen und Schüler werden die beiden genannten Aufgaben dagegen nutzen, um die Rezeption des Interviews zu optimieren. Die Lösung zu Aufgabe 3 könnte dann wie folgt aussehen:

Frage	Wichtige Aussagen oder Hinweise des Interviewten	Gehört zum Thema …, wird außerdem angesprochen in Antwort zu Frage …
1	Dunking eines Einbeinigen (erster Korbwurf von oben)	(früher) sportlicher Erfolg, auch in Fragen 6 und 7
2	niemand war wohlhabend	Schwierigkeiten, auch in Frage 4
3	Familie: sehr sportlich, jeden Tag draußen spielen	sportlicher Erfolg, Beginn, auch in Fragen 2 und 4
4	Rückschläge?	sportlicher Erfolg, Beginn, auch in Frage 3
5	Sport ohne Prothese	sichere Bewegungen, auch in Frage 6
6	mit einem Bein – in der Schulauswahl	sportlicher Erfolg, auch in Frage 1
7	in drei Sportarten aktiv	sportlicher Erfolg, auch in Fragen 1, 5 und 6
8	ich bin doch nicht behindert	eigene Einschätzung, auch in Frage 9
9	Bedenken der Ärzte	eigene Einschätzung, auch in Frage 8
10	Aktionen auf *YouTube* – warum?	Absicht/Ziel von Carl Joseph, auch in Frage 11
11	Ehre für Carl Joseph – Signal für behinderte Kinder	Bedeutung der Auszeichnung, auch in Frage 10

Hausaufgaben und Bezüge zu weiteren Unterrichtsreihen

Aufgabe 3 ist ebenso wie Aufgabe 4 als Hausaufgabe denkbar, wobei sich das Anspruchsniveau deutlich unterscheidet. Schülertexte, die zu Aufgabe 4 verfasst worden sind, sollten wirklich anderen, nicht unmittelbar beteiligten Schülerinnen und Schü-

1. Umgang mit informierenden Sachtexten

lern zugänglich gemacht werden. Durch die Reaktion der Leser wird die Auseinandersetzung mit dem Interview im Sinne der Stützstrategien positiv verstärkt.

Bezüge bestehen zu B 1.3 (Horst Eckert).

Materialien

Text und Arbeitsblätter: 💿 unter 1.7.

1.8. Pkw kollidieren bei Überholmanöver – beide Fahrer schwer verletzt (ab Klasse 7)

Hinweise zum Text

Die Zeitungsmeldung informiert über einen Verkehrsunfall: Wie es bei einem Überholvorgang dazu kam und welche Folgen dieser Unfall hatte (beide Fahrer schwer verletzt, große Schäden an den Fahrzeugen). Der Bericht aus einer regionalen Tageszeitung, den *Aachener Nachrichten,* ist öffentlich zugänglich. Für die Leserinnen und Leser stellte die Meldung am 3. Februar 2007 (oder in den Tagen danach) ein aktuelles und besonderes Ereignis dar, für heutige Rezipienten bleibt sie eine Besonderheit. Denn in aller Regel bedeutet ein Linksabbiegen in einen Wirtschaftsweg ebenso wenig ein Risiko wie der Überholvorgang auf einer Kreisstraße. Und selbst wenn es zu einem Zusammenstoß der Fahrzeuge kommt, muss es nicht zwangsläufig dazu führen, dass ein Pkw gegen einen Baum prallt und der andere erst auf einem Feld zum Stehen kommt. Nur unangemessenes Fahrverhalten wie das Unterlassen des Anzeigens einer Änderung der Fahrtrichtung, Nichtbeachten der Richtungsänderung, überhöhte Geschwindigkeit oder begrenztes Reaktionsvermögen werden zu einem solchen Unfall führen. Der außergewöhnliche Vorgang bleibt somit berichtenswert – er wird bei Lesern ein Nachdenken über die genaue Ursache auslösen, zum Teil auch als warnendes Beispiel wirken.

Das Mitgeteilte wird narrativ entfaltet: Die Komplikation (das außergewöhnliche Ereignis, zweiter bis vierter Absatz) wird vorbereitet durch genaue Angaben zu den handelnden Personen, zu Ort und Zeit (erster Absatz). Der Ausgang des Geschehens ist dem Textschluss (vierter Absatz) zu entnehmen. Der Zeitungsbeitrag umfasst ein Bild (eines der beschädigten Fahrzeuge) und einen dreispaltigen Text, der wie eine Bildunterschrift wirkt. Das Foto motiviert zum Lesen des Textes, fragt sich der Leser doch, wie der Unfall passieren konnte. Der Titel deutet eine Antwort an (Überholmanöver), indem er das Ereignis und dessen Folgen in einer Zeile fasst, gegliedert durch Gedankenstrich. Die gesamte Meldung führt dann in vier Abschnitten das Ereignis weiter aus.

Derlei Zeitungsmeldungen werden heutzutage rasch verfasst. Aus diesem Zeitdruck resultieren häufig sprachliche Auffälligkeiten, die so manchen Leser verunsichern. Im vorliegenden Fall verdienen folgende Stellen Aufmerksamkeit:

▸ Die Abkürzung *Pkw* (*Personenkraftwagen*) begegnet Lesern auch in der Schreibung *PKW*; beide Schreibungen sind möglich, die Gemischtschreibung wird zumeist be-

Pkw kollidieren bei Überholmanöver – beide Fahrer schwer verletzt

Am Donnerstag befuhren gegen 17.05 Uhr zwei 43-jährige Männer aus Geilenkirchen mit ihren Pkw hintereinander die Kreisstraße 3 aus Richtung Teveren kommend in Richtung Nierstraß.

Als der vorausfahrende Mann nach links in einen Wirtschaftsweg abbiegen wollte, setzte der nachfolgende Fahrer zum Überholen an.

Dabei kam es nach Angaben der Polizei zum Zusammenstoß der beiden Fahrzeuge.

Einer der Pkw prallte gegen einen Baum, der andere durchfuhr einen Straßengraben und kam in einem Feld zum Stillstand.

Beide Fahrer erlitten schwere Verletzungen und mussten nach notärztlicher Versorgung an der Unfallstelle mit Rettungswagen zur stationären Behandlung ins Geilenkirchener Krankenhaus gebracht werden.

Foto: Georg Schmitz

Quelle: *Aachener Nachrichten*, 3.2.2007, S. 18

Text 1.8

vorzugt; zwei Varianten sind auch möglich bei der Flexion (Plural, Genitiv): *Pkws* oder *Pkw*. Zumindest im Text wäre für den Leser die Wortgruppe *mit ihren Pkws* einfacher aufzunehmen als die hier verwendete (*mit ihren Pkw*).
▸ Das zweiteilige Adjektiv *schwer verletzt* kann getrennt oder zusammengeschrieben werden.
▸ Der letzte Satz ist sehr lang (23 Wörter) und enthält im zweiten Teil fünf (!) Präpositionalphrasen (vgl. Duden Grammatik [7]2005, Randziffer 1301 ff.).
▸ Die Gliederung ab dem dritten Absatz ist nicht optimal, führen doch der dritte und der vierte Absatz die Darstellung des Unfallgeschehens fort. Die Auflösung der Komplikation beginnt mit dem letzten langen Satz (an dieser Stelle wäre ein Absatz sinnvoller).

Unterrichtsziele

In der geplanten Unterrichtsreihe begegnen die Schülerinnen und Schüler einer ausführlicheren Zeitungsmeldung mit Bild, wie sie häufig in (regionalen) Tageszeitungen zu finden ist. Foto, Titel und Text stützen neben den Vorkenntnissen, die Schülerinnen und Schüler zum Autoverkehr und seinen unvermeidlichen Gefahren haben, eine erste stimmige Aufnahme des gesamten Textes (globale Kohärenzbildung). Einige auffällige Textstellen bieten darüber hinaus Möglichkeiten, die inhaltliche Verarbeitung des Gelesenen zu vertiefen und durch eigene Schreibversuche die Textstruktur zu erfassen. Insgesamt wird damit eine Vorgehensweise gewählt, die vielen Schülerinnen und Schülern eher unvertraut ist (nämlich top-down, also vom Ganzen zu den Einzelheiten; vgl. S. 51 f.). Darüber hinaus bietet die Zeitungsmeldung mit ihren sprachlichen Auffälligkeiten (siehe oben) die Möglichkeit, sich kritisch auseinanderzusetzen mit den rhetorisch-stilistischen Mitteln der Textsorte. Wie die Aufgaben 6 bis 10 zeigen, wird hier das Lesen und Verstehen mit der Reflexion über Sprache und Sprachgebrauch verbunden.

Ähnlichen Texten (einfachen Berichten und Meldungen) sollten die Schüler schon vorher begegnet sein. Was in dieser überschaubaren Unterrichtsreihe gelernt wird, kann künftig auf einen reflektierten Umgang mit Zeitungsmeldungen übertragen werden.

Vorschläge und Anregungen für den Unterricht
Die Aufgaben 1 bis 3 gehen vom Textganzen aus und verlangen eine erste kritische Einschätzung des Gelesenen. Bei Aufgabe 3 bietet es sich an, sie nach dem Verfahren des Kooperativen Lernens zu bearbeiten.

Aufgabe 4 verlangt eine zeichnerische Umsetzung des Geschehens, wodurch wichtige Details der Zeitungsmeldung verdeutlicht werden. Hier ist sorgfältiges Lesen gefragt. Aufgabe 5 leitet zur gründlichen Prüfung der verwendeten rhetorisch-stilistischen Mittel über, wobei die oben genannten sprachlichen Auffälligkeiten untersucht werden. Der letzte Satz enthält 23 Wörter; dessen Satzklammer im zweiten Teil schließt 14 Wörter ein (Aufgabe 6). Der Auftrag, den letzten, langen Satz in zwei Sätze zu teilen (Aufgabe 7), könnte in Einzelarbeit erfolgen. Denkbare Lösung: *Beide Fahrer erlitten schwere Verletzungen. Sie mussten nach notärztlicher Versorgung […] ins Geilenkirchener Krankenhaus gebracht werden.*

Einfach ist die Lösung zu Aufgabe 8. Die Schülerinnen und Schüler schreiben die Wortgruppen heraus, die durch eine Präposition eingeleitet werden: *nach notärztlicher Versorgung; an der Unfallstelle; mit Rettungswagen; zur stationären Behandlung; ins Geilenkirchener Krankenhaus.*

Die aktuelle Duden-Grammatik ([7]2005, Randziffern 1301 ff.) fasst übrigens die erwähnten Wortgruppen unter dem Terminus „Präpositionalphrasen" zusammen. Bewusst wird auf eine Unterscheidung in Adverbiale, Präpositionalobjekt und Präpositionalattribut verzichtet, da die Bestimmung im Einzelfall nicht unproblematisch ist. Vor diesem Hintergrund bietet es sich an, hier durchgängig von Wortgruppen mit Präposition zu sprechen.

Insbesondere die Aufgaben 9 und 10 sind anspruchsvoll: Durch Weglassproben sollen die Schüler herausfinden, welche Wortgruppen mit Präposition zur Glättung des

Teil B: Vorschläge für einen kompetenzfördernden Unterricht

Textes entbehrlich sind. Zunächst werden die Schüler Vorschläge auf ihr Sprachgefühl stützen. (Dies ist nicht der schlechteste Weg.) Eine Frage wie: „Was muss im Text, da selbstverständlich oder zu erwarten, nicht mehr ausdrücklich gesagt werden?" kann zur Prüfung einzelner Formulierungsversuche herangezogen werden. Denkbare Lösungen: *Sie mussten nach notärztlicher Versorgung an der Unfallstelle zur stationären Behandlung ins Geilenkirchener Krankenhaus gebracht werden. – Sie mussten nach notärztlicher Versorgung an der Unfallstelle ins Geilenkirchener Krankenhaus gebracht werden. – Sie mussten nach notärztlicher Versorgung ins Geilenkirchener Krankenhaus gebracht werden. – Sie mussten ins Geilenkirchener Krankenhaus gebracht werden.*

Aufgabe 11 legt schließlich eine – von der Textsorte her gesehen – plausiblere Gliederung nahe.

Hausaufgaben und Bezüge zu weiteren Unterrichtsreihen

Hinweise zur Orthografie: Zur Schreibung der Abkürzung *Pkw* oder *PKW* (*Personenkraftwagen*), zu deren Flexion und zur Schreibung des zweiteiligen Adjektivs *schwer verletzt* (siehe unter A *Hinweise zum Text*).

Die Aufgaben 5, 7 und 9 sind als Hausaufgabe, Aufgabe 12 als Leistungsaufgabe geeignet.

Bezüge ergeben sich zu B 1.2 (Hund festgefroren) und B 1.6 (Ein Handy kann Leben retten).

Materialien

Text und Arbeitsblätter: 💿 unter 1.8.
Literaturhinweis: Duden – Die Grammatik (^{7}2005), hg. von der Dudenredaktion. Mannheim/Leipzig/Wien/Zürich.

1.9. Prüfverfahren für Computerspiele (ab Klasse 8)

Hinweise zu den Texten

Thema der vorgestellten Unterrichtsreihe ist die Prüfung von Computerspielen in Deutschland. Dazu sind drei Sachtexte vorgesehen: *USK-Alterseinstufungen und Erläuterungen* (Text A), *Schaubild Prüfverfahren* (Text B) und *Das Prüfverfahren – konkret* (Text C). Die einzelnen Texte werden hier in der Reihenfolge vorgestellt, wie sie für den Unterricht vorgesehen sind.

Die Unterrichtsreihe wendet sich zunächst dem Text zu, der über die Alterseinstufungen informiert. Nach § 14 des Jugendschutzgesetzes von 2007 obliegt es den Jugendministerien der Bundesländer, Computerspiele zu prüfen. Die Bundesländer haben sich auf einen ständigen Vertreter der Obersten Landesjugendbehörde (OLJB) geeinigt, der diese Aufgabe wahrnimmt. Unterstützt durch die USK (Unterhaltungssoftware Selbstkontrolle), eine Einrichtung der Computerspiele-Hersteller, werden

1. Umgang mit informierenden Sachtexten

USK ab 0 freigegeben

Bei den Spielen ohne Altersbeschränkung handelt es sich um Spiele, die sich sowohl direkt an Kinder und Jugendliche als auch an Erwachsene als Käuferschicht richten. Darunter fallen familienfreundliche Spiele, wie beispielsweise Gesellschaftsspiele, Sportspiele, Jump'n Run, aber auch alle Spielangebote an Jugendliche und Erwachsene, die aus der Sicht des Jugendschutzes **keinerlei Beeinträchtigungen für Kinder** beinhalten (z. B. Simulationen und Rollenspiele, die von jüngeren Kindern noch gar nicht gespielt werden können).

USK ab 6 freigegeben

Bei diesen Spielen handelt es sich überwiegend um familienfreundliche Spiele, die bereits spannender und wettkampfbetonter ausfallen dürfen (z. B. durch höhere Spielgeschwindigkeiten und komplexere Spielaufgaben), wie Rennspiele („Racer"), Simulationen, Jump'n Run und Rollenspiele.

USK ab 12 freigegeben

Diese Spiele sind bereits deutlich kampfbetonter. Die Spielszenarien sind in einem historischen, futuristischen oder märchenhaft-mystischen Kontext angesiedelt, so dass sie ausreichend Distanzierungsmöglichkeiten für den Spieler bieten. Unter diese Altersfreigabe fallen auch schon militärische Simulationen, Arcade-, Strategie- und Rollenspiele.

USK ab 16 freigegeben

Spiele mit einer Altersfreigabe ab 16 Jahren zeigen auch Gewalthandlungen, so dass ganz klar auch Erwachsene zur Käuferschicht gehören. Häufig handelt es sich bei den Spielen um bewaffnete Kämpfe mit einer Rahmenhandlung (Story) und militärischen Missionen. Zu den Genres zählen Action-Adventures, militärische Strategiespiele und die so genannten „Shooter".

USK ab 18

Da diese Spiele nahezu ausschließlich gewalthaltige Spielkonzepte thematisieren und häufig eine düstere und bedrohliche Atmosphäre erzeugen, sind die Zielgruppe ausschließlich Erwachsene. Zu den Genres gehören vornehmlich die so genannten „Ego-Shooter". Hintergrund der jeweiligen Story sind beispielsweise kriegerische Auseinandersetzungen oder brutale Kämpfe zwischen rivalisierenden Gangs.

Quelle: *Broschüre Kinder und Jugendliche schützen* (USK 2008)

Text 1.9 A: USK-Alterseinstufungen mit Erläuterungen

auf der Grundlage des Jugendschutzgesetzes (§§ 14 und 15) innerhalb eines Prüfverfahrens Alterseinstufungen festgesetzt. Text A listet links die fünf möglichen Einstufungen auf, die in der rechten Spalte knapp erläutert werden. Die Siegel sind ebenso wie die Erläuterungen einer Broschüre der USK entnommen – unter dem Titel *Kinder und Jugendliche schützen*. Die Broschüre ist im Internet unter http://www.usk.de für jeden Interessierten zugänglich. Die Abbildung, die jeweils auf der Verpackung eines Computerspiels abgedruckt ist, informiert potenzielle Käufer (Kinder, Jugendliche, Heranwachsende) über den jeweiligen Status hinsichtlich der Freigabe (unbegrenzte Freigabe, Freigabe mit Altersbegrenzung, Nichtfreigabe für Jugendliche). Die einzelnen Abstufungen werden erläutert, indem auf einige inhaltliche Merkmale und Genres von Computerspielen eingegangen wird. Die Vermittlung wird faktenbezogen vorgenommen, verzichtet jedoch nicht auf Wertungen. Beispiel: *Bei diesen Spielen handelt es sich überwiegend um familienfreundliche Spiele, die bereits spannender und wettkampfbetonter ausfallen dürfen [...], wie Rennspiele („Racer"), Simulationen, Jump'n Run und Rollenspiele*. Die Informationen sind relevant – vor allem für Eltern, inhaltlich und sprachlich auch schon für ältere Jugendliche verständlich. Thematisch wird in einer Tabelle, bestehend aus logischen Bildern (siehe S. 21) und Kurztexten, der Sachverhalt vorwiegend explikativ entfaltet: Die einzelnen Prüfsiegel sind das zu Erklärende, die Erläuterungen leisten dies zumindest in Ansätzen.

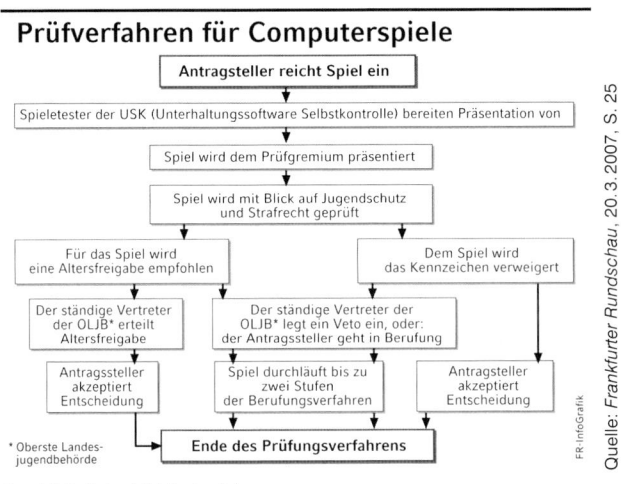

Prüfverfahren für Computerspiele

Antragsteller reicht Spiel ein
↓
Spieletester der USK (Unterhaltungssoftware Selbstkontrolle) bereiten Präsentation von
↓
Spiel wird dem Prüfgremium präsentiert
↓
Spiel wird mit Blick auf Jugendschutz und Strafrecht geprüft
↓
Für das Spiel wird eine Altersfreigabe empfohlen / Dem Spiel wird das Kennzeichen verweigert
↓
Der ständige Vertreter der OLJB* erteilt Altersfreigabe / Der ständige Vertreter der OLJB* legt ein Veto ein, oder: der Antragsteller geht in Berufung
↓
Antragsteller akzeptiert Entscheidung / Spiel durchläuft bis zu zwei Stufen der Berufungsverfahren / Antragsteller akzeptiert Entscheidung
↓
Ende des Prüfungsverfahrens

* Oberste Landesjugendbehörde

Quelle: *Frankfurter Rundschau*, 20.3.2007, S. 25

Text 1.9 B: Schaubild Prüfverfahren

Wie verläuft nun die Prüfung von Computerspielen, die in der Regel mit einer Alterseinstufung abschließt? Dazu gibt es eigens ein Prüfverfahren, das vor Kurzem in einer Tageszeitung als Flussdiagramm dargestellt worden ist (Text B). Der in der Lesedidaktik häufig als nichtlinearer Text bezeichnete Beitrag stellt schematisch die einzelnen Stationen des Verfahrens mit denkbaren Alternativen dar. Die Übersicht

1. Umgang mit informierenden Sachtexten

will Leser und Leserinnen der erwähnten Tageszeitung auf einer ihrer Themenseiten über verschiedene Aspekte von Computerspielen informieren. Für Jugendliche ist der Beitrag aus mehreren Gründen interessant: Vielen Jungen und Mädchen sind Computerspiele vertraut, sie kennen zumindest zum Teil auch die auf der Verpackung aufgedruckten Alterseinstufungen, die zu beachten sind. Darüber hinaus kann für den Unterricht auf den Sachverhalt verwiesen werden, dass schon Heranwachsende häufig Diagrammen (im Sinne nichtlinearer Texte) begegnen und demzufolge lernen sollten, mit solchen Texten umzugehen. Es liegt also eine relevante Information vor, die zu Computerspielen deskriptiv wichtige Fakten vermittelt. Die verwendeten sprachlichen Mittel sind – schon aufgrund der Darstellungsform – präzise und knapp gehalten. Dieser Sachverhalt stellt ebenso eine erhebliche Anforderung an die Rezipienten dar wie der untere Teil des Diagramms, werden doch hier drei Alternativen des möglichen Ergebnisses „durchgespielt":

▸ Antragsteller akzeptiert die Empfehlung der USK;
▸ Antragsteller oder der Vertreter der Obersten Landesjugendbehörden legen Berufung ein;
▸ Antragsteller akzeptiert, dass dem Spiel eine Freigabe für Jugendliche verweigert wird.

■ **Das Prüfverfahren:**
Zuerst wird das Spiel auf die Vollständigkeit der Unterlagen – also Verpackung, Cover, Datenträger und Handbuch – geprüft. Dann wird getestet, ob das Programm überhaupt funktioniert. Danach probiert der Tester das Programm bis zum Ende aus und verschafft sich einen Überblick über alle Optionen. Nach dem Test setzen sich Prüfer und Hersteller zusammen. Zunächst präsentiert der Tester das Programm, zeigt gespeicherte Zwischenstände auf einem Bildschirm und erklärt das Vorgehen. Dann wird der Antragsteller angehört. Anschließend diskutieren die Prüfer über die Altersfreigabe und stimmen ab. Zum Abschluss erfolgt die Übernahme der Empfehlung oder das Veto durch den Ständigen Vertreter der Obersten Landesjugendbehörden über die Erteilung der Altersfreigabe. Die Ergebnisse des Prüfverfahrens werden zuletzt in einem Gutachten zusammengefasst.

Quelle: Frankfurter Rundschau, 20.3.2007, S. 25

Text 1.9 C: Das Prüfverfahren – konkret

Text C *Das Prüfverfahren – konkret* ist ebenfalls der Themenseite der oben erwähnten Tageszeitung entnommen. Dieser Text vermittelt Interessierten auf anschauliche Weise, wie das Prüfverfahren ganz konkret abläuft. Bei jugendlichen Lesern kann mit erheblichem Interesse und einigem Vorwissen (insbesondere Vertrautheit mit Computerspielen) gerechnet werden. Hinweise auf den Testdurchlauf am Rechner (*Überblick über alle Optionen*, Demonstrieren der *gespeicherten Zwischenstände*) bereiten den Heranwachsenden infolgedessen keine Schwierigkeiten. Es werden ausschließlich relevante Fakten mitgeteilt, die in einem chronologisch orientierten Text narrativ entfaltet werden. Die Sätze werden infolgedessen überschaubar aneinandergereiht, die Wortwahl stellt keine besonderen Ansprüche.

Unterrichtsziele

Inhaltlich knüpft die Unterrichtsreihe an einem Sachverhalt an, der vielen Schülerinnen und Schülern vertraut ist – nämlich den Umgang mit Computerspielen. In der geplanten Unterrichtsreihe wird der Kontext weiter aufgehellt, indem das Prüfverfahren und die Alterseinstufungen für Computerspiele bekannt gemacht werden. Vor dem Hintergrund der Vertrautheit mit informierenden Sachtexten werden hier Texte eingesetzt, die im Duktus und in der Verwendung nichtsprachlicher Mittel anspruchsvoller sind (explikative, dann deskriptive und narrative Themenentfaltung; Auflistung als Text-Bild-Kombination, Flussdiagramm und Fließtext). Sprachlich reichen Flussdiagramm und Auflistung teilweise über das Standardsprachliche hinaus bis hin zum Sprachgebrauch in der Verwaltung. Insgesamt wird der Unterricht dazu beitragen, dass Schüler künftig weitere anspruchsvolle Texte eines komplexeren Zusammenhangs nutzen können. Die Unterrichtsreihe wird zudem genutzt, Schülerinnen und Schüler die drei eingesetzten Texte miteinander vergleichen und anschließend einen argumentierenden Sachtext schreiben zu lassen. Die Unterrichtsreihe trägt dazu bei, künftig unterschiedliche Texte nach Inhalt und Form differenziert zu beschreiben.

Vorschläge und Anregungen für den Unterricht

Es liegt bei dieser Thematik nahe, von den Erfahrungen der Jugendlichen mit Computerspielen auszugehen (Stöbern im Handel, Kauf von Computerspielen, Spielen, auch Auseinandersetzungen mit Erwachsenen, die die Begeisterung für diese Spiele nicht teilen). Die Annäherung an Text A (*USK-Alterseinstufungen und Erläuterungen*) nimmt in Aufgaben 2 bis 4 konkrete Erfahrungen von Schülerinnen und Schülern auf und ordnet sie. Bei Text B zum Ablauf des Prüfverfahrens eröffnen die Aufgaben 5 und 6 einen ersten Zugang zum Flussdiagramm. Daran schließen sich konkrete Fragen zu Details an (Aufgaben 7 und 8). Die darauf folgende Aufgabe 9 ist dann recht anspruchsvoll: Die Schülerinnen und Schüler sind aufgefordert, einen informierenden Sachtext zu verfassen, der nun erworbene Wissensbestände miteinander verknüpft. Die Unterrichtsreihe schließt damit ab, nach der Rezeption von Text C (*Das Prüfverfahren – konkret*) alle drei Texte dieser Sequenz unter dem Gesichtspunkt der Textsortenzugehörigkeit zu vergleichen. Die in Aufgabe 10 erzielten Ergebnisse (Tabelle, Flussdiagramm, Fließtext) sind für die weitere Auseinandersetzung mit Sachtexten hilfreich.

Hausaufgaben und Bezüge zu weiteren Unterrichtsreihen

Aufgabe 3 kann als vorbereitende Hausaufgabe zu Aufgabe 4 führen, die dann im Sinne des Kooperativen Lernens bearbeitet wird. Aufgaben 9 und 10 stellen anspruchsvolle Anforderungen dar.

Bezüge bestehen inhaltlich zu B 2.5 (Jugendarbeitsschutzgesetz) sowie zu B 3.4 (Offizielle Vereinbarung für Fan-Clubs).

Materialien

Texte und Arbeitsblätter: 🛟 unter 1.9.

1.10. Wirksamstes Werkzeug – Mit Bildung den Teufelskreis von Kinderarbeit und Armut durchbrechen (ab Klasse 9)

Hinweise zum Text

Schlagzeile und Dachzeile als Titel und Untertitel sagen deutlich, was im Text (siehe S. 102) thematisiert wird: Bildung ist das *wirksamste Werkzeug*, um den *Teufelskreis von Kinderarbeit und Armut [zu] durchbrechen*. Fotos mit Kindern als Holzsammler, Müllsortierer und Schuhputzer zeigen auf drastische Weise unzumutbare Formen von Kinderarbeit. Fotos und Text sind der Zeitschrift *Erziehung und Wissenschaft* entnommen, die sich vorrangig an Berufstätige im Bildungssektor richtet. Das auch Jugendlichen vertraute Thema Kinderarbeit wird hier vornehmlich für Erwachsene dargestellt; die Ausführungen vermitteln Informationen, die das Wissen Jugendlicher bereichern und ausdifferenzieren. Was mitgeteilt wird, hat zweifelsohne für Jugendliche Relevanz. Die Verknüpfung mit dem eigenen bereits erworbenen Wissen muss hinsichtlich einiger Fakten, die hier vermittelt werden, allerdings erst noch geschaffen werden. Der thematische Zusammenhang wird weitgehend deskriptiv entfaltet.

Was die nichtsprachlichen und sprachlichen Mittel betrifft, ist zu bemerken, dass die drei Fotos den Einstieg ins Thema vorbereiten. Der Text selbst beginnt mit einem kurzen Bericht zur Kinderarbeit, der von einer Expertin der ILO (International Labor Organisation) durch eigene Beobachtungen in Mittelamerika bestätigt wird. (Die ILO ist als Organisation der UN zugeordnet; in diese Organisation schicken die beteiligten Länder Regierungs- und Arbeitnehmervertreter. 1969 hat die ILO für ihre Arbeit den Friedensnobelpreis erhalten.) Der zweite Teil des Beitrags unter der wenig hilfreichen Zwischenüberschrift *Malochen auf Mülldeponien* spricht dann einigermaßen reihend verschiedene Formen der Kinderarbeit an: das Sortieren von *Müll auf den Deponien* (vgl. auch Foto 2), die harte Arbeit *im Handwerk* (wie in Foto 1), die Tätigkeit *in Fabriken, auf der Straße* (wie in Foto 3) und im *Haushalt. Besonders hart trifft es jene, die in Minen und Steinbrüchen arbeiten.* Der Anschluss im nächsten Satz mit dem Pronomen *Sie* ist dann missverständlich, denn eigentlich sind Kinder und Jugendliche generell gemeint, nicht die Menschen, die in Minen und Steinbrüchen arbeiten. Der folgende Satz, der sich auf eine Information zum „Welttag gegen Kinderarbeit" 2007 bezieht, spricht dann einen weiteren Komplex an (*Gesundheitsschädigung durch Pestizide*). Der Absatz endet mit einer Beobachtung der ILO, nach der vor allem uns (in den reichen Ländern) die gesundheitsgefährdende Landarbeit der Kinder in den armen Ländern nutzt. Der nächste Absatz bezieht sich dann eng auf das, was Schlagzeile und Dachzeile ansprechen – nämlich die Bedeutung von Bildung. Der dritte Teil des Textes stellt Programme vor, die Fortschritte bewirken (können): Aufklären der Beteiligten und zusätzlichen Unterricht für arbeitende Jugendliche (wie die *extrahours* in Albanien), *Song and Dance* in Ländern Afrikas, monatliche Zuzahlungen an *ärmere Familien* oder Mithilfe bei der *Suche nach alternativen Verdienstmöglichkeiten*. Am Schluss des Textes wird dann auf Erfolge des IPEC-Programms verwiesen, das die ILO seit 1992 durchführt. Das IPEC-Programm (International Programme on Elimination

Wirksamstes Werkzeug

Mit Bildung den Teufelskreis von Kinderarbeit und Armut durchbrechen

„Wir müssen versuchen, die Kinder in den Schulen zu halten und jene aufmerksam zu begleiten, die drohen, aus dem Bildungssystem auszusteigen."

Bildung ist ein Schlüsselwerkzeug im Kampf gegen Kinderarbeit. Zusammen mit Nicht-Regierungs-Organisationen (NGOs) versucht die Bildungsinternationale (BI), die Bevölkerung nicht nur in den armen Ländern durch Programme und Kampagnen für das Thema zu sensibilisieren.

Ihr Alltag ist trist, ihre Arbeit hart. In kurzen Hosen und Shirts stöbern sie durch die meterhohen Müllberge. Suchen nach Metallen, Chemikalien, Medikamentenresten der Krankenhäuser. Wer eine Cola-Dose gefunden hat, strahlt. Die Recylingfirmen zahlen ein paar Cent dafür. Wenn es gut läuft für die Kinder des Mülls, kommen sie mit einem Dollar in der Tasche abends nach Hause zurück. Das ist viel für die Kinderarbeiter in Guatemala, El Slavador oder Honduras.

Als *Donatella Montalbo* 2002 im Auftrag der International Labor Organisation (ILO) die mittelamerikanischen Länder besuchte, war sie entsetzt. Vier-, fünfjährige Kinder, sogar Babys auf den Rücken ihrer Mütter sind ungeschützt durch die Mülldeponieren, viele Stunden am Tag. Andere standen vor morgens bis abends an den kleinen Marktständen ihrer Eltern. Kunden bedienen, kleine Besorgungen machen. An Schule nicht zu denken.

Malochen auf Mülldeponien

218 Millionen arbeitende Kinder und 100 Millionen erwerbstätige Jugendliche gibt es – so hat die ILO ermittelt – weltweit. Sie malochen auf Mülldeponien und im Handwerk, in Fabriken, auf der Straße, im Haushalt. Besonders hart trifft es jene, die in Minen oder Steinbrüchen arbeiten. Sie werden zur Prostitution gezwungen und im Menschenhandel verschleppt. Mitte Juni 2007 erst hat der „Welttag gegen Kinderarbeit" auf die gesundheitsschädigenden Bedingungen aufmerksam gemacht – vor allem der Umgang mit Pestiziden –, unter denen Kinder weltweit in der Landwirtschaft arbeiten müssen. Mehr als 132 Millionen Kinder zwischen fünf und 14 Jahren sind nach Angaben der ILO daran beteiligt, unsere landwirtschaftlichen Rohstoffe zu produzieren.

Auch auf dem Weltkongress der BI in Berlin steht der Kampf gegen Kinderarbeit auf der Tagesordnung. „Denn Bildung ist ein Schlüsselwerkzeug, um den Teufelskreis von Kinderarbeit und Armut zu durchbrechen", sagt Donatella Montalbo, inzwischen Mitarbeiterin der BI in Brüssel. Als wichtigste Strategien nennt sie: Vorbeugung, Beobachtung, Bildung. „Wir müssen versuchen, die Kinder in den Schulen zu halten und jene aufmerksam begleiten, die drohen, aus dem Bildungssystem auszusteigen." Bildung, sagt Montalbo, sei ein Menschenrecht. Und das wirksamste Mittel, aus der Armut herauszufinden.

Für die Familienkasse

Leicht sei es oft nicht, den armen Familien vor Ort verständlich zu machen, dass es sich lohnt, ihre Kinder lieber zur Schule als zur Arbeit zu schicken, die immerhin ein paar Cent in die Familienkasse bringt. Deshalb gibt es mittlerweile Programme, um die Bevölkerung für das Thema zu sensibilisieren. In Albanien beispielsweise haben sich zwei Bildungsgewerkschaften zusammengeschlossen, die im ländlichen Raum für einen systematischen Erfahrungsaustausch von Lehrern sorgen, Elterngespräche führen, Treffen mit der örtlichen Verwaltung organisieren. Schüler, die wegen Arbeitsbelastung von der Schule abzugehen drohen, werden in „extrahours" besonders betreut. In Afrika ziehen mit „Song and Dance" fahrende Musiker- oder Theatergruppen in die Dörfer und versuchen, den Bewohnern die langfristigen Folgen von Kinderarbeit auf unterhaltsame Weise anschaulich zu machen.

„Wichtig ist, dass die Bildung der Kinder nicht zu Lasten des Familieneinkommens geht", sagt *Frank Hagemann* von der ILO in Brüssel. Ein Ansatz ist, ärmere Familien für den Einkommensausfall durch monatliche Zahlungen finanziell zu unterstützen. Ein anderer, den Eltern bei der Suche nach alternativen Verdienstmöglichkeiten zu helfen. In Ländern, in denen allerdings selbst Lehrer äußerst schlecht bezahlt und mangelhaft ausgebildet, die Schulen kärglich ausgestattet und die Klassen mit 100 Kindern überfüllt sind, schicken manche Eltern ihre Kinder trotzdem eher zur Arbeit als in die Lehreinrichtungen. ILO-Experte Hagemann: „Deshalb müssen wir Bildungsangebote ausweiten und für eine bessere Qualität sorgen."

Immerhin: Seit die ILO 1992 ihr Programm zur Abschaffung der Kinderarbeit (IPEC) gestartet hat, ist einiges geschehen. Allein von 2000 bis 2004 ist Kinderarbeit um elf Prozent zurückgegangen. Freilich, die vielen unsichtbaren Formen von ausbeuterischer Kinderarbeit, vor allem die Hausarbeit von Mädchen, sind statistisch kaum zu erfassen. 2007 hat die BI ein Projekt zur Kartografierung von Kinderarbeit begonnen, um so das Ausmaß und die vielfältigen Formen der Kinderfron weltweit transparenter zu machen. Donatella Montalbo: „Aufklärung und Kampagnen gegen diese Missstände sind unsere wirksamste Waffe."

Anja Dilk, Bildungsjournalistin

Text 1.10

of Child Labour), also die Initiative zur Abschaffung der Kinderarbeit, hat zwar für einen weltweiten Rückgang der Kinderarbeit gesorgt, der wegen der hohen Dunkelziffer allerdings nicht überschätzt werden darf. Zu größerer Transparenz kann – so die Hoffnung der Autorin – die *Kartografierung von Kinderarbeit* durch die BI (weltweite Bildungsinitiative von Arbeitnehmerorganisationen) beitragen.

Der Satzbau dieses Textes ist an einigen Stellen komplex – vor allem gegen Ende. Andere Passagen wirken durch Aussparungen gewollt „flüssig-journalistisch". Beispiele: *An Schule nicht zu denken. – Und das wirksamste Mittel, aus der Armut herauszufinden. – In Ländern, in denen allerdings selbst Lehrer schlecht bezahlt und ausgebildet, die Schulen kümmerlich ausgestattet, und die Klassen mit 100 Kindern überfüllt sind, schicken manche Eltern ihre Kinder trotzdem eher zur Arbeit als in Lehreinrichtungen.* Diese Art des Schreibens schließt verunglückte Konstruktionen nicht aus: *Sie* [die Kinder] *werden zur Prostitution gezwungen und im Menschenhandel verschleppt.* (Statt: *Sie werden zur Prostitution gezwungen und im Zuge des Menschenhandels/durch Menschenhändler verschleppt.*) – *[...] hat der „Welttag gegen Kinderarbeit" auf die gesundheitsschädigenden Bedingungen aufmerksam gemacht – vor allem der Umgang mit Pestiziden [...]* (statt: *auf den Umgang mit Pestiziden*).

Außerdem müssen Abkürzungen von Institutionen und Programmen erst aufgelöst werden. In einigen Fällen ist die Wortwahl eigentümlich oder hilflos. Beispiele: *Sie* [die Kinder] *malochen auf Mülldeponien* (*malochen = arbeiten schwer,* seit dem 18. Jahrhundert, aus dem Jiddischen *meloche/maloche* für *Arbeit*) – *[...] schicken manche Eltern ihre Kinder [...] eher zur Arbeit als in die Lehreinrichtungen* (wenn schon die Wiederholung des Ausdrucks *Schule* vermieden werden soll, wäre *zum Unterricht* angebrachter) – *2007 hat die BI ein Projekt zur Kartografierung [...] begonnen* (*Kartografierung:* abgeleitet von *kartografieren* = Landkarten herstellen) – *vielfältige Formen von Kinderfron* (ein sehr gesuchter Ausdruck, heute kaum noch verwendeter Ausdruck für *aufgezwungene Arbeit*).

Unterrichtsziele
Insgesamt zeichnet sich dieser Text dadurch aus, dass er das wichtige Thema Kinderarbeit aufgreift und auf begrenztem Raum viele Informationen zu diesem Sachverhalt bietet. Der Text setzt einiges an Wissen voraus, das – wenn nicht vorhanden – zuvor erarbeitet werden muss. Wie häufig bei authentischen Texten ist der Beitrag nicht an allen Stellen gelungen (siehe oben). Dies soll aber kein hinreichender Grund sein, auf den Text zu verzichten. Mit journalistischen Beiträgen umzugehen, die nicht makellos sind, eröffnet Möglichkeiten, konkret vorkommende Erschwernisse in Texten zu meistern, gegebenenfalls Änderungen vorzunehmen und solche Beiträge kritisch zu reflektieren.

Für den Unterricht lassen sich drei Schwerpunkte ableiten: Das eigene (begrenzte) Vorwissen der Schülerinnen und Schüler wird aktiviert und durch zusätzliche Recherchen gezielt ergänzt. Des Weiteren werden die Heranwachsenden angeleitet, mit Schwierigkeiten des Textes umzugehen (mit dem Aufbau sowie mit ausgewählten

Textstellen). Wichtig ist es dabei, die Kernaussagen Zug um Zug zu erfassen (Aufbau der propositionalen Textrepräsentation) und auf diesem Weg eine erste inhaltliche Verarbeitung des Gelesenen zu sichern (lokale Kohärenzbildung). Darauf aufbauend wird die Zusammenschau wichtiger Aspekte gelingen (im Sinne der globalen Kohärenzbildung). Eng umrissene Schreibaufgaben zeigen, in welchem Maße Leserinnen und Leser im Einzelfall dieses Ziel erreicht haben. Drittens trägt diese Unterrichtsreihe dazu bei, Merkmale eines journalistischen Textes (mit Schlagzeile, Dachzeile, Vorspann oder „Lead", Zitaten im Text und Fotos) zu erkennen. Bei der Lösung der damit verbundenen Aufgaben stehen vor allem reduktive Organisations- und Elaborationsstrategien im Vordergrund; sie werden zum Teil über anspruchsvolle Schreibaufgaben bearbeitet.

Vorausgesetzt wird bei dieser Unterrichtsreihe, dass die Schülerinnen und Schüler einiges zum Thema Kinderarbeit bereits wissen, die Bedeutung des Vorwissens für das Lesen und Verstehen erfahren haben, einfache Lesestrategien und Recherchen mit Erfolg praktizieren und mit Bestandteilen journalistischer Texte vertraut sind. Was in dieser Unterrichtsreihe gelernt wird, kann auf die Rezeption zunehmend anspruchsvoller journalistischer Texte übertragen werden.

Vorschläge und Anregungen für den Unterricht
Die Unterrichtsreihe kann durch die drei Fotos eröffnet werden, die an Kenntnissen der Heranwachsenden zur Kinderarbeit anschließen (Aufgabe 1). Dabei ist es denkbar, ja erwünscht, dass die Schülerinnen und Schüler durch eigenes oder selbst recherchiertes Material weitere Informationen und Gesichtspunkte zum Thema beisteuern. Die Zuordnung der Bilder zu einzelnen Stellen im Text (Aufgabe 2) führt dann gezielt zum Zeitschriftenbeitrag hin. Aufgabe 3 fordert dazu auf, Grundmerkmale journalistischer Texte zu beschreiben. Denkbare Lösung:

Bestandteil	Wirkung
Schlagzeile: *Wirksamstes Werkzeug*	durch Alliteration auffallend und einprägsam, erzeugt Neugier
Dachzeile: *Mit Bildung den Teufelskreis von Kinderarbeit und Armut durchbrechen*	spricht den Zusammenhang an, der im Beitrag ausgeführt wird
Lead (als Vorspann): *Bildung ist ein Schlüsselwerkzeug [...] für das Thema zu sensibilisieren*	fasst die Ausführungen des Beitrags mehr oder minder zusammen

Aufgabe 4 setzt die Annäherung an den Text fort. Daran lässt sich die nächste Aufgabe anschließen, verlangt diese doch eine eigenständige Gliederung des Textes. Mögliche Lösung für Aufgabe 5:

1. Umgang mit informierenden Sachtexten

Teil von … bis …	Denkbare Zwischenüberschrift
von *Bildung ist ein Schlüsselwerkzeug …* bis *… Rohstoffe zu produzieren.*	Formen der Kinderarbeit
von *Auch auf dem Weltkongress …* bis „*… für eine bessere Qualität sorgen.*"	Maßnahmen gegen die Kinderarbeit
von *Immerhin: Seit die ILO 1992 …* bis „*… unsere wirksamste Waffe.*"	Erste Ergebnisse

Aufgabe 6 führt Abkürzungen an, die von den Schülerinnen und Schülern durch Recherchen aufzulösen sind.

Die Unterrichtsreihe endet mit zwei anspruchsvollen Aufgaben – mit einer Schreibaufgabe, über die sich Leserinnen und Leser wichtige Informationen des Textes aneignen können, und mit der Suche nach inhaltlich vergleichbaren Texten. Für Aufgabe 8 sollte den Schülerinnen und Schülern Zeit gelassen werden. Gegebenenfalls kann den Jugendlichen der Tipp gegeben werden, auf den Internetseiten verschiedener Tageszeitungen nach aktuellen Beiträgen zum Thema zu suchen.

Hausaufgaben und Bezüge zu weiteren Unterrichtsreihen

Aufgaben 2 und 3 sind als vorbereitende Hausaufgaben möglich, wobei Aufgabe 3 schon anspruchsvoller ist.

Die Aufgaben 7 und 8 sind umfassende Aufgaben, die auch Grundlage eines Projekts zur Kinderarbeit bilden können.

Bezüge bestehen zu B 1.11 (*Punkt für Punkt die Welt erfassen*) und B 1.12 (Uwe Timm: *Der Freund und der Fremde*).

Materialien

Text und Arbeitsblätter: unter 1.10.

Literaturhinweise:

Duden Deutsches Universalwörterbuch (^{4}2001), hg. von der Dudenredaktion. Mannheim.

Seebold, Elmar (bearb.) (^{23}1999): Kluge. Etymologisches Wörterbuch der deutschen Sprache. Berlin/New York.

1.11. Punkt für Punkt die Welt erfassen (ab Klasse 10)

Punkt für Punkt die Welt erfassen

Vor 200 Jahren wurde Louis Braille geboren – die nach ihm benannte Schrift ermöglichte Blinden erstmals den selbständigen Zugang zu Bildung

Die sprichwörtlich blinde Justiz, die sich nicht von Äußerlichkeiten beeindrucken lässt, hat womöglich niemand so gut verkörpert wie Hans-Eugen Schulze. Von 1963 bis 1985 war der Jurist Richter am 2. Zivilsenat des Bundesgerichtshofs. Den Zugang zur Rechtsprechung hatte Schulze, der in frühester Kindheit erblindete, über die Brailleschrift gefunden, wie er auf seiner Homepage erklärt. Ohne die in dickes Papier gestanzten Punkte hätte er sein Leben womöglich mit dem zunächst erlernten Beruf als Stuhl- und Mattenflechter verbracht.

Der Erfinder dieser Schrift, der Franzose Louis Braille, wurde am Sonntag vor 200 Jahren geboren. Zur Erinnerung gibt es in aller Welt Veranstaltungen, beginnt in Deutschland eine Tour-De-Braille-Reihe mit Lesungen, wird in Hamburg ein Louis-Braille-Platz eingeweiht. Blinde in aller Welt verdanken dem Franzosen den Zugang zur Welt der Bildung. Schwarzschrift, also die gewöhnlichen Druckbuchstaben in Büchern oder Zeitungen, ist für Menschen ohne Augenlicht schließlich vollkommen nutzlos. Die Punkte der Brailleschrift hingegen stehen 0,4 Millimeter aus dem Papier hervor und sind 2,6 Millimeter voneinander entfernt. Blinde streichen mit dem Zeigefinger über die Muster und identifizieren so einzelne Buchstaben, Abkürzungen und Wörter.

Anja Geißler beispielsweise wurde 1983 blind geboren. Als Zwölfjährige gewann sie den Vorlesewettbewerb des Börsenvereins des Deutschen Buchhandels. Heute arbeitet sie als Stenografin im Mainzer Landtag und schafft 300 Silben pro Minute. „Zwischenrufer erkenne ich an der Stimme", sagt sie schmunzelnd. Oder da ist Reiner Unglaub. Zunächst gab er beim Rundfunk der DDR den Moderatoren Sprechunterricht, dann wurde er aus politischen Gründen entlassen und floh in den Westen. Heute leitet er die Blindenhörbücherei München und ist ein begehrter Vorleser. Auch die Amerikanerin Deborah Kendrik preist den Erfinder ihrer Schrift. „Wenn ich ein bisschen Braille auf einem Denkmal, einer Parfümflasche oder einem Kleidungsstück finde, dann empfinde ich das reine Entzücken, dass meine Bildung so viel zählt wie die von jedem anderen."

Doch inzwischen scheint die moderne Technik das Hilfsmittel Punktschrift obsolet zu machen. Computer-Programme können Blinden Texte von Webseiten und aus E-Mails vorlesen, Hörbücher erschließen ihnen die Literatur. Flüssiges Lesen von Texten in Braille und die damit verbundene Lesefreude steht in manchen Grundschulen für blinde Kinder nicht mehr im Mittelpunkt, klagt der pensionierte Lehrer Dietmar Böhringer, der 36 Jahre an der Stiftung Nikolauspflege in Stuttgart Braille gelehrt hat.

Wenn hingegen Erwachsene erblinden, hilft ihnen die neue Technik oft, vollkommen ohne Punktschrift zurecht zukommen – nur wenige Betroffene entwickeln genug Motivation, um noch einmal neu Lesen zu lernen. In den USA konnten einer Statistik zufolge Anfang der 1960er-Jahre die Hälfte der blinden Schüler und Studenten Braille lesen – 30 Jahre später waren es nur noch etwa ein Viertel. Auch in Deutschland liegt der Anteil der Punktschrift-Nutzer nach Schätzungen des Blindenverbandes bei einem Viertel der Betroffenen.

Louis Braille wurde am 4. Januar 1809 als Sohn eines Sattlers im Dorf Coupvray bei Paris geboren. Im Alter von drei Jahren verletzte er sich beim Spiel mit einer Ahle seines Vaters am Auge. Die Wunde entzündete sich, und die Entzündung griff auf das andere Auge über, sodass Louis binnen Tagen komplett erblindete. Als er jedoch in die Schule kam, war er schnell der beste Schüler, und so suchten seine Eltern für ihn im Alter von zehn Jahren einen Platz in einer Blindenschule in Paris. Hier gab es einige Bücher mit erhabenen Buchstaben, die aber unhandlich und unpraktisch waren.

Quelle: Christopher Schrader und Keyvan Dahesch, *Süddeutsche Zeitung*, 3./4.1.2009, S. 20 (Auszug)

Text 1.11 A

1. Umgang mit informierenden Sachtexten

Im Alter von 13 Jahren erfuhr Braille von der Erfindung des Hauptmann Charles Barbier. Dieser hatte eine Nachtschrift erdacht, um seinen Soldaten Befehle zu schicken, die sie im Dunkeln ohne Licht lesen konnten. Das System war kompliziert, doch Louis Braille begann, es weiterzuentwickeln. Mit einer Ahle, dem gleichen Werkzeug, durch das er erblindet war, begann er, erhabene Punkte in Leder zu drücken. 1825 schließlich stand sein System, da war Braille 16 Jahre alt. Seine Mitschüler waren begeistert, doch es gab auch Widerstände. Der Direktor seiner Schule verbot sogar den Gebrauch der Punktschrift: Die Blinden, befand er, sollten sich nicht isolieren. Erst 1850 wurde das System offiziell in Frankreich eingeführt. Zwei Jahre später, kurz nach seinem 43. Geburtstag, starb Braille an der Tuberkulose, gegen die er seit Jahrzehnten angekämpft hatte.

Bis heute sind die Grundzüge von Brailles System unverändert. Für Buchstaben und andere Zeichen gibt es ein Raster von zwei Spalten mit jeweils drei Punkten. Das einfachste Symbol ist das „a" – ein Punkt oben links. Alle sechs Punkte stehen im deutschen Braille für das Prozent-Zeichen, dazwischen gibt es 61 Kombinationen. Bei den Buchstaben sind die Vokale im Mittel etwas einfacher als die Konsonanten; erstere haben mit Ausnahme des „ü" maximal drei Punkte, dagegen werden „q" und „y" sogar aus jeweils fünf gebildet. Ein Beispiel für die Punktschrift findet sich am Ende des Artikels: Es zeigt die Namen der Autoren.

Daneben gibt es Zeichen nicht nur für Umlaute und „ß", sondern auch für Kombinationen wie „sch" oder „äu". Satzzeichen und einfache mathematische Symbole haben eigene Punktmuster, dagegen schreibt man Zahlen, indem man ein spezielles Zahlenzeichen den Buchstaben „a" bis „j" als Ziffern 1 bis 0 voranstellt. Auch Großbuchstaben erfordern eine spezielle Kennzeichnung – das Symbol, das sonst für Dollar steht.

Diese sogenannte Vollschrift lernen blinde Kinder in der Grundschule. Bis zum Ende der vierten Klasse kommen aber noch etwa 300 Abkürzungen aus einem bis drei Zeichen hinzu, erklärt Dietmar Böhringer. So steht ein allein verwendetes „a" für aber, ein „m" für Mann. Ein Komma-Zeichen vor „k" ergibt könn-, „dr" bedeutet Druck und der sogenannte Umlaut-Punkt vor dieser Abkürzung verwandelt Druck in Drück-. „Das ist eine wahnsinnige Lernarbeit", sagt Böhringer, „auch weil es viele Mehrdeutigkeiten und Ausnahmeregeln gibt." Er erläutert das am Zeichen für „x". Am Anfang eines Wortes steht es für die Vorsilbe „Ex-", in der Mitte für „mm" und am Ende für „-nis". Allein benutzt bedeutet es „immer", und soll es tatsächlich mal der Buchstabe x sein, muss ein Aufhebungszeichen davor. […]

C. SCHRADER / K. DAHESCH

Hinweise zu den Texten

Den 4. Januar 2009 haben verschiedene Medien zum Anlass genommen, an Louis Braille zu erinnern, der vor 200 Jahren geboren wurde. Louis Braille hat im Alter von 16 Jahren (!) eine Blindenschrift erfunden, die sich bis heute behauptet. Der hier berücksichtigte Textausschnitt ist der *Süddeutschen Zeitung* entnommen; der gesamte Text nimmt in der Wochenend-Ausgabe vom 3./4. Januar 2009 den Großteil der Rubrik *WISSEN* ein. Der Beitrag zweier Fachjournalisten wendet sich vornehmlich an eine gebildete Leserschaft und informiert über zwei thematische Schwerpunkte: Louis Braille mit seiner Erfindung und deren Bedeutung für den „Zugang zu Bildung", den Blinde dank der Blindenschrift (Brailleschrift) finden können. Beide Aspekte wecken bei vielen Leserinnen und Lesern erhebliches Interesse (insbesondere die Hinweise auf beruflich Erfolgreiche, der Lebenslauf von Louis Braille und Hinweise zu Einzelheiten der Brailleschrift).

Teil B: Vorschläge für einen kompetenzfördernden Unterricht

Vorhandenes Wissen zur Blindenschrift kann bei Jugendlichen kaum vorausgesetzt werden. Viele Rezipienten vermögen allerdings – ausgehend von eigenen Lese- und Schreiberfahrungen – die Bedeutung von Louis Braille und seiner Erfindung angemessen einzuschätzen, wenn sie – wie hier – die von Braille konzipierte Blindenschrift und den Erfinder selbst kennenlernen. Der vorliegende Textausschnitt geht deskriptiv vor und ist deutlich faktenbezogen. Das Interesse am Text und dessen Lesbarkeit werden erheblich dadurch gestützt, dass sich viele Passagen auf konkrete Personen oder Ereignisse beziehen: Auf Berichte und Aussagen über Menschen, die die Blindenschrift nutzen, auf aktuelle Veranstaltungen oder Ehrungen für Braille, auch auf Details der Blindenschrift.

Text 1.11 B

Quelle: Karl Britz: *Blindenschrift (Braille)*. In: H. Günther/O. Ludwig (Hg.): *Schrift und Schriftlichkeit. Ein interdisziplinäres Handbuch internationaler Forschung*. Berlin, New York: de Gruyter, 1996, 2. Halbband, S. 1618

1. Umgang mit informierenden Sachtexten

Wie das Zeicheninventar der Brailleschrift, die 1879 in Deutschland eingeführt wurde, als „Vollschrift" konkret aussieht, zeigt die auf der gegenüber stehenden Seite wiedergegebene Übersicht. Die für Sehende optisch wahrnehmbaren Buchstaben und Buchstabenverbindungen werden bei der Brailleschrift in ertastbare Kombinationen von erhabenen Punkten transformiert (umgesetzt). Die verschiedenen Kombinationen von Punkten gehen von einer „Grundform" aus, die nur so groß ist, dass deren Fläche mit der Fingerkuppe des Zeigefingers ertastet werden kann. Die insgesamt sieben Zeilen der Übersicht unter der „Grundform" zeigen deutlich, dass die Brailleschrift Blinden die Orientierung fürs Lesen und Schreiben dadurch erleichtert, dass sie das Gesamtinventar weitgehend in Zehnergruppen nach Tastwahrnehmungen ordnet, indem sie – bis auf Gruppe 6 – die Zeichenkonstellationen der Gruppe 1 variiert. Beispiele: Beim Buchstaben *a* in der ersten Zeile hat nur Feld 1 einen erhabenen Punkt; beim Buchstaben *k* in der zweiten Zeile kommt in Feld 3 ein Punkt hinzu; beim Buchstaben *u* in der dritten Zeile wird in Feld 6 ein weiterer Punkt hinzugefügt. Spezielle Buchstaben einzelner Sprachen (etwa ß, die Umlaute *ä, ö, ü*), Diphthonge (etwa *eu, äu*) oder Buchstabenkombinationen (wie *st*) werden hinzugefügt – ebenso wie die Satzzeichen, Zeichen für die Großschreibung und für die Ziffern. Insgesamt ergibt sich damit folgende Anordnung (vgl. zur Erläuterung auch die Übersicht der Stiftung für blinde und sehbehinderte Kinder und Jugendliche Zollikofen unter http://www.dbsv.org):

Gruppe	Zeichen, Zeichenumfang
Gruppe 1: Punkte 3 und 6 bleiben frei	*a* bis *j*
Gruppe 2: Den Zeichen der Gruppe 1 wird Punkt 3 hinzugefügt	*k* bis *t*
Gruppe 3: Den Zeichen der Gruppe 1 werden die Punkte 3 und 6 hinzugefügt	*u* bis *z* und *st*
Gruppe 4: Den Zeichen der Gruppe 1 wird Punkt 6 hinzugefügt	*au, eu, ei, ch, sch* *ü, ö, w*
Gruppe 5: Die Zeichen der Gruppe 1 werden um ein Feld nach unten gesetzt	9 Satzzeichen

▶ Gruppe 6: von den Zeichen der Gruppe 1 abweichende Bildungen	drei weitere Satzzeichen *äu, ä, ie* allgemeines Zahlzeichen Zeichen für Großbuchstaben Zeichen für eine Folge von Großbuchstaben (wie *LKW*, *PKW*) Zeichen für Sperrdruck (wie *teuer*)
Gruppe 7: Die Zeichen der Gruppe 1 werden für die Ziffern wiederholt und an das allgemeine Zahlzeichen angefügt	Ziffern *1* bis *9* und *0*

Diese Übersicht ist für verschiedene Rezipientengruppen unterschiedlich relevant: Blinden bietet sie einen Ordnungsrahmen, der die Orientierung im Alphabet erheblich erleichtert; Sehenden ermöglicht die Übersicht einen ersten Einblick in ein Schriftinventar für spezielle Zwecke (Blindenschrift als Beispiel einer Sonderschrift wie etwa auch das Morsealphabet). Was sich aus der Beherrschung dieser Schrift für Blinde ergeben kann und im Textbeitrag auch angedeutet wird, erscheint aufgrund der Übersicht plausibel (etwa der *Erwerb einer Blindenkurzschrift* nach Aneignung der *doch aufwändigen Vollschrift*, die Bedeutung des Vorlesens und der Blindenhörbücher, die Entlastung *durch neue Medien*, der oft zu *hohe Anspruch* der Brailleschrift, insbesondere für *ältere Menschen*, die erblinden und selten die Brailleschrift erlernen).

Unterrichtsziele

Durch eine besondere Art des Zugangs tragen ein Zeitungsbeitrag und eine Übersicht zum Zeicheninventar der Brailleschrift dazu bei, das Thema Schrift und Schriftlichkeit über die eigenen Schreib- und Leseerfahrungen hinaus zu erweitern, zu reflektieren und dabei eine wichtige Sonderschrift kennenzulernen. Je früher eigene Schreib- und Leseversuche zur Brailleschrift angeregt werden, umso Erfolg versprechender sind die Wege zu den Zielen dieser Unterrichtsreihe. Deren Erreichen wird nachhaltig begünstigt, wenn der vorgegebene Ausschnitt aus einem Zeitungsbeitrag mit einer übersichtlichen Darstellung der Blindenschrift verbunden wird.

In dieser Unterrichtsreihe ist somit vorgesehen, dass beide Texte (der Zeitungsbeitrag und die Übersicht) bearbeitet und im Ganzen erfasst werden (globale Kohärenzbildung). Weiten Raum wird bei diesem Prozess die Elaborationsstrategie einnehmen, sind doch unterschiedliche Wissensbestände aufeinander zu beziehen, Analogien herzustellen und einzelne Ausführungen kritisch zu prüfen. Gelingen wird die angedeutete vielfältige Auseinandersetzung mit den Materialien vornehmlich dann, wenn die Schülerinnen und Schüler bereits über reiche Erfahrungen im Umgang mit Sachtexten verfügen. Was hier gelernt wird, kann auf Zusammenhänge übertragen werden, die durch eine vergleichbar anspruchsvolle Kombination von Sachtexten geprägt sind.

1. Umgang mit informierenden Sachtexten

Vorschläge und Anregungen für den Unterricht

Die Lektüre des Beitrags wird zu Beginn der Unterrichtsreihe durch Aufgabe 1 angestoßen, in der Merkmale der Textsorte (Aufbau des Zeitungsbeitrags, Schlag- und Dachzeile) und inhaltliche Schwerpunkte des Beitrags für einen ersten Überblick nach der Lektüre genutzt werden. Die Schülerinnen und Schüler ordnen einzelnen Abschnitten Aspekte zu, die in der Schlag- und Dachzeile genannt werden. Denkbare Lösung:

Absatz	Inhaltlicher Schwerpunkt
1	Zugang zur Bildung durch Brailleschrift, Beispiel 1
2	Bedeutung von Louis Braille und Merkmale seiner Schrift
3	Zugang zur Bildung durch Brailleschrift, Beispiele 2 und 3 (korrespondiert mit Absatz 1)
4 und 5	Abnehmende Bedeutung der Brailleschrift heute; Belege
6 und 7	Zur Biografie von Louis Braille
8 bis 10	Grundzüge der Schrift (korrespondiert mit Absatz 2)

Der insgesamt nachvollziehbare Gedankengang ist für den Leser nicht ganz stringent, was möglicherweise daraus resultiert, dass der Beitrag von zwei Autoren verfasst worden ist. Entsprechend setzt die Lösung von Aufgabe 2 und 3 einen Überblick über den gesamten Text voraus. Die Aufgaben 4 und 5 ermöglichen dann einen konkreten Umgang mit der Brailleschrift. Die Lösung zu Aufgabe 5 lautet übrigens *Helge Freyer 1983 WHV* (für *Wilhelmshaven*).

Vor dem Hintergrund dieser konkreten Erfahrungen sind dann auch die Aufgaben 6 bis 9 zu erarbeiten, die die Brailleschrift in Wesen und Funktion als Sonderschrift kennzeichnen.

Lösung zu Aufgabe 7: Neben den Punktkombinationen für Buchstaben gibt es solche zur Kennzeichnung von Satzzeichen, der Ziffern sowie für Großschreibung und Sperrdruck.

Lösung zu Aufgabe 8: Siehe die Tabelle auf S. 109 f.

Die beiden letzten Aufgaben (11 und 12) leiten zur kritischen Auseinandersetzung mit dem Beitrag an. Mögliche Lösungen zu Aufgabe 11: *Doch inzwischen lässt die moderne Technik das Hilfsmittel Punktschrift als veraltet erscheinen.* Oder: *Doch inzwischen erweist sich das Hilfsmittel Punktschrift dank der modernen Technik als überholt.*

Hausaufgaben und Bezüge zu weiteren Unterrichtsreihen

Insbesondere die Aufgaben 1 bis 3, 5, 7 und 12 eignen sich (in der Regel) als Hausaufgaben, die eine intensivere und kritische Auseinandersetzung mit dem Beitrag vorbereiten.

Bezüge bestehen zu den Unterrichtsreihen mit journalistischen Texten B 1.10 (Wirksamstes Werkzeug) und B 1.12 (Uwe Timm: *Der Freund und der Fremde*).

Materialien

Texte und Arbeitsblätter: 👁 unter 1.11.
Literaturhinweis: Britz, Karl 1996: Blindenschrift (Braille). In: Hartmut Günther/Otto Ludwig, Hg.: Schrift und Schriftlichkeit. Ein interdisziplinäres Handbuch internationaler Forschung. Writing and Its Use. An Interdisciplinary Handbook of International Research. Berlin, New York. 2. Halbband/Volume 2, S. 1618.
Für weitere Hinweise zur Blindenschrift und zum Schrifterwerb Blinder:
Deutscher Blinden- und Sehbehindertenverband e.V. (DBSV). Internet-Homepage: http://www.dbsv.org.
Stiftung für blinde und sehbehinderte Kinder und Jugendliche Zollikofen, Kirchlindachstrasse 49, 3052 Zollikofen, Schweiz. Internet: http://www.blindenstiftung.ch.

1.12. Uwe Timm: *Der Freund und der Fremde* – Rezension, Blog und Klappentext (Sekundarstufe II)

Hinweise zu den Texten

Wenn ein Verlag Werke bekannter oder verheißungsvoller Autorinnen und Autoren in sein Programm aufnimmt, wird eine interessierte Öffentlichkeit auch über die erschienenen Bücher informiert. Das geschieht vornehmlich über Buchbesprechungen, die in Zeitungen, Rundfunk- oder Fernsehprogrammen und auch im Internet ihren festen Platz haben. Rezensionen als Teil der Buchkritik werden in diesen Fällen zumeist von literarisch versierten Journalisten verfasst, die knapp über das Werk (und gegebenenfalls über den Autor) informieren und sich bei der Bewertung an Maßstäben wie Schlüssigkeit und Nachprüfbarkeit vorgenommener Behauptungen und Beurteilungen orientieren (vgl. auch Harms 2003, S. 281 ff.). Im Internet kommen zu Buchbesprechungen heute Kundenrezensionen oder Journal-ähnliche Einträge in Weblogs („Blogs") hinzu.

Leserinnen und Leser erwarten von Rezensionen eine erste Orientierung über Neuerscheinungen. Wenn dank dieser Form der Buchkritik obendrein ein Gespräch über Texte in der Öffentlichkeit angestoßen wird – umso besser. Neben den Rezensionen trägt auch der jeweilige Klappentext zur Diskussion über ein Buch bei. Bei Büchern, die einen Schutzumschlag besitzen, werden dessen eingeklappte Enden (vorn und hinten) genutzt, um aus Verlagssicht auf den Inhalt eines Buches, den Autor und möglicherweise auf weitere Werke werbend hinzuweisen. Die hintere Umschlagseite literaturkritik.de » Nr. 2, Februar 2006 » Deutschsprachige Literatur » Sonstige Themen

Literarische Spurensuche nach Benno Ohnesorg

Zu Uwe Timms Biografie „Der Freund und der Fremde"

Von Antje Krüger

Das Unbegreifliche, Unfassbare passiert: Ein Freund verstirbt, zu früh, durch eine Gewalttat. Dieses verstörende Szenario, das sich sprachlich kaum erfassen lässt, versucht Timm in seiner neuesten Erzählung in eine literarische Form zu übersetzen. Es handelt sich in „Der Freund und der Fremde" um keinen Unbekannten, sondern um Benno Ohnesorg, der nach einer studentischen Demonstration gegen den damaligen Schah von Persien am 2. Juni 1967 von einem Polizisten erschossen wurde, worauf Studenten in ganz Deutschland mit Protestmärschen reagierten. Auf Timm wirkte sich die schockierende Nachricht vom Tod des Freundes auf zweifache Weise aus: Die politische Empörung über den Skandal seines Todes resultierte bei dem jungen Autor wie bei vielen anderen Studenten seiner Generation in einer radikalen Politisierung und einem stärkeren Engagement in der Studentenbewegung. Daneben trat auch der Wunsch, über den Freund zu schreiben. Der Autor verschob das Projekt jedoch immer wieder und erst ein Brief der Witwe, der auf ungeahnte Spannungen in ihrer Freundschaft hinwies, löste eine erneute Beschäftigung mit Benno Ohnesorg aus. In „Der Freund und der Fremde" hat Timm eine späte Sprache der Erinnerung gefunden, mit der ihm nicht nur die Darstellung des fast unbekannten Lebens Ohnesorgs gelungen ist, sondern auch ein Porträt der frühen 50er und 60er Jahre der Bundesrepublik Deutschland.

„Es blieb aber der Vorsatz, die Verpflichtung, über ihn zu schreiben. Ein Erzählen, das nur gelingen konnte – und diese Einsicht musste erst wachsen –, wenn ich auch über mich erzählte. Wenn es mir gelingen würde, den Horizont der Erinnerung abzuschreiben [...], mit den Erinnerungen an Erlebtes und Gedachtes, an Gebärden und Symbole, an Imagination und Abstraktion". Gespannt folgt der Leser Timms „Erinnerungsarbeit", bei der er – wie schon in „Am Beispiel meines Bruders" – vorführt, dass die literarische Spurensuche nur über das eigene Ich erfolgen kann. In kunstvoll verknüpften Episoden, teilweise Anekdoten, schildert der Autor im nachdenklichen Ton die Geschichte ihrer Freundschaft und Erinnerungen an Benno Ohnesorg. Gleichzeitig erzählt Timm von der eigenen Kindheit und Jugend im Hamburg der 40er und 50er Jahre, seiner Ausbildung als Kürschner und der Zeit am Braunschweig Kolleg, wo er das Abitur auf dem 2. Bildungsweg nachholte und Benno Ohnesorg kennen lernte. Damit erfasst er auch das Lebensgefühl dieser Zeit, das heute beinahe vergessen ist: das komplizierte Verfahren, eine junge Frau oder ein Mädchen auf der Straße anzusprechen, ohne aufdringlich zu wirken, der elitäre Anspruch des Abiturs und Studiums, Timms Entdeckung des Cappuccino und Croissants in den 60er Jahren.

Berührungspunkte der Freundschaft zu Ohnesorg liegen dagegen in einem anderen Bereich; in einer intensiven Beschäftigung mit Literatur und Kunst und dem einen Wunsch: zu schreiben. Gemeinsam lesen sie die französischen Existenzialisten, arbeiten an einer literarischen Zeitschrift, experimentieren mit Sprache. „Der Freund und der Fremde" ist nicht nur die Geschichte einer Freundschaft, sondern auch eine Erzählung über die Faszination des Lesens und Schreibens, über das Eintauchen und Versunkensein in Sprache und die Suche nach dem eigenen sprachlichen Ausdruck. Kleine literarische Fundstücke und Entdeckungen sind die von Timm zitierten kurzen Essays und Gedichte Ohnesorgs, die sein schriftstellerisches Talent erahnen lassen. Nach dem erfolgreichen Bestehen des Abiturs verfolgte Timm den Schreibwunsch konsequent weiter, wohingegen Ohnesorg das Schreiben während seines Studiums der Romanistik in Berlin wieder aufgab; auch dieser Frage nach den Gründen des literarischen „Verstummens" Benno Ohnesorgs geht Timm in „Der Freund und der Fremde" nach.

In einzelnen, häufig über wenige Details verdichteten Szenen gibt Timm diese Erinnerungen wieder, die ihn als Meister der literarischen Kurzerzählung ausweisen. Dennoch ist Timm in „Der Freund und der Fremde" kein „traditioneller" Erzähler im Sinne eines Fontane oder Storm. Er unterbricht den Fortlauf der Ereignisse immer wieder, um die eigene Recherche- und Erinnerungsarbeit zu kommentieren, Auszüge aus zeitgenössischen Dokumenten einzufügen, Gespräche mit Zeitzeugen und Angehörigen zu zitieren und Fotografien zu beschreiben. Damit verbindet Timm fiktionales und faktenbezogenes Erzählen, das dem Genre „Biografie" innovative Züge verleiht. Dennoch entkommt auch Timm der Falle der „Subjektivität" nicht, da vor allem Timms eigene Erinnerungen gelegentlich zur Verklärung neigen. Durch die Montage unterschiedlicher Textsorten wie der Dokumente und Interviews gelingt es ihm jedoch, zusätzliche Perspektiven auf die Umstände von Benno Ohnesorgs Tod zu eröffnen, die „Der Freund und der Fremde" in ein polyfones Gefüge verwandelt. Insbesondere die Interviews mit Zeitzeugen enthalten bemerkenswerte Kommentare zur Auswirkung von Ohnesorgs Tod auf die Studentenbewegung wie auch auf die Angehörigen, die in dieser Form zum ersten Mal nachgelesen werden können.

„Die Toten erinnern uns an unsere Versäumnisse, Fehler, Verfehlungen. Die Toten sind unsere Wiedergänger." Die verbliebenen Fragen Timms treiben die Erzählung voran: die Frage nach dem literarischen Verstummen Benno Ohnesorgs, die von seiner Witwe angedeuteten Spannungen. Da ist die Rede von der fast vergessenen Haltung der „indifférence" – Freiheit durch Ungebundenheit – des französischen Existenzialismus als Leben im „Hier und Jetzt", der auf das kulturelle Leben der 50er Jahre in der jungen BRD einen starken Einfluss hatte. Diese Haltung, der sich auch Timm verpflichtet fühlte, führte zum Abbruch der Freundschaft nach dem erfolgreichen Bestehen des Abiturs, damit der „Horizont frei war und etwas ganz und gar Neues begann", der Freundschaft zu Benno Ohnesorg jedoch viel zumutete. Gerade an diesen kurzen Sätzen und Bemerkungen lässt sich Timms literarisches Vorgehen erkennen, das viele seiner Texte auszeichnet: von der persönlichen Erfahrung ausgehend, richtet er sein Interesse auf längst verschüttete, historische Bedingungen und rückt sie wieder in das kollektive Bewusstsein der Leser. In „Der Freund und der Fremde" handelt es sich um die vergessene Geschichte Benno Ohnesorgs, aber auch um die Wirkung des französischen Existenzialismus auf das intellektuelle Klima der frühen Bundesrepublik, das damit das Lebensgefühl einer ganzen Generation prägte.

Erinnert die Form und das Anliegen des Textes – eine „un-erhörte" Geschichte zur Sprache zu bringen – an Lektüreerlebnisse aus „Am Beispiel meines Bruders", geht Timm in seiner neuesten Erzählung einen Schritt weiter: Er kommentiert nicht nur den eigenen Recherche- und Erinnerungsprozess, sondern stellt auch die Frage – und darin liegt die Faszination, die der Text ausübt –, wie sich poetische Sprache dem Unbegreiflichen, der Erfahrung des Todes, annähern kann. Timms Überlegungen führen zu einer Reflexion des Schreibens und Lesens, die sich neben seinen Recherchen zu und Erinnerungen an Benno Ohnesorg als spannende Poetologie lesen lässt und Einsicht in Timms Schreibverfahren erlaubt. Zugänge zur Erinnerung findet Timm über alltägliche Dinge, die persönliche Geschichte beinhalten. Diesen Spuren folgt er im Prozess des Schreibens, die nicht einfach notiert, sondern „gefühlt und wirklich werden".

„Der Freund und der Fremde" leistet „Erinnerungsarbeit" im doppelten Sinn: Timm erinnert an Benno Ohnesorg und den politischen Skandal seines Todes wie an den gesellschaftlichen Kontext am Ende der Wirtschaftswunderzeit und die Vorbedingungen der Studentenbewegung. Dafür verwendet er eine anschauliche, sinnliche Sprache, die den verlorenen Freund für den flüchtigen Moment des Lesens und Schreibens im Medium der Sprache zurückgewinnt.

nimmt häufig weitere Details zum Buch auf, um zu Kauf und Lektüre des jeweiligen Werks anzuregen.

In der vorliegenden Unterrichtsreihe stehen Rezensionen (Texte A und B) und Klappentext (Text C) zu einer „Erzählung" Uwe Timms im Mittelpunkt, die 2005 erstmals erschienen ist. Uwe Timm, Jahrgang 1940, hat nach seinem Abitur am Braunschweig-Kolleg vornehmlich in München studiert und mit einer Arbeit über den französischen Autor Camus promoviert. Seit 1971 ist Uwe Timm freier Schriftsteller. Seine auch einer größeren Öffentlichkeit bekannten Werke sind der „Kinderroman" *Rennschwein Rudi Rüssel*, die „Novelle" *Die Entdeckung der Currywurst*, die Familiengeschichte *Am Beispiel meines Bruders* und eben die Erzählung *Der Freund und der Fremde*. Uwe Timm ist ordentliches Mitglied der Deutschen Akademie für Sprache und Dichtung und des PEN-Zentrums der Bundesrepublik Deutschland. Der Autor lebt mit seiner Familie in München (Angaben zum Autor: nach Kesting/Ruckaberle 2007).

Zur „Erzählung" *Der Freund und der Fremde* werden hier drei Texte vorgestellt: die Rezensionen durch eine Literaturjournalistin sowie einen Internet-Blogger und der Klappentext einer Lizenzausgabe der Büchergilde Gutenberg.

Die Rezension *Literarische Spurensuche nach Benno Ohnesorg* von Antje Krüger (Text A, S. 113) ist dem Rezensionsforum literaturkritik.de entnommen, das sich aus dem Studienschwerpunkt „Literaturvermittlung in den Medien" entwickelt hat und vom Institut für Neuere Deutsche Literatur und Medien (Leitung: Thomas Anz) der Philipps-Universität Marburg getragen wird. Das Rezensionsforum, mithin auch die vorliegende Rezension, ist über das Internet allgemein zugänglich. Die Tatsache, dass eine fachlich anerkannte Institution für das Rezensionsforum verantwortlich ist, trägt gewiss zur Seriosität des Textes bei. Der Adressatenkreis ist weithin offen, rechnet allerdings mit dem Interesse an der deutschsprachigen Gegenwartsliteratur und einigem Vorwissen (insgesamt entwickelte Lesefähigkeiten, inhaltliche Bezüge zu den 1960er-/1970er-Jahren, Grundkenntnisse über biografisches Erzählen). Deskriptiv entfaltetes Faktenwissen steht bei der Rezension im Vordergrund, wobei im Sinne der Textsorte keineswegs auf Wertungen verzichtet wird. Beispiele: Uwe Timm als *Meister der literarischen Kurzerzählung* (4. Absatz) – *Timms eigene Erinnerungen [neigen] gelegentlich zur Verklärung* (4. Absatz) – Hinweis auf *Timms Vorgehen [...], das viele seiner Texte auszeichnet* (5. Absatz) – Hinweis auf die Verwendung einer *anschaulichen, sinnlichen Sprache* (7. Absatz).

Wenn sich die Besprechung auch nur auf ein Buch von etwas über 170 Seiten bezieht, so sind die Bezüge innerhalb der Besprechung doch vielfältig: Neben Hinweisen auf die Situation und das Lebensgefühl der 1960er- und 1970er-Jahre steht vor allem der skandalöse Tod von Benno Ohnesorg und zudem die Auseinandersetzung mit dem literarischen Lesen und Schreiben im Mittelpunkt dieses Textes. Der lockere Aufbau des Textes in sieben Abschnitten lässt sich so skizzieren:

Abschnitt	Aspekte
1	Hinführung zu Uwe Timms Text, dessen historischer Hintergrund, auslösender Anlass für die „Erzählung"
2	Timms „Erzählung" als Spurensuche und Erinnerungsarbeit, Wiederaufnahme historischer Details (im Sinne von Abschnitt 1)
3	Kennzeichnung des Textes als *Geschichte einer Freundschaft* (im Sinne von Abschnitt 1) und als *Erzählung über die Faszination des Lesens und Schreibens*
4	Art des Erzählens, Bezug zum Genre Biografie, Kritik an der *Verklärung* durch den Autor

Teil B: Vorschläge für einen kompetenzfördernden Unterricht

▶ 5	Impulse für die Erzählung: die *vergessene Geschichte* Benno Ohnesorgs (im Sinne von 1 und 3) und die Wirkung des französischen Existenzialismus auf die Bundesrepublik (im Sinne von Abschnitt 1 und Abschnitt 2)
6	(Weiter-)Entwicklung des Autors, mögliche Einsicht in dessen Schreibverfahren
7	*Erinnerungsarbeit im doppelten Sinn* als Resümee

Was die verwendeten sprachlichen Mittel betrifft, so gibt es einige Auffälligkeiten. Satzbau und Wortwahl setzen schon geübte Leserinnen und Leser voraus. Einige komplexe Sätze und die eingearbeiteten Zitate aus Uwe Timms Erzählung (Absätze 2 und 5) reichen ebenso wie die Anspielungen auf philosophisch-literarisches Hintergrundwissen noch darüber hinaus (französischer Existenzialismus, Fontane und Storm als *traditionelle Erzähler*, ein vom gleichen Autor biografisch angelegter Text, nämlich *Am Beispiel meines Bruders*). Ob es hinsichtlich dieses Werkes so glücklich ist, von der Verwandlung in ein *polyfones Gefüge* oder von einer *spannenden Poetologie* zu sprechen (Absätze 4 bzw. 6) erscheint doch ebenso fraglich wie das Reden von der *„un-erhörten Geschichte"*, wohl eine Anspielung an die seit Goethe so oft bemühte „unerhörte Begebenheit" (1827), die bei der Beschäftigung mit der Novelle eine Rolle spielt. Auffallend ist die Vorliebe der Rezensentin für auffallende Interpunktionen. Exemplarisch kann dies bei den Textstellen mit Doppelpunkt gezeigt werden:

(1) *Das Unbegreifliche, Unfassbare passiert: Ein Freund verstirbt, zu früh, [...]*
(2) *Berührungspunkte der Freundschaft zu Ohnesorg liegen dagegen in einem anderen Bereich; in einer intensiven Beschäftigung mit Literatur und Kunst und dem einen Wunsch: zu schreiben.*
(3) *Die verbliebenen Fragen Timms treiben die Erzählung voran: die Frage nach dem literarischen Verstummen Benno Ohnesorgs, die von seiner Witwe angedeuteten Spannungen. Da ist die Rede [...]*
(4) *Gerade an diesen kurzen Sätzen und Bemerkungen lässt sich Timms Vorgehen erkennen, das viele seiner Texte auszeichnet: von der persönlichen Erfahrung ausgehend, richtet er sein Interesse auf [...]*
(5) *[...] geht Timm in seiner neuesten Erzählung einen Schritt weiter: Er kommentiert nicht nur den eigenen Recherche- und Erinnerungsprozess, sondern [...]*
(6) *„Der Freund und der Fremde" leistet „Erinnerungsarbeit" im doppelten Sinn: Timm erinnert an Benno Ohnesorg [...] wie an den gesellschaftlichen Kontext am Ende der Wirtschaftswunderzeit und die Vorbedingungen der Studentenbewegung.*

Während in Beispiel (1) – im ersten Satz der Besprechung – der Doppelpunkt sehr wirkungsvoll die Aufmerksamkeit auf das Folgende lenkt, funktionieren die Beispiele (3)

TOBYS BLOG   „Hirngeschriebenheiten"

Dienstag, August 14, 2007
Uwe Timm: „Der Freund und der Fremde"

An manche Freunde denkt man nach 30 Jahren nicht mehr, manche bleiben einem für immer in Erinnerung. Um Letzteres dreht sich das neue Buch von Uwe Timm: „Der Freund und der Fremde". 30 Jahre nach dem Tod seines Freundes und Studienkollegen Benno Ohnesorg besinnt sich Uwe Timm von neuem und lässt die gemeinsame Zeit Ende der 50er Jahre bis Mitte der 60er Jahre Revue passieren. Dies hat einen doppelten Reiz. Zum einen die historische Retrospektive einer spannenden Zeit aus der Sicht eines erwachenden Intellektuellen, der sich mit Sartre, Camus und Beckett auseinandergesetzt hat und die politische Zeit der Wende subjektiv beschreibt und zum anderen die zarte Freundschaft zweier jungen Männer, die in Braunschweig beginnt, wo sie beide ihr Abitur nachholen. Timm schreibt dabei voller Bedacht, Vorsicht und Respekt von der Ikone der 68er Bewegung, dass man meinen könnte er hätte für seine Worte tatsächlich 30 Jahre gebraucht. Dem war nicht so, er, Uwe Timm, brauchte 30 Jahre für sich, um die Erlebnisse ins rechte Licht der eigenen Lebenserfahrung zu rücken. Dies zeigt den hohen Grad an Intensität und Einfluss, den Ohnesorg auf Timm hatte, weit über dessen Tod hinaus. Dabei wird nicht harmonisiert, sondern Timm lässt die Schwierigkeiten und Unnahbarkeiten Ohnesorgs stehen, bis heute. „Der Freund und der Fremde" ist ein feines Buch über eine der spannendsten Zeiten des letzten Jahrhunderts und ein großes Buch über Freundschaft. Die Zeit vergeht, Freundschaft bleibt. Wohl dem, der einen Freund hat. Ich habe so einen, der mir auch dieses Buch geschenkt hat ... Danke.

Gepostet von Tobias Faix unter 14:47 2 Kommentare
Labels: Freundschaft, Gesellschaft, Rezension

---

martin hat gesagt ...

das bin ich doch am liebsten: der erste.
eine schöne rezension hast du da geschrieben. ja es ist so wie du geschrieben hast ... als hätte er 30 jahre für die worte benötigt.
für alles andere zwischen den zeilen und direkt, danke.

August 15, 2007

Tobias Faix hat gesagt ...

Bitte.

August 15, 2007

Text 1.12 B

bis (6) nach dem Muster, nach einer These (aufzählend) Belege folgen zu lassen. Beispiel (2) hingegen ist – vergleichbar mit (1) – stark auf Wirkung hin angelegt, löst bei Lesern aber eher den Eindruck gesuchter Hervorhebung aus, vergleichbar der Abtrennung von *zu früh* durch Kommata in Beispiel (1).

Buchbesprechungen werden auch in Weblogs („Blogs") besprochen. Der vorliegende Eintrag zu Uwe Timms Erzählung (auch *Posting* oder *Post* genannt, siehe S. 117) stammt aus dem Weblog „Tobys Blog – Hirngeschriebenheiten". Blogger Toby, ein promovierter Theologe, arbeitet nach eigenen Angaben als Dozent am Marburger Bibelseminar und engagiert sich zudem ehrenamtlich in der Gemeindearbeit. Er gibt unter anderem „Bücher, Bücher" als Hobby an und schreibt nach eigenen Aussagen auch selbst. In seinem Post zu Uwe Timms „Erzählung" geht Toby vor allem auf das Thema Freundschaft ein, wobei – wie in Weblogs üblich – Bezüge zu eigenen Lebenserfahrungen wichtig sind. Der Blog ist zwar öffentlich zugänglich, zielt vornehmlich jedoch auf den Gedankenaustausch mit anderen, dem Blogger vertrauten Kommunikationspartnern (vgl. auch die Kommentare zum „ursprünglichen Post"). Besonderes Vorwissen ist für die Rezeption dieser Besprechung nicht notwendig. Interesse und Motivation (am Austausch, weniger an den kommunizierten Sachverhalten) können in dieser eingespielten kommunikativen Situation vorausgesetzt werden. Der Eintrag vermittelt weitgehend Faktenwissen und hat für den Blogger Relevanz, die er ebenso bei Gleichgesinnten voraussetzt. Der Text entfaltet eine begrenzte Thematik deskriptiv, wobei – gemäß der Textsorte – auch gewertet wird (*feines Buch, großes Buch der Freundschaft*). In Satzbau und Wortwahl ist die Tendenz zur kommunikativen Nähe unverkennbar, was einige gedanklich oder sprachlich missglückte Stellen nicht ausschließt. Beispiele:

- *[…] lässt die gemeinsame Zeit Ende der 50er bis Mitte der 60er Jahre Revue passieren:* Nur diese Zeit? Und – so ist weiter zu fragen – lässt sich die schreibende Auseinandersetzung mit *Revue passieren* angemessen beschreiben? An anderer Stelle schreibt der Blogger: *er* [Uwe Timm] *hätte für seine Worte tatsächlich 30 Jahre gebraucht.*
- *die politische Zeit der Wende*: Im aktuellen politischen Diskurs wird der *Wende*-Begriff mit 1989 verbunden; darüber hinaus ist zu fragen, ob die 68er-Bewegung seinerzeit wirklich eine Wende herbeigeführt hat.
- *Timm schreibt […] von der* [statt besser: *über die*] *Ikone der 68er Bewegung* [statt: *68er-Bewegung*], *dass* [statt: *sodass*] *man meinen könnte er hätte* [statt: *meinen könnte, er hätte*] *[…]:* Benno Ohnesorg war sicher nicht die *Ikone*, der Kommentar zum Foto des Getöteten auf der vierten Umschlagseite der Lizenzausgabe (siehe Text C) spricht vielmehr vom *Bild* (!) als *Ikone*. Die Anspielung im Titel *der Fremde* (in Anlehnung an Albert Camus) und Uwe Timms Text schließen die im Blog vertretene Sicht ebenso aus.
- *[…] ins rechte Licht der eigenen Lebenserfahrung*: Gibt es auch ein falsches Licht der eigenen Lebenserfahrung?

> *Dies zeigt den [...] Einfluss, den Ohnesorg auf Timm hatte, weit über dessen Tod hinaus*: Es ist die Frage, ob *Einfluss* als Wirkung auf das Denken und Handeln anderer der angemessene Ausdruck ist; die Ergänzung *weit über dessen Tod hinaus* ist jedenfalls unglücklich, da die Bezüge nicht eindeutig sind.
> *Die Zeit vergeht, Freundschaft bleibt*: Dieser Allgemeinplatz widerspricht dem Anfang des Textes.

Der Klappentext der Lizenzausgabe steht auf den beiden Klappen des von Anke Rosenlöcher in der Tradition der Büchergilde Gutenberg aufwändig gestalteten Schutzumschlags (siehe S. 120). Er informiert im ersten Absatz über Benno Ohnesorg und dessen Freundschaft zu Uwe Timm, über das Schreiben und das gemeinsame Reden über Literatur. Im zweiten Abschnitt werden Bezüge zu weiteren *autobiographischen* Büchern des Autors hergestellt. Der Schluss führt einige wenige biografische Daten zu Uwe Timm auf. Teile des Titels setzen sich auf der vierten Umschlagseite in Wiederaufnahme fort (*Der Freund, Der Freund und der, Der Fre*). Unter einem Foto vom tödlich verletzten Benno Ohnesorg und der jungen Frau (Friederike Hausmann), die ihm helfen will, wird kurz auf das Foto eingegangen. Der zweite Absatz nimmt paraphrasierend Elemente des Klappentextes auf und schließt mit einer knappen Kennzeichnung des Buches (*Uwe Timm erzählt von dieser gewaltsam beendeten frühen Freundschaft, von den Erfahrungen einer Generation und vom Aufbruch eines Schriftstellers*). Der Klappentext informiert potenzielle Käufer und Leser über Timms „Erzählung" und will zugleich zum Kauf des Buches anregen. Angesprochen werden in erster Linie Heranwachsende und Erwachsene, die sich für deutschsprachige Gegenwartsliteratur interessieren oder den Autor Uwe Timm kennen. Das Ereignis, das der „Erzählung" zugrunde liegt, sorgt für erneute Aktualität: Jahrzehnte nach dem Tod Benno Ohnesorgs (1967) wird vermehrt die damalige Situation (Stichwort „1968") erneut erörtert, nachdem jüngst die damaligen Verstrickungen des Todesschützen mit Angehörigen der Staatssicherheit der DDR bekannt wurden. Der Klappentext entfaltet Fakten – abgesehen von narrativen „Einsprengseln" – vorwiegend deskriptiv. Eher zurückhaltend werden die Umstände des Todes von Benno Ohnesorg und die Leistung des Autors gewürdigt (*große poetische Intensität*). Der eigentliche Klappentext bündelt die von Uwe Timm angesprochenen Aspekte inhaltlich und sprachlich präzise; die beiden Absätze und das reale Foto auf der vierten Umschlagseite korrespondieren gekonnt mit dem Klappentext.

Unterrichtsziele

Die Textsequenz – bestehend aus Rezension (Text A), Blog (Text B) und Klappentext (Text C) – bietet viele Möglichkeiten des Umgangs mit Sachtexten. Inhaltlich wird aus unterschiedlicher Perspektive das „Reden" über Freundschaft unter jungen Erwachsenen thematisiert. Vor diesem Hintergrund ist dann ein entwickelter Zugriff auf Rezension, Blog und Klappentext möglich. Über die Bearbeitung einzelner ausgewählter Texte hinaus wird der Vergleich zweier oder aller drei Texte, die sich ja (wie zuvor dargestellt) deutlich unterscheiden, den kritischen Umgang mit Buchbesprechungen und

Teil B: Vorschläge für einen kompetenzfördernden Unterricht

Er liegt am Boden, eine junge Frau kniet neben ihm und hält den Kopf des Sterbenden, ein schmaler, junger Mann, den Blick zur Seite gerichtet. Das Bild wird zur Ikone, es wird Hunderttausende auf die Straße treiben, aber wer ist dieser junge Mann, wer hätte er sein können?

Der Freund und der Fremde

Benno Ohnesorg, 1967 auf der Anti-Schah-Demonstration in Berlin erschossen, war Uwe Timms Freund und Gefährte, als beide Anfang der sechziger Jahre am Braunschweig-Kolleg das Abitur nachholten. Uwe Timm erzählt von dieser gewaltsam beendeten frühen Freundschaft, von den Erfahrungen einer Generation und vom Aufbruch eines Schriftstellers.

Quelle: Uwe Timm: Der Freund und der Fremde. Büchergilde Gutenberg
Foto: picture alliance / akg-images / Henschel

Benno Ohnesorg, geboren 1940 und am 2. Juni 1967 auf der Anti-Schah-Demonstration in Berlin erschossen, war der Freund und Gefährte Uwe Timms, als beide Anfang der sechziger Jahre am Braunschweig-Kolleg das Abitur nachholten. Ein eigenwilliger, zurückhaltender, auf eine stille Art entschlossener junger Mann, der malt und die französische Moderne liest, selbst Gedichte schreibt und zum ersten Leser Uwe Timms wird.
Mit ihm zusammen entdeckt Timm Apollinaire und Beckett, Camus und Ionesco, entdeckt auch, dass das Schreiben nicht nur ein einsamer Akt ist, dass man über Texte sprechen, sie verändern, sie verbessern kann, dass Nähe und radikaler Eigensinn gleichzeitig möglich sind.

Nach dem Essay über Heinar Kipphardt in den *Römischen Aufzeichnungen* und *Am Beispiel meines Bruders* schreibt Uwe Timm in seinem dritten autobiographischen Buch wiederum ein Requiem, das mit großer poetischer Intensität nicht nur die Geschichte einer gewaltsam beendeten Freundschaft, sondern auch vom Jungsein, von der Liebe und vom Aufbruch eines Schriftstellers erzählt.
Der Freund und der Fremde zeigt auch, wie eine Generation aus dem Existenzialismus zur politischen Rebellion kommt, und wie auf geheimnisvolle Weise jenseits der Generationserfahrung Freundschaften und Liebesbeziehungen ein Netz der Korrespondenzen schaffen, das man erst spät als sein eigenes Lebensmuster erkennt.

Uwe Timm wurde 1940 in Hamburg geboren und ist seit 1971 als freier Schriftsteller tätig. Er wurde mit zahlreichen Preisen ausgezeichnet.

www.buechergilde.de

Umschlag: Anke Rosenlöcher, Frankfurt am Main

Text 1.12 C (oben Umschlag Vorder- und Hinterseite; unten Klappentext)

Rezensionen intensivieren. Lokale und globale Kohärenzbildung sowie das Bilden von Superstrukturen (verschiedene Genres, einschließlich deren Transformation ins Internet) stehen bei dieser Unterrichtsreihe im Vordergrund. Ein versierter Umgang mit reduktiven Organisationsstrategien und Formen der Elaboration stützen die Lösung der gestellten Aufgaben und das Erreichen ablesbarer Unterrichtsziele. Darüber hinaus können hier buchspezifische Grundlagen an geeigneten Beispielen erkannt und benannt werden: Rezension und Klappentext, auch Blog, Umschlag und Klappen sowie deren Zusammenspiel, Titel, schließlich Autor und Zitat.

Vorschläge und Anregungen für den Unterricht
Die gesamte Bandbreite der hier berücksichtigten Materialien – Rezension, Blog und Klappentext – mag den Schülerinnen und Schülern nicht bekannt sein; doch einzelne Texte dieser Art können als vertraut vorausgesetzt werden. Insgesamt ist es möglich, dass lediglich einzelne Materialien dieser Textsequenz im Unterricht berücksichtigt werden. Eine Gegenüberstellung ausgewählter Materialien (Rezension mit Blog und Kommentar, Rezension mit Klappentext) ist ebenso denkbar wie die vergleichende Auseinandersetzung mit allen Texten.

Die Anzahl der Aufgaben zu den einzelnen Texten unterscheidet sich: Zur Rezension gehören die Aufgaben 1 bis 9, zu Blog und Kommentaren 10 bis 15 und zum Klappentext die Aufträge 16 bis 18. Diese Verteilung resultiert vor allem aus der didaktischen Entscheidung, von der Auseinandersetzung mit der Rezension auszugehen und das an diesem Fall Gelernte auf die beiden übrigen Materialien zu übertragen. In jedem Fall steht die Frage im Mittelpunkt, was im Einzelfall mitgeteilt und wie bewertet wird.

Die Güte der im Unterricht vorgestellten Lösungen ergibt sich aus der eigenen Lektüre der „Erzählung" und den oben vorgenommenen Analysen. Für einige wenige Aufgaben seien folgende Hinweise ergänzt.

Aufgabe 6: Die Formulierung, dass *zusätzliche Perspektiven [...] „Der Freund und der Fremde" in ein polyfones Gefüge verwandelt* ist sprachlich und gedanklich verunglückt. Sprachlich wäre es eindeutiger zu sagen, dass *zusätzliche Perspektiven den Text „Der Freund und der Fremde" in ein polyfones Gefüge verwandeln*. Inhaltlich liegt ein Fehlschluss vor: Die *Montage* und die dadurch gewonnenen *zusätzlichen Perspektiven* konstituieren die „Erzählung" im Sinne eines *polyfonen Gefüges* (*verwandelt* werden kann Uwe Timms Erzählung nicht mehr).

Aufgabe 7: Vgl. die Kennzeichnung der sieben Abschnitte (siehe oben S. 115 f.).

Aufgabe 10: Es geht vor allem um Freundschaft (vgl. auch in diesem Posting *ein großes Buch der Freundschaft*), was der „Erzählung" von Uwe Timm nur teilweise gerecht wird.

Aufgabe 13: Widersprüchlich: Der Allgemeinplatz *Die Zeit vergeht. Freundschaft bleibt* widerspricht dem Textbeginn.

Ungenau: *Historische Retrospektive einer spannenden Zeit aus der Sicht eines erwachenden Intellektuellen – politische Zeit der Wende* [?] *subjektiv* [?] *beschreibt* [?]

– *ins rechte* [?] *Licht der eigenen Erfahrung – weit über dessen Tod* [Bezug?] *– feines* [?] *Buch.*

Fehlerhaft: Benno Ohnesorg war nicht die *Ikone der 68er Bewegung*, sondern das Foto (!) mit der sich zum Verletzten bückenden Friederike Hausmann wurde zur Ikone (vgl. Text C, hintere Umschlagseite)

Aufgabe 14: Es geht jeweils um eine Buchbesprechung, in der Fakten mitgeteilt und Bewertungen vorgenommen werden. Der Eintrag im Blog erörtert lediglich einen Aspekt (Freundschaft) inhaltlich ausführlich, die Rezension spricht vor einem literaturtheoretischen und -geschichtlichen Hintergrund mehrere Gesichtspunkte an. Das Posting kommt in diesem Fall über bloßes Erwähnen prominenter Namen (Namedropping) nicht hinaus. Die Rezension fühlt sich einer gewissen Distanz verpflichtet, der Eintrag im Weblog sucht – Blog-adäquat – die kommunikative Nähe. Beide Texte unterscheiden sich außerdem in Fülle und Schwere textsortenunangemessener Auffälligkeiten.

Aufgabe 15: Die Kommentare schmeicheln dem Blogger und geben weiteren Lesern das Gefühl, an einer Kommunikation unter Vertrauten teilzuhaben. Für eine differenzierte Auseinandersetzung mit Uwe Timms „Erzählung" bleibt wenig übrig.

Hausaufgaben und Bezüge zu weiteren Unterrichtsreihen

Die Aufgaben 7 und 9 sind aufwändigere Aufgaben zur Textanalyse, während die Aufgaben 13 und 15 als Hausaufgaben eine nachhaltige Auseinandersetzung mit Weblogs ermöglichen.

Aufgabe 18 stellt ein anspruchsvolles Vorhaben dar, das in dieser Unterrichtsreihe Gelerntes bündelt und abschließend den Klappentext als Textsorte beschreibt.

Bezüge bestehen zu B 1.10 (Wirksamstes Werkzeug) und B 1.11 (Punkt für Punkt die Welt erfassen).

Materialien

Texte und Arbeitsblätter: 💿 unter 1.12.
Literaturhinweise:
Harms, Wolfgang 2003: Rezension$_2$. In: Jan-Dirk Müller u.a., Hg.: Reallexikon der deutschen Literaturwissenschaft. Neubearbeitung, Band 3. Berlin/New York, S. 281–283.
Kesting, Hanjo/Axel Ruckaberle 2007: Uwe Timm. In: Heinz Ludwig Arnold, Hg.: Kritisches Lexikon zur deutschsprachigen Gegenwartsliteratur auf CD-ROM. München.
Timm, Uwe 2005: Der Freund und der Fremde. Eine Erzählung. Lizenzausgabe der Büchergilde Gutenberg. Frankfurt a. M.

2. Umgang mit appellierend-instruierenden Sachtexten

2.1. Ein Kamm, mit dem du zaubern kannst (ab Klasse 3)

Ein Kamm, mit dem du zaubern kannst

Du brauchst ...
- einen Kamm aus Kunststoff
- eine Wolldecke oder ein Stück Stoff aus Kunstfasern
- ein Blatt Papier

Reiße von einem Blatt kleine Papierschnipsel ab und lege sie auf den Boden.
Streiche mit dem Kamm mehrmals über eine Wolldecke
oder über ein Kleidungsstück aus Kunstfasern.
Du kannst mit dem Kamm auch durch deine Haare fahren.
Bewege danach den Kamm über die Papierschnipsel, ohne sie zu berühren.

Die Papierschnipsel bewegen sich oder bleiben sogar am Kamm hängen.

Text 2.1

Hinweise zum Text

Der vorliegende Text ist ein einfacher appellierend-instruierender Text, der Kinder zu einer kleinen Entdeckung oder – vor anderen – zu einem Trick anregt. Texte wie dieser finden sich in Ratgebern für Geburtstagsfeiern, in Kinderzeitschriften oder auf Kinderseiten im Internet. Kinder sind an solchen Texten interessiert. Das (schrittweise) Nachvollziehen und das Ergebnis (*Die Papierschnipsel bewegen sich oder bleiben sogar am Kamm hängen*) zeigen auch an, ob die Kinder den Text verstanden haben und umsetzen konnten. Vorgestellt wird ein Sachverhalt, der zumindest für jüngere Kinder etwas Besonderes hat; es werden einfache Fakten (Handgriffe) vermittelt, der Text selbst erklärt den Vorgang nicht. Das Thema wird hier deskriptiv entfaltet und ist für die Ausführung der Handlung hinreichend vollständig und genau. Was die sprachlichen Mittel betrifft, zeichnet sich der Text durch eine klare Gliederung aus: Er führt zunächst in einer kleinen Liste die benötigten Utensilien auf, nennt die einzelnen Handlungsschritte und endet mit dem Resultat. Die Erklärung, dass elektrisch aufgeladene Gegenstände (hier der Kamm) Dinge mit entgegengesetzter oder neutraler Ladung anziehen, wird hier nicht genannt.

Vom Satzbau und von der Wortwahl her kommt die Anleitung den Kindern entgegen, wird doch der Leser persönlich angesprochen und kann er doch Schritt für Schritt das Mitgeteilte nachvollziehen. Bei schwächeren Lesern muss möglicherweise gesichert werden, dass die genannten Alternativen eine Auswahl ermöglichen (Wolldecke oder Stoff aus Kunstfasern; Kamm über den Stoff streichen oder durch die Haare führen); ähnliche Unsicherheiten mag es (zweimal) bei der Proform *sie* geben, die jeweils auf die (kleinen) Papierschnipsel verweist.

Unterrichtsziele

Ein einfacher Vorgang liegt diesem appellierend-instruierenden Text zugrunde. Das ist gerechtfertigt, da es ja hier um das Verstehen eines solchen Textes geht. Es kann vorausgesetzt werden, dass den Kindern einfache mündliche und schriftliche Anweisungen vertraut sind. Im vorliegenden Fall ist intendiert, dass eine schriftliche Anleitung verstanden und konkret umgesetzt wird. Für eine angemessene Rezeption ist es wichtig, die Kernaussagen zu ermitteln, den Aufbau und die Verweise im Text zu erkennen (lokale Kohärenz) und bis hin zum schriftlichen Ergänzen von Textteilen sich in einem ersten Zugriff mit der Textsorte vertraut zu machen, die im künftigen Unterricht in allen Fächern mit steigendem Schwierigkeitsgrad vorkommen wird. Der Schluss der Unterrichtsreihe stärkt mit Vorschlägen zu einer motivierenden Weiterführung den Einsatz von Stützstrategien.

Vorschläge und Anregungen für den Unterricht

Die Aufgaben unterscheiden sich erheblich im Schwierigkeitsgrad, weshalb Lehrerinnen und Lehrer von Fall zu Fall auswählen werden. Beim Versuch in Aufgabe 5 wird sich übrigens der Tischtennisball leicht bewegen und der Wasserstrahl abgelenkt.

Hausaufgaben und Bezüge zu weiteren Unterrichtsreihen

Versuche zu Aufgabe 5 bieten sich zur Durchführung zu Hause an; die Aufgabe 6 ist als schriftliche Hausaufgabe denkbar. Aus ihr kann abgelesen werden, in welchem Maße bei den Kindern Vorstellungen zur Textsorte *Anleitung* nun vorhanden sind.

Bezüge bestehen zu B 2.4 (Horoskope) und B 2.6 (Briefe gegen das Vergessen).

Materialien

Text und Arbeitsblätter: unter 2.1.

2.2. „Ich will den besten!" – Regeln zum Helmkauf (ab Klasse 5)

Hinweise zum Text

Der Text ist im ersten Kapitel schon ausführlich beschrieben worden (siehe S. 16 ff.), sodass an dieser Stelle Hinweise reichen, die für den geplanten Unterricht besonders relevant sind. Beim Ratschlag zum Kauf eines Fahrradhelms steht die appellierend-instruierende Absicht im Vordergrund. Instruktionen und Aufforderungen werden schon durch die Zwischenüberschriften und durch einzelne Sätze ausgedrückt. Der Sender MDR hat im Rahmen seiner Kindersendung *Figarino* den Text ins Internet gestellt (recherchiert am 6.2.2007). Der Text selbst ist zwar mittlerweile nicht mehr verfügbar, unter der Rubrik „Fahrradladen" wird das Thema allerdings mit vergleichbaren Texten fortgeführt, unter anderem mit Verbrauchertipps (recherchiert am 13.11.2008). Adressaten des Textes sind vor allem Jungen und Mädchen im Alter etwa zwischen acht und zwölf Jahren. Die Tipps werden auf ihre Mitwirkung hin bedacht: Beim Kauf sollte der künftige Benutzer des Fahrradhelms dabei sein (Zeile 8), das Aussehen des Helms einschätzen (Zeile 10), die Handhabung selbst ausprobieren (Zeile 13 f.) und sich der Qualität des Helms vergewissern (Zeile 19 ff.). Auf die Beratung in einem *gut ausgestatteten Fahrradgeschäft* wird ausdrücklich hingewiesen (Zeile 15 f.).

Der erste Abschnitt (*Der Helm muss passen!*) spricht an, welche Art des Passens hier gemeint ist (sicherer Schutz wichtiger Kopfpartien und ein passgenauer Sitz des Helms), wohingegen im zweiten Abschnitt (*Der Helm muss euch gefallen!*) zwei Überlegungen für die Aufmachung des Helms genannt werden (*dass euch der Helm gefällt*, Zeile 11, und ein Hinweis auf eine einfache Handhabung, Zeile 14 f.). Der letzte Abschnitt (*Der Helm muss TÜV-geprüft sein!*) nimmt inhaltlich den zweiten Abschnitt auf, schränkt aber dessen Aussage ein (Zeile 19 f.). Anschließend wird die eigentliche These (Stichwort *TÜV-geprüft*) aufgenommen und argumentativ belegt.

Was die sprachlichen und nichtsprachlichen Mittel betrifft, fällt die zweigeteilte Überschrift auf. Die vorgestellten Regeln werden durch eingängige, im Aufbau ähnliche (Wortwiederholungen, gleicher Satzbau) und im Layout auffallende Teilüberschriften herausgehoben (in Fettdruck mit Ausrufezeichen). Was den Satzbau betrifft, ist der Text an einigen Stellen dem Sprachgebrauch von Kindern angenähert. Beispiel (Zeile 6 f.): *Genauso wichtig: der richtige Sitz des Kinnriemens. Denn bei einem Sturz darf nichts wackeln und verrutschen.* Weitere sprachliche Gestaltungsmittel, die sich häufig in Sachtexten finden, werden auch hier verwendet: Sachangemessene, doch verständliche Bezeichnungen (*Passform*, *Kinnriemen*, *Verschluss*), die teilweise zur Fachsprache tendieren (*TÜV-Prüfzeichen*, *Aufschlagsversuch*, *stählerner Amboss*), ein verknappter bis elliptischer Satzbau, unter anderem durch verkürzte Sätze (*Und zwar richtig*; *Genauso wichtig: der richtige Sitz des Kinnriemens*) und gelegentlich eine Wortwahl, die bei Sachtexten eher unüblich ist (*dass ihr unbedingt mitkommen müsst*; *wenn ihr das Muster oder die Farbe blöd findet*; *der Helm schnell als „uncool" bezeichnet wird*; *Manche Helme sehen toll aus*). Darüber hinaus werden es jugendliche Leserinnen und Leser schätzen, dass sie mehrfach direkt angesprochen werden.

Unterrichtsziele

Erste Erfahrungen mit appellierend-instruierenden Texten, die auffordern oder gute Ratschläge geben, sollten den Kindern schon bekannt sein. Inhaltlich kann auf die Erfahrungen der Kinder mit dem Radfahren und auf die Angebote der Verkehrserziehung zurückgegriffen werden. Wichtig ist in dieser Unterrichtsreihe, dass der Unter-

Teil B: Vorschläge für einen kompetenzfördernden Unterricht

richt vom Gesamteindruck des Textes ausgeht und sich dann ausgewählten Details zuwendet (Top-down-Verfahren). Diese Vorgehensweise sollte neben der üblichen, häufig begrenzt wirksamen Bottom-up-Vorgehensweise verstärkt berücksichtigt werden.

Vorschläge und Anregungen für den Unterricht

Die beiden ersten Aufgaben nehmen nicht nur das Vorwissen der Schülerinnen und Schüler auf, sondern lenken zugleich den Blick auf den gesamten übersichtlich gegliederten Text oder zumindest auf dessen größere Absätze. Anschließend wird der Text gelesen und mit den geleisteten Vorarbeiten verglichen (Aufgabe 3). Details der Instruktion werden anschließend konkret handelnd ausprobiert (Aufgabe 4), während die Erklärung dessen, was mit Passform gemeint ist, schriftlich erfolgt. Die konkreten Versuche und der nun bekannte Text erleichtern Aufgabe 5. Die beiden letzten Aufgaben sprechen verwendete sprachliche Mittel an: Aufgabe 6 beschränkt sich auf die Suche nach Auffälligkeiten, Aufgabe 7 regt mögliche Umformulierungen an. (Einigen Kindern ist an manchen Stellen der Sprachgebrauch vielleicht zu kumpelhaft.)

Hausaufgaben und Bezüge zu weiteren Unterrichtsreihen

Die Aufgaben 6 und 7 sind auch als Hausaufgaben geeignet. – Schülerinnen und Schüler können auch Helme mit TÜV-Siegel vorstellen oder Tests zur Überprüfung von Fahrradhelmen mitbringen.

Bezüge bestehen zu B 2.1 (Ein Kamm, mit dem du zaubern kannst) und zu B 2.4 (Horoskope).

Materialien

Text und Arbeitsblätter: 💿 unter 2.2.

2.3. Drei-Kräuter-Kraft, die Linderung schafft – eine Anzeige (ab Klasse 6)

Hinweise zum Text

Der Text stammt aus der *Neuen Apotheken Illustrierten*, einer kostenlosen Kundenzeitschrift, die in vielen Apotheken erhältlich ist. Die allgemein zugängliche Anzeige im Querformat wirbt als appellierend-instruierender Text für Gastricholan-L, ein *pflanzliches Arzneimittel*. Die Anzeige wendet sich vor allem an Erwachsene, denen dieses Arzneimittel *bei Verdauungsschwäche [...] mit leichten Krämpfen* zum eigenen Gebrauch und für Kinder über zwölf Jahren empfohlen wird. Die für alle apothekenpflichtigen Mittel verbindliche Formel *Zu Risiken und Nebenwirkungen lesen Sie die Packungsbeilage und fragen Sie Ihren Arzt oder Apotheker* ist in der vorliegenden Anzeige eine doch wichtige Aufforderung an die Leser (dazu unten mehr). Daraus resultiert eine weitere Aufforderung in Kurzform – nämlich am Schluss: *Packungsbeilage beachten!*

2. Umgang mit appellierend-instruierenden Sachtexten

Drei-Kräuter-Kraft, die Linderung schafft: Gastricholan-L

ANZEIGE

Gastricholan-L regt die Magensaftbildung an, beschleunigt die Magenentleerung und erleichtert den Abgang gestauter Luft. Auch leichte Krämpfe im Magen-Darm-Bereich kann **Gastricholan-L** lindern.

Bei Verdauungsschwäche besonders mit leichten Krämpfen im Magen-Darm-Bereich, Blähungen, Völlegefühl. Für Erw. und Kinder ab 12 Jahren. Im Allgem. bis zu 5 x tägl. 35 Tropfen.
Zu Risiken und Nebenwirkungen lesen Sie die Packungsbeilage und fragen Sie Ihren Arzt oder Apotheker.
Enthält 32 Vol.-% Alkohol. Zul Nr.: 6237021.00.00

SÜDMEDICA GMBH
Ehrwalder Straße 21, 81377 München, www.suedmedica.de
Nur in Apotheken erhältlich. Packungsbeilage beachten!

10/2007

Wenn Darm und Magen heftig zwicken, — wenn Krämpfe, Blähung, Völle drücken, — wenn nichts die Pein mag zu bezwingen ... — Gastricholan-L kann Linderung bringen.

Quelle: Südmedica GmbH, München

Text 2.3

Appellierend-Instruierendes zum Heilmittel wird hingegen indirekt dezent-empfehlend angedeutet: *Bei Verdauungsschwäche besonders mit leichten Krämpfen im Magen-Darm-Bereich [...]*. Stärker stehen hier Instruktionen im Vordergrund (vgl. den Slogan, die Erläuterungen am rechten Rand der Anzeige und die Verknüpfung in Text und Bild mit Wilhelm Buschs *Max und Moritz*). Was hier mitgeteilt wird, hat für viele Leser Relevanz; Alliteration (*Kräuter-Kraft*), Reim (*Kraft – schafft*) und die wiederholte Nennung des Produkts erleichtern dabei das Erinnern beim Leser und erhöhen die Werbewirkung. Darüber hinaus nimmt die Anlehnung an *Max und Moritz* (siehe unten) mit Witz dem Leser Bekanntes auf. Die Entfaltung des Themas enthält argumentative (ansatzweise), deskriptive und narrative Passagen:

- argumentativ (These): *Drei-Kräuter-Kraft, die Linderung schafft: Gastricholan-L* als Slogan
- deskriptiv: *Gastricholan-L regt die Magensaftbildung an [...]* (Beschreibung des Arzneimittels, rechter Rand)
- narrativ: Die Situation, für die das Arzneimittel gedacht ist, wird drastisch in Bild und Text dargestellt, wozu der dritte Streich aus *Max und Moritz* aufgenommen wird (Ersterscheinen 1865). Der Ärger über Max und Moritz, der Sturz ins Wasser, die Todesangst und die wundersame Rettung durch das „Gänsepaar" haben Meister Böck so „auf den Magen geschlagen", dass er „von der Geschichte/Auch das Magendrücken kriegte". Bei Wilhelm Busch windet er sich vor Schmerzen, „Frau Böck" kann ihren Mann schließlich mit einem warmen Bügeleisen helfen (siehe Bild S. 128).

Die Zweiteilung unter dem Werbeslogan nimmt drei der vier Bilder Wilhelm Buschs auf und kommentiert sie jeweils mit entsprechenden Knittelversen (in der Regel 9 Silben pro Zeile, am Ende 11, Paarreim). Diesen drei Bildern folgt dann die Abbildung der Heilmittel-Verpackung, auf der neben Zeichnungen die drei Kräuter *Pfefferminzblätter*, *Kamillenblüten* und *Fenchel* genannt werden. Der zweite Teil (rechte Spalte) nennt nochmals das Produkt Gastricholan-L (*gastrisch* = zum Magen gehörend; *-lan* als häufig vorkommendes Segment in „Endposition" bei Warennamen; vgl. Voigt 1982, S. 149); dazu werden Wirkungen des Heilmittels und Maßgaben der Einnahme genannt (*Für Erw. und Kinder ab 12 Jahren. Im Allgem. bis zu 5 x tägl. 35 Tropfen*).

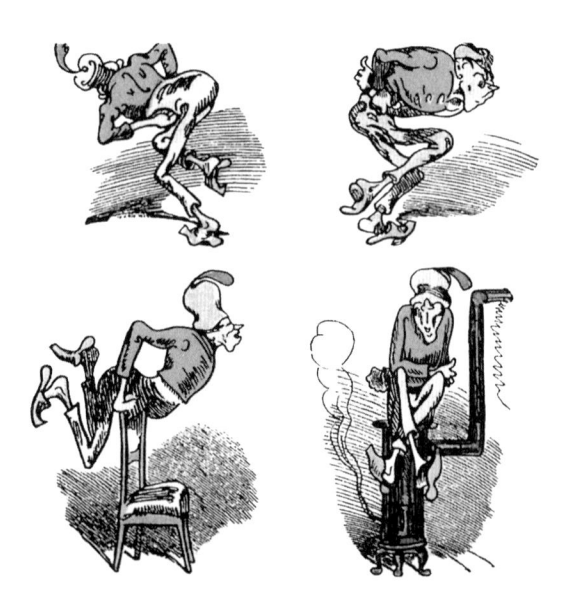

Teil B: Vorschläge für einen kompetenzfördernden Unterricht

Wie denn Böck von der Geschichte
Auch das Magendrücken kriegte.

Illustration und Verse aus: Wilhelm Busch, *Max und Moritz*, 3. Streich

Die für alle apothekenpflichtigen Mittel verbindliche Formel zu *Risiken und Nebenwirkungen* verdient es, im vorliegenden Fall besonders beachtet zu werden. Das Heilmittel enthält *32 Vol.-% Alkohol*, der – ähnlich wie bei Obstsäften – die Inhaltsstoffe/Wirkstoffe zu lösen vermag. (Da Säfte nicht zu den apothekenpflichtigen Waren zählen, müssen bei diesen Produkten keine Alkoholanteile angegeben werden.) Wenn auch das Risiko und die Nebenwirkungen wegen der geringen Dosis äußerst begrenzt sind, sollten die Informationen und Empfehlungen des Herstellers (vgl. dazu auch den Beipackzettel etwa unter http://www.suedmedica.de/pdf_gi/GI_Gastricholan_L.pdf) beachtet werden: nur für Erwachsene und *Kinder ab 12 Jahren*, Angaben des Alkoholanteils für die 30-ml- bzw. 50-ml-Flasche je Einzeleinnahme bzw. Tagesration (die deutlich unter 2 ml liegt). Die Anzeige schließt mit Namen und Anschrift des Herstellers.

Unterrichtsziele
Die Anzeige wird im Unterricht als appellierend-instruierender Text eingesetzt werden, wobei Aufforderungen an zwei Stellen deutlich geäußert werden:
▸ *Zu Risiken und Nebenwirkungen lesen Sie die Packungsbeilage oder fragen Sie Ihren Arzt oder Apotheker.*
▸ *Packungsbeilage beachten!*

Die Empfehlung, bei Magenbeschwerden Gastricholan-L zu nehmen, wird dagegen lediglich indirekt gegeben (vgl. oben). Im Unterricht sollten diese rhetorisch-stilistischen Mittel von den Schülerinnen und Schülern schon nach erster Lektüre der gesamten Anzeige als Ratschlag/Empfehlung erkannt werden (Top-down-Vorgehen). Dabei werden frühere schulische und außerschulische Erfahrungen mit appellierend-instruierenden Texten den Schülerinnen und Schülern helfen. Diese Ansätze werden aufgenommen und vertieft, wobei der Nachdruck auf der Textsorte (Anzeige, Werbebotschaft/Slogan, rhetorisch-stilistische Mittel) liegt. Die Aufgaben tragen dazu bei, Kernaussagen in der Anzeige zu ermitteln und die Textsorte besser zu verstehen. Reduktive Organisationsstrategien unterstützen wichtige Zielsetzungen dieser Einheit.

Den Schülerinnen und Schülern sind Werbungen für Heilmittel insbesondere vom Fernsehen her bekannt. Sie schließen jeweils mit der Formel „Zu Risiken und Nebenwirkungen lesen Sie die Packungsbeilage und fragen Sie Ihren Arzt oder Apotheker". Diese häufig von Rezipienten kaum beachtete Empfehlung ist im vorliegenden Fall (und damit auch im Unterricht) besonders ernst zu nehmen; letztlich kann dadurch zum verantwortungsvollen Umgang mit Heilmitteln beigetragen werden.

Was hier inhaltlich und zur Textsorte gelernt und gesichert wird, wird auf anspruchsvollere Texte und Kontexte übertragen.

Vorschläge und Anregungen für den Unterricht

Nach einem ersten Austausch über Bauchschmerzen und darüber, wie diese zu lindern sind, werden die Aufgaben 1 und 2 berücksichtigt. Sie tragen zu einem ersten Überblick über die Anzeige bei. Die Ergebnisse werden im Rahmen des Kooperativen Lernens strukturiert und anschließend der Lerngruppe und/oder der Klasse zugänglich gemacht. Aufgaben 3 bis 5 gehen auf Details der Anzeige ein (drei Kräuter, Slogan, Absätze des Textes in der rechten Spalte).

Lösung zu Aufgabe 3: Pfefferminzblätter, Kamillenblüten, Fenchel.

Lösung zu Aufgabe 5: Gliederung in Absätze:

1. Wirkung der Arznei wird beschrieben
2. Zusammenfassung des ersten Absatzes; Angabe des Personenkreises und der Dosierung
3. Formel für apothekenpflichtige Heilmittel
4. Angabe des Alkoholgehalts und der Zulassungsnummer
5. Name des Herstellers
6. Anschrift des Herstellers
7. Hinweis auf Apotheken als Anbieter und auf die Bedeutung der Packungsbeilage

Aufgaben 6 und 7 sprechen das narrative Element der Anzeige an (Aufnahme von Wilhelm Buschs *Max und Moritz*). Sie verdeutlichen die Wirkung, die diese Anzeige hat, und stellen die Gemeinsamkeiten und Unterschiede zwischen Werbung und dem Ausschnitt aus dem dritten Streich heraus.

Lösung zu Aufgabe 6:

Gemeinsamkeiten	Unterschiede
3 bzw. 4 Bilder zum Schneider Böck	unterschiedliche Verteilung: Anzeige (in einer Reihe) bzw. jeweils 2 Bilderreihen untereinander (bei Wilhelm Busch)
kurzes Gedicht (jeweils ca. 9 Silben pro Zeile, Paarreim)	unterschiedliche Länge des Gedichts, Unterschiede im Inhalt

Aufgaben 8 und 9 führen nicht nur zum reflektierten Umgang mit Arznei- und Heilmitteln hin, sondern machen auch deutlich, wo in dieser Anzeige der einzige explizite Appell erfolgt.

Hausaufgaben und Bezüge zu weiteren Unterrichtsreihen

Die Aufgaben 4, 5, und 6 bieten sich als Hausaufgaben an.

Bezüge bestehen insbesondere zu 2.1 (Ein Kamm, mit dem du zaubern kannst) und 2.4 (Horoskope).

Materialien

Text und Arbeitsblätter: 👁 unter 2.3.
Literaturhinweis: Voigt, Gerhard 1982: Bezeichnungen für Kunststoffe im heutigen Deutsch. Eine Untersuchung zur Morphologie der Markennamen. Hamburg.

2.4. Horoskope (ab Klasse 7)

Hinweise zu den Texten

Es ist hier nicht der Ort, den Wert oder Unwert dieser Textsorte grundsätzlich zu erörtern oder den Differenzierungen nachzugehen, die Astrologen bei Horoskopen machen. Dass hier Horoskope aus Jugendzeitschriften thematisiert werden, lässt sich so legitimieren: Diese Texte sind ein dankbares Beispiel für den Bereich appellierend-instruierender Sachtexte, wie sie von Jugendlichen aus verschiedenen Motiven mehr oder minder intensiv rezipiert werden. Sie finden sich Woche für Woche in allen großen Jugendzeitschriften (etwa *Bravo*, *Bravo Girl* und *Mädchen*). Horoskope werden deshalb auch häufig von Schülerinnen und Schülern genannt, wenn sie nach Sachtexten gefragt werden, die sie in ihrer Freizeit rezipieren (vgl. Becker-Mrotzek/Kusch 2007; siehe auch Kapitel A 2).

Horoskope in Zeitungen und Zeitschriften ordnen den zwölf Tierkreiszeichen Zeitabschnitte im Jahr zu, aus denen Leser und Leserinnen je nach Geburtsdatum

2. Umgang mit appellierend-instruierenden Sachtexten

BRAVO Horoskop
Deine Sterne für die Woche vom 28.1.–3.2.2009

WIDDER 21.3.–20.4.
LIFESTYLE: Eine Notlüge ist auch bei Dir drin mal, aber pass auf, dass es nicht zu viele werden! 😉 **CLIQUE:** Du kannst Deiner Freundin voll vertrauen, sie wird Dein kleines Geheimnis nicht weitererzählen! 😊 **LIEBE:** Du schwebst auf Wolke sieben und bist so glücklich wie nie zuvor. Genieße die Zeit! 😊 **LIEBE/ER:** Lass Dir jetzt einen coolen Anmachspruch einfallen und sprich das Mädchen einfach an! Sie wartet schon sehnsüchtig darauf. 😊 **TOP-TAGE:** Mi., So.

STIER 21.4.–20.5.
LIFESTYLE: Ein Tapetenwechsel würde Dir guttun – denk mal über eine neue Wandfarbe in Deinem Zimmer nach. 😉 **CLIQUE:** Jetzt bist Du gefragt: Ein Freund hat Liebeskummer, hilf ihm dabei, über sie hinwegzukommen! 😊 **LIEBE/SIE:** Ihr seid endlich kurz davor Euch näherzukommen. Bauchkribbel-Alarm vorprogrammiert! **LIEBE/ER:** Natürlich bist Du gut genug für sie. Lass Dir von anderen nichts einreden. Tu, was Du für richtig hältst! 😊

ZWILLINGE 21.5.–21.6.
LIFESTYLE: Bei Dir scheint wohl immer die Sonne, auch wenn es draußen eher trüb aussieht! Du hast eine Top-Woche vor Dir. 😊 **CLIQUE:** Ein Abenteuer wäre jetzt genau das Richtige, um dem Schulstress zu entkommen. Fahrt doch gemeinsam in ein Freizeitbad! 😉 **LIEBE/SIE:** Egal, was Dich bedrückt, er wird Verständnis dafür haben. 😊 **LIEBE/ER:** Du findest sie auch ungeschminkt hübsch? Dann sag es ihr ruhig mal - sie wird sich über das Kompliment freuen! 😊 **TOP-TAGE:** Do., Di.

KREBS 22.6.–22.7.
LIFESTYLE: Alles, worauf Du Dich jetzt konzentrieren solltest, sind die bevorstehenden Schulaufgaben. 😊 **CLIQUE:** Es gibt einen Maulwurf unter Euch, der nur Lügen verbreitet. Findet heraus, wer es ist. 😊 **LIEBE/SIE:** Alles nur Theater - er versucht Dich mit blöden Tricks rumzukriegen - pass lieber auf! 😊 **LIEBE/ER:** Du wirst in der Schulpause von einem Mädchen angehimmelt - schau Dich mal genauer um, dann entdeckst Du sie vielleicht! 😊 **TOP-TAGE:** Fr., Di.

LÖWE 23.7.–23.8.
LIFESTYLE: Geduld zahlt sich aus! Warte einfach ab, was für eine Überraschung Deine Eltern für Dich haben. 😉 **CLIQUE:** Alles easy, Deinen Freunden geht's gut, sie haben zurzeit einfach nur viel zu viel Schulstress! Sie melden sich bald wieder bei Dir. 😊 **LIEBE:** In absoluter Flirtlaune - kein Boy ist vor Dir sicher, wenn Du Dein süßestes Lächeln zeigst! 😊 **LIEBE/ER:** Auch wenn sie gern flirtet, betrügen würde sie Dich nie. Du bist damlich ihr größter Schatz! 😊 **TOP-TAGE:** Sa., Di.

JUNGFRAU 24.8.–23.9.
LIFESTYLE: Gründet eine Nachhilfegruppe und unterstützt Euch gegenseitig. Dann klappt's auch wieder mit den Schulaufgaben. 😊 **CLIQUE:** Auch eine kleine Clique kann eine Super-Clique sein. Ihr seid spitze. 😉 **LIEBE/SIE:** Du bist in absoluter Flirtlaune - kein Boy ist vor Dir sicher, wenn Du Dein süßestes Lächeln zeigst! 😊 **LIEBE/ER:** Du hast das Single-Leben satt und hättest am liebsten jetzt sofort eine Freundin. Aber ein bisschen musst Du Dich noch gedulden. 😊 **TOP-TAGE:** Do., Sa.

WAAGE 24.9.–23.10.
LIFESTYLE: Der Planet Uranus gibt Dir diese Woche den Antrieb, endlich Dein Zimmer aufzuräumen. 😊 **CLIQUE:** Let's rock! Veranstalte mit Deinen Freunden eine Karaoke-Party bei Dir zu Hause. Wer hat das Zeug zum Popstar? 😉 **LIEBE/SIE:** Manchmal kannst Du ganz schön nerven. Chill eine Runde und lass ihn mit seinen Kumpels umherziehen. Er bleibt treu! 😊 **LIEBE/ER:** Romantik ist nicht Dein Ding, aber „Ich liebe dich" könntest Du ja schon mal sagen! 😊 **TOP-TAGE:** Sa., Di.

SKORPION 24.10.–22.11.
LIFESTYLE: Es steht Dir diese Woche mal wieder ein Familientag bevor - aber keine Sorge, dieser wird alles andere als langweilig. 😊 **CLIQUE:** Bei Euch gibt's ein neues Pärchen in der Clique, das es aber noch nicht zugeben will. 😊 **LIEBE/SIE:** Wunden heilen, auch bei Liebeskummer. Und schon bald taucht ein Boy auf, der Dich Deinen Ex glatt vergessen lässt! 😊 **LIEBE/ER:** Wenn Du meinst, es ist mit Euch beiden keinen Cent mehr wert, dann bring es ihr schonend bei. 😊 **TOP-TAGE:** Do., Fr.

SCHÜTZE 23.11.–21.12.
LIFESTYLE: In der Schule sieht es bei Dir ziemlich rosig aus - aber lehn Dich jetzt bloß nicht zurück, sonst kann sich das schnell ändern. 😊 **CLIQUE:** Eine Pyjama-Party geht auch zu zweit, wenn die anderen nicht können. Tüte Chips nicht vergessen. 😊 **LIEBE/SIE:** Er hatte einen schlechten Tag und meint das nicht ernst, was er gesagt hat. 😊 **LIEBE/ER:** Eine Beziehung ohne Streit gibt es nicht - also keine Panik, das legt sich wieder. 😊 **TOP-TAGE:** Sa., So.

STEINBOCK 22.12.–20.1.
LIFESTYLE: Taschengeld ist mal wieder alle? Frag Deine Eltern, ob Dir was vorstrecken können! 😊 **CLIQUE:** Ihr versteht Euch untereinander einfach super und wärt garantiert für den Cliquen-Forever-Award nominiert. 😊 **LIEBE/SIE:** Alles läuft wie im Märchen. Er ist der perfekte Gentleman und Du die perfekte Prinzessin. Was willst Du mehr? 😊 **LIEBE/ER:** Mädchen wollen zwar auf Händen getragen werden, doch mehr ständig. Zügel Dich ein bisschen. 😊 **TOP-TAGE:** Mo., Di.

WASSERMANN 21.1.–19.2.
LIFESTYLE: Bei Clique - lern ihn läuft gerade alles glatt, in der Schule mit guten Noten und gibst auch Nachhilfe. 😊 **CLIQUE:** Verabrede Dich mal mit dem Neuen aus der Clique - lern ihn besser kennen. Er ist ziemlich cool! 😊 **LIEBE/SIE:** Es geht zu oft ohne Dich weg? Frag, ob Du mal mitgehen kannst, er hat bestimmt nichts dagegen. 😊 **LIEBE/ER:** Du bist jetzt Single und lässt keine Gelegenheit aus. Hauptsache, Du fühlst Dich wohl dabei. Aber übertreib es nicht! 😊 **TOP-TAGE:** Mi., Mo.

FISCHE 20.2.–20.3.
LIFESTYLE: Du solltest mal einen Entspannungs-Tag einlegen, sonst kippst Du noch vor Stress. 😊 **CLIQUE:** Du hast Angst, dass die Clique sich auflöst? Quatsch, das passiert nicht. 😉 **LIEBE/SIE:** Du bist mega-eifersüchtig auf seine beste Freundin - aber da wird nie was laufen. Vertrau ihm. 😊 **LIEBE/ER:** Du wurdest offiziell zum Mädchenschwarm der Schule ernannt! Wow, was für eine Ehre - doch brich keiner das Herz, sonst fällst Du vom Thron. 😉 **TOP-TAGE:** Sa., Di.

GEBURTSTAGSKIND DER WOCHE:

Justin Timberlake

31. JANUAR 1981 Nach dem Super-Duett mit Rihanna (20) hat Justin Timberlake jetzt wieder einen neuen Song-Partner am Start. Er will gemeinsam mit Leona Lewis (23) den Song „I Will Always Love You" von Whitney Houston (45) neu aufnehmen. Wir dürfen gespannt sein, ob die Liebes-Ballade à la Justin! Aber jetzt darf er erst mal seinen 28. Geburtstag feiern und richtig abtanzen. Na dann, happy Birthday!

WASSERMANN
21. Januar bis 19. Februar

SO TICKT DER WASSERMANN-BOY!
Er ist charmant, einfühlsam und unglaublich ehrlich. Besonders wenn es um Beziehungen geht. Zwar ist der Wassermann-Boy eigentlich gerne Single, doch wenn ihm seine ultimative Traumfrau über den Weg läuft, verschenkt er im Nu sein Herz! Er zeigt Dir dann seine ganze Liebe und schenkt Dir die volle Aufmerksamkeit. Dabei vernachlässigt er aber gerne mal seine anderen Freunde und wirkt auch ein bisschen launisch. Mädchen, die selbstbewusst wirken und gerne mal aus der Reihe tanzen, beeindrucken den Wassermann. Wenn Du also einen Wassermann-Boy abkriegen willst, geh auf ihn zu und gib ihm spontan einen Kuss! Das haut ihn um! **Im nächsten Heft: Die Eigenschaften des Wassermanns!**

Dein Tageshoroskop gibt's auf BRAVO.de unter: www.BRAVO.de/horoskop

BRAVO 36

BEWERTUNG: FUN 😊 ZOFF 😣 LIEBE ❤ FLIRT 😉 PECH 😰 GLÜCK 🍀

Text 2.4 A

Quelle: *Bravo*, 28. 1. 2009, S. 36

auswählen sollen: Wer also beispielsweise zwischen dem 21.3. und dem 20.4. geboren ist, findet sein Horoskop unter dem Sternzeichen Widder.

Das Horoskop für die Woche vom 28.1. bis zum 3.2. in Text A (siehe S. 131) stammt aus der Jugendzeitschrift *Bravo*, die von vielen Jugendlichen gekauft und gelesen wird. Nach Informationen des Bauer-Verlags wird die Auflage für Ende 2008 mit über 450 000 Exemplaren pro Woche angegeben. Als „Kernleserschaft" werden die 12- bis 17-Jährigen gesehen. Eine vom Verlag in Auftrag gegebene Studie von 2007 hat außerdem ergeben, dass Jugendliche neben den anderen Medien (Internet, Handy, Funk und Fernsehen) *Bravo* nutzen – vor allem als Ratgeber im Gespräch mit Gleichaltrigen über Beziehungsfragen und (erste) sexuelle Erfahrungen (nach http://www.bauermedia.com/bravo, recherchiert am 31.1.2009).

Im Kontext dieser Funktion (instruierend-appellierend) fügt sich die wöchentlich wiederkehrende Rubrik „Deine Sterne für die Woche vom ..." nahtlos ein. Sie richtet sich an Jugendliche beiderlei Geschlechts und ist – wie die gesamte Zeitschrift – öffentlich zugänglich (etwa am Kiosk oder überall dort, wo man Zeitungen und Zeitschriften kaufen kann). Was den Aufbau der Seite angeht, sind auf dem linken Rand der Seite noch vier Elemente zu erwähnen, die zum eigentlichen Horoskop hinzukommen, es ergänzen oder ausweiten. Ganz oben weist das Label *BRAVO Horoskop* mit Ying-Yang-Zeichen auf die gesamte Seite hin. Mit Justin Timberlake wird darunter in Bild und Text ein US-amerikanischer Popstar als *Geburtstagskind der Woche* vorgestellt, was zum einen zwischen dem Idol und insbesondere den „Geburtstagskindern" unter den Leserinnen und Lesern Nähe schafft („unter dem gleichen Stern geboren") und zum anderen ermöglicht, für das Remake eines Songs zu werben. Unter dem Titel *So tickt der Wassermann-Boy* werden die zwischen dem 21. Januar und dem 19. Februar Geborenen vorgestellt (*charmant, einfühlsam, unglaublich ehrlich*) und erläutert, wie „frau" sich ihm nähern kann. Die linke Spalte schließt mit einem Hinweis darauf, dass sich die Leserinnen und Leser über www.BRAVO.de/horoskop ein Tageshoroskop besorgen können. Da sich Interessierte dafür auf der angegebenen Seite anmelden müssen, wird die Bindung an *Bravo* gestärkt.

Qualität und Bedeutung des Mitgeteilten sind für mögliche Rezipienten differenziert zu sehen: Mehr oder minder nachhaltiges Interesse oder lediglich Anlass zur Belustigung sind denkbar. Vermittelt wird Handlungswissen zu drei Bereichen – nämlich *Lifestyle*, *Clique* und *Liebe*. Es wird angenommen, dass diese Themen die Wünsche und Erwartungen der Jugendlichen treffen. Was in „Liebesdingen" geraten wird, liest sich für Mädchen und Jungen auf unterschiedliche Weise (*Liebe/sie* und *Liebe/er*). Jeder Eintrag schließt mit der Angabe von zwei *Top-Tagen*, die für die Angesprochenen in der jeweiligen Woche als besonders günstig gelten. Nicht nur im Fall Widder – hier als Beispiel gewählt – tendieren die geschlechtsspezifischen Ratschläge und Tipps weitgehend zu den vertrauten rollentypischen Vorstellungen. Unter dem Tierkreiszeichen Steinbock wird diese Sicht besonders deutlich: Der Junge wird als *perfekter Gentleman* dargestellt, und sie darf die passive *Prinzessin* sein. Mit der Bemerkung *Was willst du mehr?* schließt dieser Teil des Horoskops. Das eng auf den Sachverhalt

2. Umgang mit appellierend-instruierenden Sachtexten

Horoskop – DEINE STERNEN-NEWS

Wassermann 21. Jan. bis 19. Feb.
DU: Was dir bisher unmöglich erschien, könnte jetzt in Erfüllung gehen. Denn Neptun schickt dir Extra-Energie. Versuche dennoch, über deine finanziellen Dinge den Überblick zu behalten, sonst droht ein Chaos.
LIEBE: In einer Zufallsbekanntschaft liegt viel mehr, als du vielleicht denkst. Schau genau hin – das Schicksal hält eine große Überraschung für dich bereit.
FREUNDE: Der kurze Auftritt eines alten Bekannten ist nicht so wichtig. Du hast deine wahren Freunde gefunden – lass dich jetzt bloß nicht verwirren!
DAS MACHT DER WASSERMANN-JUNGE: Endlich versucht er etwas zu tun, wovor er eigentlich echt Respekt und etwas Schiss hat.
Handschuh-Tipp: Na? Lust, deine zarten Wassermann-Hände edel zu verpacken? Dann rein in türkise Leder-Handschuhe (Orsay, ca. 20 €)

Auch GZSZ-Schnuckel Raúl Richter schmeißt am 31. Januar eine Party. Er wird 22 Jahre alt

Hallöchen! Na, Justin? Auf dem Weg zu deiner Geburtstags-Party? Herr Timberlake wird am 31. Januar nämlich 28! Winke, winke zurück!

Wassermann-Girl Alicia Keys wird am 25. Januar 28. Herzlichen Glückwunsch!

Fische 20. Feb. bis 20. März
DU: Und wenn es dir noch so schwerfällt: In der Schule musst du dich JETZT anstrengen, sonst wird es noch schwieriger.
LIEBE: Die Liebe sucht dich und du guckst immer wieder weg. Bitte genau hinsehen, das Glück steht direkt vor dir!
FREUNDE: Du bist zu einer Party eingeladen? Dann bloß nicht zu krass stylen, es könnte sonst peinlich werden. Ein Anruf bringt heiße Neuigkeiten.
DAS MACHT DER FISCHE-JUNGE: Ihm musst du genau auf seine Chancen hinweisen, sonst checkt er es einfach nicht!
Handschuh-Tipp: Verspielte Fische werden Strickhandschuhe in Retro-Optik lieben! (edc by Esprit, ca. 20 €)

Widder 21. März bis 20. April
DU: Egal was kommt, du verlierst nie deine gute Laune. Und falls es doch mal schwer wird, gibt dir Saturn unfassbar viel Kraft.
LIEBE: Festhalten, die Fahrt zur großen Liebe beginnt! Du Glückskind, für dich fliegen die Schmetterlinge im Bauch jetzt besonders hoch.
FREUNDE: Eine Freundin ist neidisch auf dein Glück. Nimm es dir nicht so zu Herzen. Vielleicht ist sie in denselben Jungen verknallt wie du?
DAS MACHT DER WIDDER-JUNGE: Es ist ganz leicht für ihn, Schwierigkeiten aus dem Weg zu räumen. Er hat gute Tipps!
Handschuh-Tipp: Widder haben's gern klassisch. Lila mit Rautenmuster ist da perfekt (Görtz 17, ca. 15 €)

Quelle: Bravo Girl, 21.1.2009, S. 72

Text 2.4 B

bezogene Thema wird weitgehend deskriptiv entfaltet, lediglich hier und da explikativ gestützt.

Die Einträge für die einzelnen Sternzeichen sind vom Aufbau her einheitlich gegliedert: Die Absätze *Lifestyle*, *Clique*, *Liebe/sie*, *Liebe/er* und *Top-Tage* werden stets in dieser Reihenfolge berücksichtigt, das Ende der einzelnen Absätze jeweils durch ein Piktogramm markiert. Die dabei verwendeten sechs Piktogramme sind binär konstruiert (*Fun – Zoff; Liebe – Flirt; Pech – Glück*). Tendenziell wird über die Piktogramme versucht, das im Absatz Gesagte zusammenzufassen. Dies gelingt aber nicht in jedem Fall. Beispiel: *Eine Notlüge ist auch bei Dir drin mal* [so!]*, aber pass auf, dass es nicht zu viele werden!* (mit Piktogramm *Fun*). Die Wortwahl nimmt vertraute Klischees auf (*kleines Geheimnis, auf Wolke sieben schweben, genieße die Zeit*) und sucht die Nähe zur Sprache der Jugendlichen (*Clique, cooler Anmachspruch, Top-Tage*). Die Ratschläge werden zumeist parataktisch aneinandergereiht; Äußerungen mit Imperativformen dominieren (*pass auf, genieße, Lass dir, sprich*). Gelegentlich werden Ratschläge auch über Sätze mit Modalverben vermittelt (*Du kannst ...*) oder durch suggestive Feststellungen eingeleitet (*Du schwebst auf Wolke sieben*). Und wie es bei (Zeitschriften-)Horoskopen so üblich ist: Es wird mit erheblichem sprachlich-gedanklichen Aufwand versucht, Glaubwürdigkeit und Plausibilität zu vermitteln. Neben den suggestiven, faktisch weder verbürgten noch überprüfbaren Aussagen ist es der Einsatz sprachlicher Mittel, die Prophezeites im Ungefähren lassen. Beispiele:

133

Eine Notlüge ist auch bei Dir [mal] drin, aber pass auf, dass es nicht zu viele werden! Darüber hinaus fällt auf, dass Positives überhöht, Negatives hingegen verharmlost wird (etwa das Erwähnen von *Wolke sieben, glücklich wie nie zuvor, wartet sehnsüchtig* gegenüber *Notlüge, kleines Geheimnis*).

Bei Text B handelt es sich um ein Horoskop aus der Zeitschrift *Bravo Girl* aus dem gleichen Verlag wie *Bravo*. Was zu Text A gesagt worden ist, braucht hier nicht wiederholt werden. Einige Unterschiede zwischen den Texten A und B sind allerdings bemerkenswert. Die Einträge zu den einzelnen Sternzeichen sind auf Leserinnen ausgerichtet und weisen für die Binnengliederung andere Benennungen und eine veränderte Reihenfolge auf: *Du* (statt *Lifestyle*), *Liebe* (statt *Liebe*/sie und *Liebe/er*), *Freunde* (statt *Clique*). Das eigentliche Horoskop schließt ab mit einer Rubrik *Das macht der Wassermann-, Fische-Junge* usw. Das Horoskop für jedes Sternzeichen schließt mit einer eindeutigen Werbung für Produkte: Zu jedem Sternzeichen gibt es in diesem Heft einen *Handschuh-Tipp* (auch eine Form des Instruierens) mit Hinweisen auf Produkthersteller und ungefähre Preise. Außerdem werden neben Justin Timberlake weitere prominente Januar-Geborene genannt, die Leserinnen übers Internet, Fernsehen oder Radio kennen (hier Raúl Richter, Serienstar, und Alicia Keys, Soul-Sängerin). Sprachlich nähern sich die Texte noch stärker der Umgangssprache und dem Sprachgebrauch von Jugendlichen an. Beispiel (nicht im abgedruckten Textausschnitt):

DAS MACHT DER LÖWE-JUNGE: Von wegen stolzer Löwe! Er wurde geknickt und gedisst [schlechtgemacht] *und lässt seine Mähne hängen. Aufbauerinnen herzlich willkommen!*

Boing! Zupp – das ist der nun. Mach dich auf wunderbare Begegnungen gefasst, die dir ein glückseliges Dauergrinsen auf die Lippen zaubern.

Endlich versucht er etwas, wovor er eigentlich Respekt und etwas Schiss hat.

(*Bravo Girl*, 21.1.2009, S. 72)

Auffallend sind hier die verkürzten Sätze, modischen Anglizismen, Anleihen am Sprachgebrauch der Jugendlichen und an derber Umgangssprache sowie die freien Bewegungen auf unterschiedlichen Stilebenen (teilweise gewiss als ironisches Understatement gedacht).

Unterrichtsziele

Im Vordergrund dieser Unterrichtsreihe steht die Auseinandersetzung mit Horoskopen als appellierend-instruierenden Texten. Heranwachsende kennen solche Texte von ihrer Lektüre einschlägiger Jugendzeitschriften her; vor dem Hintergrund ihrer Erwartungen und Wünsche suchen sie hier Ratschläge und Tipps. Dass Glück und Pech, Wohlergehen und Krisen jeweils vom eigenen Geburtsdatum abhängen, wird nicht nur von vielen Jugendlichen, sondern auch von Erwachsenen angenommen. Horoskope entsprechen solchen Erwartungen, wobei sie im Ungefähren bleiben („es könnte ja so kommen"). Sie arbeiten mit Suggestionen und Andeutungen. Außerdem wird der

Leser für das Eintreffen der Prognosen mit in die Verantwortung genommen: Wenn Vorhergesagtes nicht eintrifft, dann war er – siehe oben – nicht hinlänglich aufmerksam. Die vorliegende Unterrichtsreihe intendiert aber nicht in erster Linie, Horoskope lediglich zu kritisieren und Jugendliche deren Lektüre auszureden. Horoskope werden hier als appellierend-instruierende Texte einbezogen; dazu wird deren Vielfalt hinsichtlich des Aufforderns und Ratens herausgearbeitet. Diese Auseinandersetzung und der Vergleich mit Horoskopen aus weiteren Zeitschriften lassen die Schülerinnen und Schüler entdecken, wie wenig belastbar die Vorhersagen in der Realität sind und was an kommerziellen Interessen (Werbung!) mit den Wünschen und Erwartungen der Jugendlichen verknüpft wird.

Insgesamt steht das Horoskop in verschiedenen Ausprägungen im Mittelpunkt dieser Unterrichtsreihe. Neben dem Blick auf das Textganze werden durch einzelne Aufgaben auch die rhetorisch-stilistischen Stilmittel von Horoskopen berücksichtigt. Reduktive Organisationsstrategien helfen, einzelne Textangebote zu strukturieren und zu durchschauen. Vorkenntnisse zu Anleitungstexten und zu Erzeugnissen der Werbung helfen, die Auseinandersetzung mit Horoskopen als Sachtexte vertieft voranzutreiben.

Vorschläge und Anregungen für den Unterricht

Lösung zu Aufgabe 4: *Eine Notlüge ist auch bei Dir drin mal, aber pass auf, dass es nicht zu viele werden* (Widder) – *Alles, worauf du dich jetzt konzentrieren solltest, sind die bevorstehenden Schulaufgaben* [wohl *Klassenarbeiten*] (Krebs) – *Gründet eine Nachhilfe-Gruppe [...]. Dann klappt's auch wieder mit den Schulaufgaben* (Jungfrau) – *Manchmal kannst du ganz schön nerven* (Waage) – *Wenn du meinst, dass es mit Euch beiden keinen Sinn mehr hat, dann bring es ihr schonend bei* (Skorpion) – *[...] lehn dich jetzt bloß nicht zurück, sonst kann sich das schnell ändern* (Schütze) – *Taschengeld ist mal wieder alle? Frag deine Eltern, ob sie Dir was vorstrecken können!* (Steinbock) – *Du hast Angst, dass sich die Clique auflöst? Quatsch, das passiert nicht* (Fische) – *Du bist mega-eifersüchtig auf seine beste Freundin – aber da wird nie was laufen. Vertrau ihm* (Fische).

Lösung zu Aufgabe 5: Am Beispielsatz *schau dich mal genauer um, dann entdeckst Du sie vielleicht* lässt sich zeigen, wie unverbindlich und ungenau viele Horoskop-Sätze formuliert sind (Belege: *mal genauer, vielleicht*). Lüge oder Wahrheit – der Wahrheitsgehalt lässt sich bei solchen Sätzen nicht ermitteln.

Lösungsvorschlag zu Aufgabe 7: a) Dieser Satz stellt eine ernste Mahnung dar: *Alles, worauf du dich jetzt konzentrieren solltest, sind die bevorstehenden Schulaufgaben.* b) Diese Äußerung warnt den Leser: *pass auf, dass es nicht zu viele werden.* c) Dieser Satz versucht, Lesern Mut zu machen: *Du kannst auf eine Entschuldigung hoffen.* d) Dieser Satz ist eine Empfehlung, die zum Nachdenken anregt: *denk mal über eine neue Wandfarbe in Deinem Zimmer nach.* e) Dieser Satz ist ein Vorschlag, der mehreren helfen kann: *Gründet eine Nachhilfegruppe und unterstützt euch gegenseitig.* f) Dieser Satz wirbt für ein zusätzliches Angebot: *Dein Tageshoroskop gibt's auf BRAVO.de unter www.BRAVO.de/horoskop.* g) Dieser Satz ähnelt einer Bitte: *dann bring es ihr schonend bei.*

Bei Aufgabe 8 sollten bei allen Gemeinsamkeiten folgende Unterschiede zur Sprache kommen: *Bravo* wendet sich an beide Geschlechter, *Bravo Girl* an Mädchen als Leserinnen. – Die Produktwerbung in *Bravo Girl* ist deutlich ausgeprägter als in *Bravo*. – *Bravo Girl* bemüht sich im Sprachgebrauch besonders nachhaltig um die jugendlichen Leserinnen (Anglizismen, jugendsprachlicher Jargon, mehr umgangssprachliche Wendungen und dem Mündlichen angenäherter Satzbau).

Hausaufgaben und Bezüge zu weiteren Unterrichtsreihen

Die Aufgaben 3, 6, 7 und 8 sind als Hausaufgabe (zum Teil auch zur Leistungsüberprüfung) geeignet. Im Unterricht sollten nach einer ersten Auseinandersetzung mit dem vorgegebenen Material aktuelle Ausgaben der Jugendzeitschriften berücksichtigt werden.

Eine reizvolle Zusatzaufgabe besteht gewiss darin, die Schülerinnen und Schüler ein jeweils für sie aktuell gedachtes Horoskop nach einigen Tagen mit der Realität vergleichen zu lassen. Die anschließende Auswertung kann sich auf ein knappes Resümee beschränken.

Bezüge bestehen zu B 2.1 (Ein Kamm, mit dem du zaubern kannst), B 2.6 (Briefe gegen das Vergessen) und B 2.7 (Stellenanzeige und Sammelanzeige).

Materialien

Texte und Arbeitsblätter: 💿 unter 2.4.
Weitere Informationen zu den Jugendzeitschriften unter http://www.bauermedia.com/bravo.

2.5. Aus dem Jugendarbeitsschutzgesetz: Verbot der Beschäftigung von Kindern (ab Klasse 8)

Hinweise zu den Texten

Der leicht gekürzte Auszug aus dem Jugendarbeitsschutzgesetz (S. 137) ist ein appellierend-instruierender Text, der das Verbot einer regelmäßigen Beschäftigung von Kindern gegen Bezahlung regelt. Verstöße dagegen können geahndet werden. Es handelt sich um einen offiziellen/institutionell geprägten Text, der sich vornehmlich an Erwachsene wendet (Eltern als *Personensorgeberechtigte*). Das Thema ist aber für Jugendliche und bereits für Kinder, also für Mädchen und Jungen unter 15 Jahren, relevant: Nach einem Beitrag in *Focus-Schule* von 2007 haben nämlich am Ende ihrer Schulzeit bereits 80 % der Schüler in Deutschland Erfahrungen mit einem Job; und da unter bestimmten Bedingungen auch Kinder ab 13 Jahren durch Arbeiten Geld verdienen dürfen (etwa 5 bis 7 Euro pro Stunde), sind es bei den 14-Jährigen bereits 18 %, die nach Schulschluss für Entgelt arbeiten (nach Esser 2007, S. 141 f.). Der Textaus-

2. Umgang mit appellierend-instruierenden Sachtexten

§ 5 Verbot der Beschäftigung von Kindern

(1) Die Beschäftigung von Kindern (§ 2 Abs. 1) ist verboten.
(2) Das Verbot des Absatzes 1 gilt nicht für die Beschäftigung von Kindern
   1. zum Zwecke der Beschäftigungs- und Arbeitstherapie,
   2. im Rahmen des Betriebspraktikums während der Vollzeitschulpflicht,
   3. in Erfüllung einer richterlichen Weisung [...]
(3) Das Verbot des Absatzes 1 gilt ferner nicht für die Beschäftigung von Kindern über 13 Jahren mit Einwilligung des Personensorgeberechtigten, soweit die Beschäftigung leicht und für Kinder geeignet ist. Die Beschäftigung ist leicht, wenn sie auf Grund ihrer Beschaffenheit und der besonderen Bedingungen, unter denen sie ausgeführt wird,
   1. die Sicherheit, Gesundheit und Entwicklung der Kinder,
   2. ihren Schulbesuch, ihre Beteiligung an Maßnahmen zur Berufswahlvorbereitung oder Berufsausbildung, die von der zuständigen Stelle anerkannt sind, und
   3. ihre Fähigkeit, dem Unterricht mit Nutzen zu folgen, nicht nachteilig beeinflusst. Die Kinder dürfen nicht mehr als zwei Stunden täglich, in landwirtschaftlichen Familienbetrieben nicht mehr als drei Stunden täglich, nicht zwischen 18 und 8 Uhr, nicht vor dem Schulunterricht und nicht während des Schulunterrichts beschäftigt werden [...].
[...]
(5) Für Veranstaltungen kann die Aufsichtsbehörde Ausnahmen gemäß § 6 bewilligen.

§ 6 Behördliche Ausnahmen für Veranstaltungen

(1) Die Aufsichtsbehörde kann auf Antrag bewilligen, dass
   1. bei Theatervorstellungen Kinder über sechs Jahre bis zu vier Stunden täglich in der Zeit von 10 bis 23 Uhr,
   2. bei Musikaufführungen und anderen Aufführungen, bei Werbeveranstaltungen sowie bei Aufnahmen im Rundfunk (Hörfunk und Fernsehen), auf Ton- und Bildträger sowie bei Film- und Fotoaufnahmen
      a) Kinder über drei bis sechs Jahre bis zu zwei Stunden täglich in der Zeit von 8 bis 17 Uhr,
      b) Kinder über sechs Jahre bis zu drei Stunden täglich in der Zeit von 8 bis 22 Uhr
   gestaltend mitwirken und an den erforderlichen Proben teilnehmen. Eine Ausnahme darf nicht bewilligt werden für die Mitwirkung in Kabaretts, Tanzlokalen und ähnlichen Betrieben sowie auf Vergnügungsparks, Kirmessen, Jahrmärkten und bei ähnlichen Veranstaltungen, Schaustellungen oder Darbietungen.

Texte A und B (Jugendarbeitsschutzgesetz, §§ 5 und 6)

schnitt ist auf einen Aspekt ausgerichtet (Verbot der Beschäftigung von Kindern). Vorwiegend geschieht dies deskriptiv, an einigen Stellen erklärend (explikativ). Beispiel: *Die Beschäftigung ist leicht, wenn [...]*.

Der hier berücksichtigte Paragraf 5 umfasst insgesamt fünf Absätze; davon werden hier nur vier aufgeführt. Die einzelnen Absätze werden dabei mit Ziffern in Klammern gekennzeichnet. Innerhalb der Absätze (2) und (3) werden unter (2) Ausnahmen und unter (3) Merkmale für leichte Arbeiten aufgezählt (*1., 2., 3.*). Insgesamt ist dieser Ausschnitt aus einem Gesetzestext zwar auf die Kommunikation von Experten zu Laien im Sinne der fachexternen Kommunikation angelegt und infolgedessen an vielen Stellen auf Lesbarkeit hin formuliert. Juristisch gebotene Vorgaben und das Bemühen um eine zweifelsfreie, alle denkbaren Fälle einschließende, dabei ökonomische Darstellung erschweren an einigen Stellen hingegen die Rezeption. Neben den Verweisen auf weitere Paragrafen (hier auf § 2 Abs. 1 und auf § 6) sind es vereinzelt Probleme der Wortwahl und des Satzbaus.

Beispiel zur Wortwahl: So wird in (3) von der *Einwilligung des Personensorgeberechtigten* gesprochen, um möglichst alle in der Realität existierende Personen zu erfassen, die das Sorgerecht für das Kind haben können und Verantwortung tragen: etwa Vater, Mutter, Großvater, Großmutter, weitere Verwandte, Adoptiveltern oder von Behörden Beauftragte.

Vom Satzbau her bereitet gewiss der folgende lange Satz vielen Schülerinnen und Schülern Schwierigkeiten: *Die Kinder dürfen nicht mehr als zwei Stunden täglich, in landwirtschaftlichen Familienbetrieben nicht mehr als drei Stunden täglich, nicht zwischen 18 Uhr und 8 Uhr, nicht vor dem Schulunterricht und nicht während des Schulunterrichts beschäftigt werden.* Absatz (5) verweist dann – was in Gesetzen häufig geschieht – auf einen weiteren Paragrafen, nämlich § 6 (siehe Text B).

Für diesen Paragrafen 6 trifft weitgehend das bereits Gesagte zu. In zwei Schritten regelt Absatz (1) die denkbaren Ausnahmen für die Beteiligung von Kindern an *Theatervorstellungen* (1.) sowie an *Musikaufführungen und anderen Aufführungen*. Der Absatz endet damit, dass bestimmte Veranstaltungen (*Mitwirkung in Kabaretts, Tanzlokalen* u. dgl.) ausgeschlossen werden. Was genau unter *Jahrmärkten und ähnlichen Veranstaltungen, Schaustellungen oder Darbietungen* zu verstehen ist, muss im Einzelfall geklärt werden. Gegebenenfalls hilft eine Rechtsberatung weiter.

Unterrichtsziele

Beim schülernahen Beispiel (Jobben gegen Bezahlung) begegnen die Kinder oder Jugendlichen dem Ausschnitt aus einem Gesetzestext, der unter den appellierend-instruierenden Texten als Anordnung zu fassen ist. Der bei Gesetzen unvermeidliche Grad an Abstraktion wird im Unterricht durch anschauliche Beispiele und Streitfälle, durch Paraphrasen und eine Darstellung im Schaubild (nichtlinearer Text) aufgelöst. Sich mit Gesetzen auseinanderzusetzen, bedeutet in vielen Fällen auch, weitere Textstellen oder Texte heranzuziehen. Das wird hier von den Schülerinnen und Schülern verlangt, wenn sie zu § 5 (5) den § 6 (1) hinzuziehen. Dabei kann vorausgesetzt werden, dass die Kinder und Jugendlichen bereits einfachen appellierend-instruierenden Texten begegnet sind. Diese Erfahrungen übertragen sie in dieser Unterrichtsreihe auf einen anspruchsvollen Fall, der sie selbst betrifft, später dann auf vergleichbare Beispiele.

Da bei Gesetzestexten wiederholtes genaues Lesen notwendig ist, erfordern die Aufgaben mehrfach die Anwendung anspruchsvoller reduktiver Organisationsstrategien (Zusammenfassungen von Informationen, Umsetzung in Schaubild und Tabelle). Wo Übertragungsleistungen erwartet werden, sind Elaborationsstrategien vonnöten.

Vorschläge und Anregungen für den Unterricht

Der Unterricht kann mit einer vorbereitenden Hausaufgabe zu Aufgabe 1 beginnen. Die Auseinandersetzung mit den Textausschnitten aus dem Jugendarbeitsschutzgesetz (§§ 5 und 6) schließen sich dann an.

Lösung zu Aufgabe 2: (1) Verbot von Kinderarbeit, (2) Erlaubnis von leichten Tätigkeiten für Kinder ab 13 Jahren, (3) Ausnahmen für bestimmte Veranstaltungen.

Hausaufgaben und Bezüge zu weiteren Unterrichtsreihen

Die Aufgaben 1, 3, 5, 8 und 9 sind als Hausaufgaben geeignet; Aufgabe 5 auch als Leistungsaufgabe.

Bezüge bestehen zu B 1.9 (Prüfverfahren für Computerspiele) und B 3.1 (Schulordnung).

Materialien

Texte und Arbeitsblätter: 💿 unter 2.5.
Literaturhinweis: Esser, Barbara 2007: Nach Schulschluss Geld verdienen. In: Focus-Schule, Heft 3, S. 140 – 144.

2.6. Briefe gegen das Vergessen – Aufruf von Amnesty International (ab Klasse 10)

BRIEFE GEGEN DAS VERGESSEN

Tag für Tag werden Menschen gefoltert, wegen ihrer Ansichten, Hautfarbe oder Herkunft inhaftiert, ermordet, verschleppt oder man lässt sie »verschwinden«. **AMNESTY INTERNATIONAL** veröffentlicht regelmäßig an dieser Stelle drei Einzelschicksale, um an das tägliche Unrecht zu erinnern. Internationale Appelle helfen, solche Menschenrechtsverletzungen anzuprangern und zu beenden.

Sie können mit Ihrem persönlichen Engagement dazu beitragen, dass Folter gestoppt, ein Todesurteil umgewandelt oder ein Mensch aus politischer Haft entlassen wird.

Schreiben Sie bitte, im Interesse der Betroffenen, höflich formulierte Briefe an die jeweils angegebenen Behörden des Landes.

Sollten Sie eine Antwort auf Ihr Appellschreiben erhalten, schicken Sie bitte eine Kopie an **AMNESTY INTERNATIONAL**.

AMNESTY INTERNATIONAL
Postfach, 53108 Bonn
Tel.: 0228 - 98 37 30, Fax: 0228 - 63 00 36
E-Mail: info@amnesty.de, www.amnesty.de

Spendenkonto
Bank für Sozialwirtschaft (BfS), Köln
Konto: 80 90 100, BLZ: 370 205 00
oder Postbank Köln
Konto: 22 40 46 - 502, BLZ: 370 100 50

Quelle: Amnesty Journal 2009, Heft 2/3, S. 78

Text 2.6 A

Hinweise zu den Texten

Zu den mit Nachdruck appellierenden Texten gehören Aufrufe. Aufrufe sind öffentliche Aufforderungen, die zumeist bei gesellschaftlich wichtigen Fragen, bei Krisen und Missständen politisch-gesellschaftlich Interessierte zu Solidarisierung und zu Aktionen zu bewegen trachten. Der vorliegende Aufruf (siehe S. 139) wird von Amnesty International verantwortet. Diese Nichtregierungsorganisation (NGO) setzt sich unter anderem regelmäßig für Menschen ein, die wegen ihrer Überzeugungen, ihrer Herkunft, Hautfarbe, Religion oder der Zugehörigkeit zu einer gewaltfrei agierenden Gruppe verhaftet worden sind und hinsichtlich ihrer Unversehrtheit und Rechte bedroht sind (einschließlich willkürlicher Verurteilung, Folter oder sogar Tod). Der Aufruf wirbt für eine bewährte Aktion von Amnesty International: Das Schreiben eines (höflichen) Briefes an oberste Repräsentanten (etwa an Präsidenten) eines Landes, in dem ein Unschuldiger bedroht wird, soll dazu führen, dass ein juristisch unannehmbarer oder zumindest äußerst umstrittener Vorgang öffentlich gemacht und rechtlich einwandfrei geklärt wird. Bewirken kann ein solcher „Brief gegen das Vergessen", dass bedrückende Menschenschicksale nicht einfach vergessen werden (vor allem nicht der Mensch, der Not, Ungewissheit und extremer physischer und psychischer Gefahr ausgesetzt ist). Wie groß die Relevanz und Aktualität ist, unterstreichen die solchen Aufrufen beigefügten Kurzbiografien Inhaftierter oder sogenannter „verschwundener Personen" (beispielsweise die Vorstellung des 80-jährigen Patriarchen Abune Antonios, Oberhaupt der eritreisch-orthodoxen Kirche; siehe S. 141). Hinsichtlich der Themenentfaltung zeichnet sich dieser Aufruf durch differenziert deskriptives Vorgehen und einen auf das Wesentliche reduzierten Bezug zum Sachverhalt aus. Letzteres ist deshalb notwendig, weil ja die konkrete Beteiligung an der Aktion auf ein Einzelschicksal bezogen werden soll. Der Text als Textspalte in den Farben von Amnesty International, linksbündig auf die linke Spalte des *Amnesty Journals* gesetzt, bietet vom Satzbau und der Wortwahl her kaum Verstehensschwierigkeiten dar. Lediglich bei den Anführungszeichen, die dem Verb *verschwinden* beigefügt sind, können die dabei mitlaufenden „metasprachlichen Informationen" (DUDEN Grammatik ^{7}2005, Randziffer 1729) schnell überlesen werden. *Verschwinden* bedeutet hier nicht nur, dass dieser Hinweis in vielen Ländern die übliche Antwort auf die Frage nach dem Verbleib eines bestimmten Menschen ist. Wer „verschwunden" ist, hat diesen Weg – so das Kalkül der Mächtigen – angeblich frei gewählt; oder Verschwundene verstecken sich und sind von den Behörden „leider" nicht zu finden; weitere Nachfragen erübrigen sich infolgedessen – nach Auffassung der jeweils befragten staatlichen Institutionen. Die Anführungszeichen deuten aber auch eine deutliche Distanz an (die Verfasser des Aufrufs bezweifeln aufgrund ihrer Erfahrungen eine solche verharmlosende Auskunft). Gliederung und Aufbau des Textes kommen den Leserinnen und Lesern entgegen – der Aufruf wirkt klar, verständlich, zurückhaltend und seriös: Zunächst wird mit deutlichen Worten die äußerst beklagenswerte Menschenrechtslage in der Welt beschrieben. Was Amnesty International unter anderem konkret tut und inwiefern *internationale Appelle* helfen, folgt danach. Erst dann wird der Leser direkt angesprochen und *im Interesse der Betroffenen* um Mithilfe gebeten. Der letzte Absatz und die Anschrift der Organisation mit Spendenkonto schließen den Aufruf ab. Diese Textteile dienen dazu, die gesamte Aktion möglichst nachhaltig zu sichern.

2. Umgang mit appellierend-instruierenden Sachtexten

ERITREA
ABUNE ANTONIOS

Der 80-jährige Partriarch Abune Antonios ist das Oberhaupt der eritreisch-orthodoxen Kirche. Er hatte bereits 2004 gegen die Verhaftung von drei Priestern protestiert und sich seither wiederholt gegen die zunehmende Einmischung der eritreischen Regierung in kirchliche Angelegenheiten gewandt.
Er wurde deshalb von der Regierung seines Amtes enthoben und unter Hausarrest gestellt. Die Sicherheitsorgane konfiszierten seine kirchlichen Insignien, und am 28. Mai 2007 wurde er aus seinem Haus abgeführt und an einen unbekannten Ort gebracht.
Amnesty International betrachtet ihn als gewaltlosen politischen Gefangenen, der allein aufgrund seiner freien Meinungsäußerung festgehalten wird. Die Haft bedeutet für ihn eine lebensbedrohliche Gefahr, da er Diabetiker ist und keinerlei medizinische Versorgung erhält.
Das eritreische Regime geht gnadenlos gegen jegliche Opposition vor – darunter auch gegen kritische Angehörige der orthodoxen Kirche und Mitglieder anderer Religionsgemeinschaften. Gefangene werden oft ohne Kontakt zur Außenwelt in unterirdischen Zellen oder Metallcontainern in abgelegenen Armeelagern festgehalten.

Bitte schreiben Sie höflich formulierte Briefe an den eritreischen Präsidenten, in denen Sie ihn auffordern, Abune Antonios umgehend freizulassen. Verlangen Sie außerdem, dass Abune Antonios unverzüglich Zugang zur dringend erforderlichen medizinischen Versorgung und zu einem Rechtsanwalt seiner Wahl erhält.

Schreiben Sie in gutem Tigrinya, Arabisch, Englisch oder auf Deutsch an:
Issayas Afewerki
President
Office of the President
PO Box 257
Asmara
ERITREA
(korrekte englische Anrede: Your Excellency)
(Standardbrief Luftpostbrief bis 20g: € 1,70)

Senden Sie bitte eine Kopie Ihres Schreibens an:
Botschaft des Staates Eritrea
S.E. Herrn Petros Tseggai Asghedom
Stavangerstraße 18
10439 Berlin
Fax: 030-44 67 46 21
E-Mail: embassyeritrea@t-online.de

Quelle: *Amnesty Journal* 2009, Heft 2/3, S. 79

Text 2.6 B

Der Aufruf ist aber nur ein Element der Aktion, hinzu kommt als deren Stützung die Beschreibung mehrerer Einzelschicksale. Beispielhaft seien hier das Schicksal von Abune Antonios aus Eritrea und die Vorschläge zu seiner Unterstützung vorgestellt (Text B). Im ersten von insgesamt vier Teilen werden zunächst der Patriarch und der Einsatz für seine Kirche und Priester dargestellt. Die Erwähnung von Amtsenthebung, Hausarrest und Konfiszierung seiner kirchlichen Insignien sowie die Verschleppung von Abune Antonios folgen danach. Im dritten Absatz nimmt Amnesty International eine Beurteilung des Sachverhalts vor und weist auf drohende Folgen für den Inhaftierten hin. Der vierte Absatz stellt das Schicksal des Patriarchen dann in einen größeren Zusammenhang (das *gnadenlose* Vorgehen des *eritreischen Regimes* gegen *jegliche Opposition*). Dieser Hinweis unterstreicht nochmals die Dringlichkeit des Aufrufs, da dem verschleppten Patriarchen möglicherweise das gleiche Schicksal wie anderen Oppositionellen droht und eine rasche Veränderung der Menschenrechtslage in Eritrea nicht zu erwarten ist.

Daran schließen sich die Teile 2 bis 4 an, die jeweils in Fettdruck beginnen und umsichtig praktische Details der Aktion klären: Teil 2, *Bitte schreiben Sie höflich formulierte Briefe [...]*; Teil 3, *Schreiben Sie in gutem Tigrinya* [Tigrinisch, eine semitische Sprache], *Arabisch, Englisch oder auf Deutsch [...]*; Teil 4, *Senden Sie bitte eine Kopie [...]*. Die drei Teile geben Hinweise darauf, was im Brief angesprochen werden sollte (2), den Versand an die Anschrift des Präsidenten von Eritrea, einschließlich Hinweisen zur Anrede und zum Briefporto (3); schließlich die Bitte, eine Kopie des Briefes an die Botschaft des Staates Eritrea in Berlin zu senden (4).

Unterrichtsziele

An beiden Texten dieser Unterrichtsreihe wird geklärt, was ein Aufruf ist und wie bei der Briefaktion die beiden Texte zusammenspielen: Es ist demnach notwendig, genau und sich wiederholt vergewissernd zu lesen (lokale Kohärenzbildung) und unter Berücksichtigung des Vorwissens die wichtigen Aussagen des gesamten Textangebots zu einem inhaltlich und textuell stimmigen Ganzen zu verbinden (globale Kohärenzbildung). Dabei hilft es gewiss, die hier verwendeten Mittel der Textsorte (Aufruf) mit zu bedenken. Reduktive Organisationsstrategien und Elaborationsstrategien stützen hier die Verstehensprozesse in besonderer Weise. Eine anspruchsvolle Schreibaufgabe (Beteiligung an der Briefaktion, zunächst probeweise) verlangt von den Schülerinnen und Schülern, beim Verfassen ihrer Briefe die Bezüge zwischen beiden Texten zu beachten. Vorausgesetzt werden kann, dass die Beteiligten Aufforderungen verschiedener Art kennen und im Unterricht förmliche Briefe verfasst und besprochen haben und dass sie alles das, was sie bei einzelnen Texten gelernt haben, auch bei der Zusammenschau mehrerer Texte einsetzen. Was Schülerinnen und Schüler hier lernen, können sie auf den Umgang mit weiteren Zusammenstellungen von Sachtexten übertragen.

Vorschläge und Anregungen für den Unterricht

In dieser Unterrichtsreihe steht zunächst der Aufruf im Vordergrund (Aufgaben 1 bis 5). Die ersten zwei Aufgaben sprechen Merkmale an, die mehr oder minder für Aufrufe gelten (Intention, Aufbau, Art der Formulierung; vgl. dazu auch die *Hinweise zum Text*). Aufgabe 3 nimmt dann den Satz *man lässt sie „verschwinden"* auf. Auf Anhieb wird es gewiss nicht allen Schülerinnen und Schülern leicht fallen, die mitlaufenden „metasprachlichen Informationen" zu erkennen. Die Frage, was denn ansonsten Anführungszeichen bedeuten (Zitat, Kennzeichnung von Ironie, Distanz) hilft hier weiter. Aufgabe 4 regt dann an, Einsichten über die Textsorte *Aufruf* zusammenzufassen. Auf-

2. Umgang mit appellierend-instruierenden Sachtexten

gabe 5 spricht erstmals an, welchen Sinn „Briefe gegen das Vergessen" haben werden. Die Ergebnisse und möglicherweise eigene Erfahrungen einzelner Schüler sollten an dieser Stelle unkommentiert notiert werden. Aufgabe 11 und vor allem 12 tragen, was die (bewährte) Aktion betrifft, zu einer realistischen Einschätzung bei.

Die Aufgaben 6 bis 10 beziehen sich auf die Beschreibung des Schicksals von Abune Antonios. An diesem Beispiel wird geprobt, wie ein „Brief gegen das Vergessen" konkret verfasst wird.

Lösung zu Aufgabe 6: Eritrea ist ein Staat im Nordosten Afrikas; Tigrinya (oder Tigrinisch) ist eine semitische Sprache, die in Eritrea gesprochen wird.

Lösung zu Aufgabe 9: Selbst die geringe Aussicht auf Erfolg soll nicht dadurch zunichte gemacht werden, dass der Briefschreiber von vornherein als unhöflich oder ungebildet angesehen wird. Die Kopie an den Botschafter von Eritrea stützt die Aktion; sie hilft der Botschaft, etwaige Anfragen aus dem Herkunftsland zu beantworten.

Lösung zu Aufgabe 10: Es ist eine E-Mail-Anschrift angegeben.

Lösung zu Aufgabe 13:

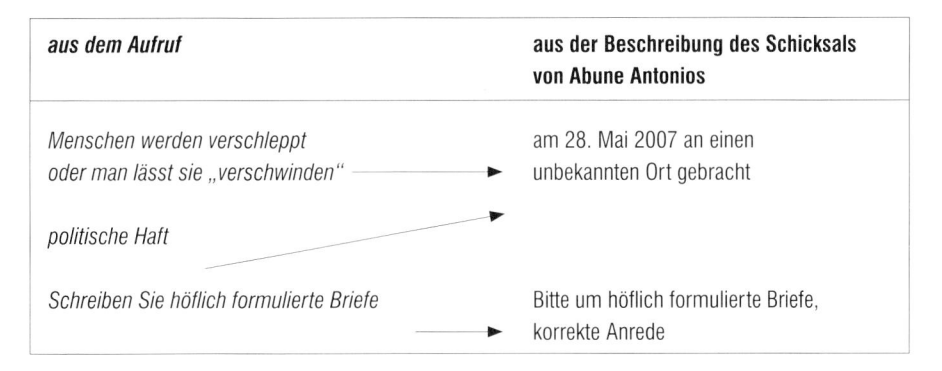

aus dem Aufruf	aus der Beschreibung des Schicksals von Abune Antonios
Menschen werden verschleppt oder man lässt sie „verschwinden"	am 28. Mai 2007 an einen unbekannten Ort gebracht
politische Haft	
Schreiben Sie höflich formulierte Briefe	Bitte um höflich formulierte Briefe, korrekte Anrede

Lösungsvorschlag zu Aufgabe 14 (ein denkbarer Gesamtbrief); Anrede und Einleitung sollten in jedem Fall im Unterricht versucht werden. Schülerinnen und Schüler können auch angeregt werden, den Entwurf in englischer Sprache zu verfassen.

Exzellenz, sehr geehrter Herr Präsident,
gestatten Sie mir, dass ich mich an Sie mit einer großen Bitte wende. Wie ich erfahren habe, ist Herr Abune Antonios, Patriarch der eritreisch-orthodoxen Kirche, am 28. Mai 2007 festgenommen worden. Angesichts seines hohen Alters und seines seit Längerem labilen Gesundheitszustandes bitte ich Sie, Herrn Antonios freizulassen, für ihn eine angemessene medizinische Versorgung zu gewährleisten und zur Klärung der gegen den Patriarchen der eritreisch-orthodoxen Kirche erhobenen Vorwürfe einen Rechtsanwalt seiner Wahl zuzulassen.
Für Ihre Bemühungen, Exzellenz, danke ich Ihnen schon jetzt.
Hochachtungsvoll, ...

Teil B: Vorschläge für einen kompetenzfördernden Unterricht

Wenn sich am Schluss der Unterrichtsreihe Schülerinnen und Schüler entscheiden, zu einem aktuell bekannt gewordenen Schicksal einen „Brief gegen das Vergessen" zu schreiben, wäre dies ein Erfolg.

Hausaufgaben und Bezüge zu weiteren Unterrichtsreihen
Die Aufgaben 6, 12 bis 14 eignen sich vornehmlich als Hausaufgabe.
Bezüge bestehen zu B 2.7 (Stellenanzeige und Sammelanzeige).

Materialien
Texte und Arbeitsblätter: 💿 unter 2.6.
Literaturhinweis: Duden – Die Grammatik (^{7}2005), hg. von der Dudenredaktion. Mannheim/Leipzig/Wien/Zürich.
Weitere Informationen unter http://www.amnesty.de/briefe-gegen-das-vergessen.

2.7 Stellenangebot – Volontär/in im Bereich Pflege (Sekundarstufe II)

Hinweise zu den Texten

Das Stellenangebot (Text 2.7 A)
Das Stellenangebot des Friedrich Verlags (siehe S. 147, AB 2.7 auf CD) versucht junge Erwachsene dafür zu gewinnen, dass sie sich nach einer „abgeschlossenen Ausbildung in der Pflege" als Volontär/Volontärin für die Arbeit in einer Redaktion bewerben. In der Anzeige stellt sich der Verlag zunächst selbst über eine Bildleiste und Kurzbeschreibung vor, ehe dann zum Angebot übergeleitet wird *(Suche eines Volontärs/einer Volontärin im Bereich Pflege)*. Der appellierend-instruierende Text nennt dann überschaubar, ausführlich und präzise die „Aufgaben" für den *künftigen Volontär/die künftige Volontärin* sowie Rahmenbedingungen des Verlags für diesen Arbeitsplatz. Insgesamt wirkt der Text ausgesprochen „einladend":
a) Bildleiste und Textbeginn motivieren bereits zur Lektüre.
b) Der Leser/die Leserin fühlt sich persönlich angesprochen *(„suchen wir [...] Sie")*.
c) Der Verlag als Inserent fordert nachdrücklich zu Bewerbungen auf, indem er sein Interesse daran explizit äußert und zudem einen möglichen Ansprechpartner im Verlag nennt *(„Wir freuen uns auf [...] Für Rückfragen steht Ihnen Frau Hackbarth gern zur Verfügung")*
d) Aufgaben und erwünschte Fähigkeiten werden positiv, auch emotional-einnehmend beschrieben *(Autorenpflege, Freude am Umgang mit Texten, viel Gestaltungsspielraum)*.
e) Der Verlag stellt sich selbst als „attraktiver und vielseitiger" Arbeitgeber vor *(seit über 50 Jahren sehr erfolgreich, führender Fachzeitschriftenverlag, angenehmes Betriebsklima, flache Hierarchien mit kurzen Entscheidungswegen)*.
Insgesamt vermag das vorliegende Stellenangebot Leser gewiss anzusprechen; zu klä-

ren sind allerdings einige Hinweise zu den genannten Aufgaben im Verlag und zu der im Stellenangebot erwarteten Qualifikation im Pflegebereich. Eigene Recherchen der Schülerinnen und Schüler, ggf. auch informierende „Hilfstexte" erleichtern die Rezeption des Stellenangebots.

Hilfstexte I – III

Die Hilfstexte I–III (siehe S. 148, AB 2.7 auf CD) dienen als informierende Texte dazu, die Vorgaben im Stellenangebot *(Volontariat, redaktionelle Betreuung von Fachzeitschriften, und Pflegeberufe)* zu konkretisieren.

Hilfstext I beschreibt, welche Funktion ein Volontariat hat und an welchen Bestimmungen sich ein Arbeitgeber beim Angebot eines Volontariats orientieren sollte. Insbesondere der Vergleich mit dem „Stellenangebot" macht deutlich, dass der Verlag über die Vorgaben hinausgeht.

Hilfstext II ergänzt die „Aufgaben", die Volontäre – unterstützt durch Redakteure – erfüllen müssen. Besonders hingewiesen wird dabei auf eine gute schriftsprachliche Vorbildung, die Vertrautheit mit neuen Medien und kommunikative Fähigkeiten, die innerhalb des Verlags und beim Kontakt mit Autoren und Lesern wichtig sind.

Hilfstext III trägt der Tatsache Rechnung, dass der Komplex „Ausbildung in der Pflege" in spezifischer Weise auf viele Berufe in der Pflege vorbereitet. Einige denkbare Berufe werden im Text auch genannt, die hinsichtlich der künftigen Arbeit jeweils sehr spezifische Tätigkeiten im Umgang mit Kindern, Jugendlichen oder älteren Menschen verlangen. Die aufgeführten Beispiele sind hier so gewählt, dass sich die fachliche Nähe zu einem Volontariat in einem Verlag unterschiedlich darstellt (vgl. etwa Hebamme, Rettungssanitäter gegenüber Arzthelferin, medizinischer Dokumentarist).

Unterrichtsziele

- Ausgehend von bereits vorhandenen Erfahrungen mit appellierend-instruierenden Texten stellen die Schülerinnen und Schüler zunächst wichtige Merkmale des Stellenangebots heraus (vgl. oben). Insbesondere die Anwendung der Elaborationsstrategie führt dazu, dass Leser wichtige Textinformationen mit dem eigenen Vorwissen auf vielfältige Weise vernetzen (vgl. S. 46).
- Vor diesem Hintergrund ist es dann in Partnerarbeit oder Gruppengesprächen möglich, Tipps für „aussagekräftige Bewerbungsunterlagen" untereinander zu erörtern.
- Die durchgeführten Recherchen und Analysen einzelner Hilfstexte mit Aufgaben können darüber hinaus für Schreibaufgaben genutzt werden (etwa Tipps zum Anfertigen und Zusammenstellen von Details der Bewerbungsunterlagen oder für das Ausformulieren einzelner Textpassagen für eine Bewerbung).

Vorschläge und Anregungen für den Unterricht

Zunächst werden die Schülerinnen und Schüler von eigenen konkreten Erfahrungen mit Stellenangeboten berichten (Beispiel: Ferienjobs). Die Auseinandersetzung mit dem Stellenangebot (siehe S. 147, AB 2.7 auf CD) schließt sich an, wobei die Aufgaben 1 und 2 einen ersten Zugang zum Text und zur Textsorte sichern. Aufgabe 3 nimmt dann denkbare Schwierigkeiten beim Umgang mit dem Stellenangebot auf, die in Partner- oder Gruppenarbeit gesammelt werden.

Die Hinwendung und Berücksichtigung einzelner Hilfstexte und deren Aufgaben (Hilfstexte I – III, siehe S. 148, AB 2.7 auf CD) verlangen dann in Aufgabe 1, eigene Notizen auf einen der drei Hilfstexte zu beziehen und das Ergebnis mit dem eigenen Vorwissen zu verknüpfen (vgl. Elaborationsstrategie, S. 47). Aufgabe 2 rundet an einer wichtigen Stelle den Umgang mit dem appellierend-instruierenden Text ab (in Richtung optimaler Passung von bisherigem Abschluss im Pflegebereich und künftiger redaktioneller Tätigkeit). Denkbare Lösungen zur Passung für ausgewählte Berufe im Pflegebereich (siehe folgende Tabelle):

Abschluss in der Pflege als …	Vorhandene Fähigkeiten und Erfahrungen für die ausgeschriebene Stelle (Beispiele)
Arzthelfer/ Arzthelferin	• Kommunikation mit Patienten beim Empfang, im Büro, in Behandlungsräumen und im Labor • Planung und Organisation von Terminen • Führen von Patientenakten, insbesondere am Computer
Logopäde/ Logopädin	• Gezielte Behandlung von Menschen (insbesondere von Kindern) zur Verbesserung der Kommunikationsfähigkeit • Eigene gute sprecherische Fähigkeiten • Einfühlungsvermögen und musische Begabung
medizinischer Dokumentarist/ medizinische Dokumentaristin	• Beschaffen und Verarbeiten von Informationen (computergestützt) • Verwaltung und Pflege von Datenbanken • Sicherer Umgang mit Computern

Die Lösung zu Aufgabe 3 spricht schließlich an, was der Verlag in seinem Stellenangebot über die üblichen Vorgaben des Volontariats hinaus anbieten kann. Lösung zu Aufgabe 3: Nach Vergleich des Stellenangebots (siehe S. 147, AB 2.7 auf CD) mit Hilfstext I (siehe S. 148, AB 2.7 auf CD) sind zu nennen und zu erläutern: „flache Hierarchien mit kurzen Entscheidungswegen", „angenehmes Betriebsklima", „viel Gestaltungsspielraum" und „Förderung von zielgerichteten Weiterbildungen".

Bezüge bestehen vornehmlich zu weiteren Beispielen des Umgangs mit appellierend-instruierenden Sachtexten, insbesondere zu Kapitel „2.3. Drei-Kräuter-Saft […] eine Anzeige" (siehe S. 126 ff.) sowie inhaltlich zu Kapitel 4.5. „Arbeitszeugnis über die Tätigkeit als Debitorenkontenführerin" (siehe S. 182 ff.).

Materialien
Text und Arbeitsblätter: 💿 unter 2.7

2. Umgang mit appellierend-instruierenden Sachtexten

Der Friedrich Verlag ist nicht nur der führende deutsche Fachzeitschriftenverlag im Bildungsbereich, sondern auch ein attratkiver Arbeitgeber im Umland von Hannover.

FRIEDRICH

Der Friedrich Verlag, ein Unternehmen der Klett Gruppe, verlegt seit über 50 Jahren sehr erfolgreich pädagogische Fachzeitschriften, Fachbücher und Lernspiele in den Bereichen Bildung, Erziehung und Pflege. Wir sind nicht nur der führender deutscher Fachzeitschriftenverlag im Bildungsbereich, sondern auch ein attraktiver und vielseitiger Arbeitgeber vor den Toren Hannovers.

Zum nächstmöglichen Zeitpunkt suchen wir für den Redaktionsbereich „Pflege" Sie als

Volontär/Volontärin

Ihre Aufgaben:
- Redaktionelle Betreuung der Fachzeitschriften, von der Ideenfindung bis zur Druckfreigabe und Produktion der digitalen Ausgabe
- Kommunikation mit der Lesergruppe über verschiedene Medien (u.a. social media, Newsletter, Veranstaltungen)
- Präsentation der Produkte im Internet
- Autorenpflege
- Entwicklung von neuen Print-Produkten und digitalen Medien
- Enge Zusammenarbeit mit den Abteilungen Herstellung, Marketing und Kundenservice

Was Sie mitbringen sollten:
- Eine erfolgreich abgeschlossene Ausbildung in der Pflege.
- Vertrautheit mit den regionalen und übergeordneten Pflegestrukturen
- Freude im Umgang mit Texten, bestenfalls bereits redaktionelle Erfahrungen
- Erfahrung in digitalen Medien als Arbeits- und Kommunikationsmitteln
- Kommunikationsstärke und Teamgeist
- Offenheit für neue Themen

Unser Angebot
- Volontariat: Dauer 24 Monate
- Angemessene Vergütung
- Flache Hierarchien mit kurzen Entscheidungswegen
- Ein angenehmes Betriebsklima
- Viel Gestaltungsspielraum für eigene Ideen
- Förderung von zielgerichteten Weiterbildungen

Wir freuen uns auf Ihre aussagekräftigen Bewerbungsunterlagen.

Friedrich Verlag GmbH,
zu Hd. Frau Hackbarth
Im Brande 17
30926 Seelze
bewerbung-redaktion@friedrich-verlag.de

Für Rückfragen steht Ihnen Frau Hackbarth gern zur Verfügung, 0511-40004-181.

www.friedrich-verlag.de

www.friedrich-verlag.de

Text 2.7 A

Über Hilfstexte Sachverhalte des Stellenangebots besser verstehen

Hilfstext I: Volontariat
Volontariate tragen zur Erweiterung praktischer Kenntnisse und Fähigkeiten bei. Weit verbreitet sind Volontariate bei Verlagen, Rundfunk- und Fernsehanstalten, die dazu spezielle Ausbildungskonzepte entwickeln. Die Tätigkeit als Volontär/Volontärin wird bei Zeitungs- oder Zeitschriftenverlagen auch vergütet. Volontäre und Volontärinnen müssen zu Beginn ihrer Tätigkeit mindestens 18 Jahre alt sein. Wünschenswerte Vorerfahrungen und Vorkenntnisse, auch vorhandene Bildungs- und Berufsabschlüsse werden bei der Bewerbung zumeist vorausgesetzt.

Hilfstext II: Redaktionelle Betreuung von Fachzeitschriften
Redakteure und Volontäre sorgen dafür, dass eingereichte Texte sprachlich und inhaltlich einwandfrei sind, dem Programm und auch dem Erscheinungsbild der Zeitschrift entsprechen. Neben der Vertrautheit mit fachlichen Inhalten sind bei der Arbeit in einer Redaktion gut entwickelte schriftsprachliche Fähigkeiten und stilistische Sicherheit erforderlich. Gegenwärtig kommt hinzu, dass Beiträge oder Materialien zu Aufsätzen zugleich als Download zur Verfügung gestellt werden. Das erfordert Vertrautheit mit den neuen Medien. Insgesamt ist die Zusammenarbeit im Verlag, der regelmäßige Austausch mit Autoren und Lesern der Fachzeitschrift von erheblicher Bedeutung.

Hilfstext III: Pflegeberufe
Heute arbeiten in Deutschland über 1 Million Menschen in Pflegeberufen – beispielsweise als Arzthelferin, Erzieherin, Krankenpfleger, Rettungssanitäter, Hebamme, Logopäde, medizinische Dokumentaristin, Physiotherapeut u. dgl. Es gibt also viele Pflegeberufe. Die Berufsaussichten sind schon deshalb gut, weil immer mehr Kinder, Jugendliche und vor allem ältere Menschen Hilfe brauchen. Wer in einem Pflegeberuf arbeitet, braucht ein hohes Verantwortungsbewusstsein und muss auch seelisch und körperlich besonders belastbar sein. Die Hinwendung zu hilfsbedürftigen, kranken und alten Menschen wird begünstigt, wenn sich Pflegerinnen und Pfleger kommunikativ gut auf andere Menschen einstellen können.

Text 2.7 B

3. Umgang mit verpflichtenden Sachtexten

3.1. Schulordnung der Grundschule im Wallgut (ab Klasse 3)

Hinweise zum Text

Schulordnungen zählen zu den Sachtexten, die ihre Adressaten zum Einhalten eines Versprechens verpflichten. Das wird in der vorliegenden Schulordnung einer Konstanzer Grundschule sehr deutlich, wenn es unter „Vereinbarung" heißt (durch Fettdruck hervorgehoben): *Ich verspreche, die Regeln einzuhalten.* Dieser Satz richtet sich vor allem an die Kinder, die zur Grundschule im Wallgut gehören. Die Vereinbarung schließt darüber hinaus deren Eltern und Lehrer mit ein: Insgesamt wird damit institutionell ein Rahmen für alle Beteiligten gespannt.

Schulen sind Einrichtungen, in denen viele Menschen unterschiedlichen Alters, unterschiedlicher Interessen und Fähigkeiten miteinander auskommen müssen (vgl. die Einleitung zur Schulordnung). Aus dieser Sachlage ergibt sich die Relevanz des Mitgeteilten, das weitgehend Handlungswissen anspricht (Beispiel: *Ich begegne anderen freundlich und grüße sie*). Diese Ausrichtung auf ein gewünschtes Verhalten gilt für viele Sätze – mit Ausnahme einiger Verbote (siehe die letzten beiden der *Allgemeinen Regeln* sowie die zweitletzte *Regel des Zusammenseins*). Die beiden ersten Sätze der *Allgemeinen Regeln* weichen von den ansonsten einprägsamen Regel-Formulierungen ab. Der erste Satz *Alle Kinder haben die gleichen Rechte* nennt ein allgemein geltendes Prinzip, während der zweite Satz *Wir möchten, dass [...]* einen Wunsch ausdrückt. Wenn Kinder zum Beispiel die *Abfalleimer benutzen* und *Pflanzen und Sachen* im Schulhaus und Schulgelände *liebevoll behandeln*, dann tragen solche Verhaltensweisen zur Realisierung des genannten Wunsches bei. Verglichen mit anderen Schul- und Klassenordnungen wird in der vorliegenden Zusammenstellung nicht alles in der Schule Denkbare, Erwünschte und Verbotene angesprochen – die Regeln beschränken sich auf einige wichtige Aspekte. Das kommt Kindern ebenso entgegen wie der Aufbau dieses Textes und die verwendeten sprachlichen Mittel.

Die Schulordnung besteht aus drei Teilen: Über eine kurze Beschreibung dessen, was (diese) Schule ausmacht, spricht die Einleitung (1) die Überzeugung aus, dass sich jeder in der Schule wohlfühlen soll und dass es dazu *vereinbarter Regeln* bedarf. Die Schulordnung selbst (2) führt dann *Allgemeine Regeln* und *Regeln des Zusammenseins* auf, die – bis auf drei Fälle – zu positivem Handeln ermutigen. Die einzelnen Regeln werden satzweise aufgezählt, einige Wörter dabei durch Fettdruck hervorgehoben. Das Dokument schließt mit einer Vereinbarung (3), die das Kind unterschreibt. Jedes Kind der Grundschule im Wallgut gibt damit ein Versprechen ab, bei dem es – ebenfalls durch Unterschrift bestätigt – von der Lehrerin und den informierten Eltern unterstützt wird. Wie gut dies jedem Kind im Laufe eines Schuljahres gelungen ist, wird am Schluss der Vereinbarung vermerkt. Wie ein Einschub

Teil B: Vorschläge für einen kompetenzfördernden Unterricht

GRUNDSCHULE im Wallgut
Wallgutstr. 14
D-78462 Konstanz
☎ 07531/4572919, 📠 07531/457290
✉ rektorat@gs-wallgut.konstanz.de

Schulordnung

Unsere Schule ist ein Ort, an dem sich kleine und große Menschen verschiedenen Alters begegnen. Wir verbringen viel Zeit miteinander, um zu lernen und zu spielen. Damit sich jeder wohlfühlt, müssen wir aufeinander Rücksicht nehmen und uns an vereinbarte Regeln halten.

Allgemeine Regeln
- **Alle** Kinder haben die gleichen Rechte.
- Wir möchten, dass unser Schulhaus und unser Schulgelände **gepflegt** und **freundlich** aussehen.
- Wir benutzen die Abfalleimer.
- Wir behandeln Menschen, Tiere, Pflanzen und Sachen liebevoll.
- Wir verlassen das Schulgelände während der Schulzeit nicht.
- Wir bringen keine elektronischen Spiele oder Handys mit in die Schule.

Regeln des Zusammenseins
- Ich begegne anderen **freundlich** und **grüße** sie.
- Ich **entschuldige mich**, wenn mir ein Fehler oder ein Versehen passiert ist.
- Ich helfe mit, dass es meinen Mitschülerinnen und Mitschülern **gutgeht** und halte mich aus **Streitigkeiten** heraus.
- Ich beleidige und provoziere meine Mitschülerinnen und Mitschüler nicht.
- Ich bewege mich im Klassenzimmer und im Treppenhaus ruhig und langsam.

Vereinbarung

Die Regeln unserer Schulordnung und die Maßnahmen bei Verstößen gegen die Schulordnung haben wir in der Klasse besprochen.
Ich habe Regeln **und** Maßnahmen verstanden.
Ich verspreche, die Regeln einzuhalten.

Name: _____

Datum: _____

Unterschrift Kind
_____

Es unterstützen dich dabei:

Unterschrift Lehrerin _____ Unterschrift Eltern _____

Zur Förderung der Selbstständigkeit verabschieden sich die Eltern von ihren Kindern **vor** dem Schulhaus.

Du hast die Schulordnung im Schuljahr _____ eingehalten

Quelle: Grundschule im Wallgut, Konstanz

Text 3.1

wirkt eine zusätzliche Regel, die sich vornehmlich an die Eltern richtet (*Zur Förderung der Selbstständigkeit verabschieden sich die Eltern von ihren Kindern vor dem Schulhaus*).

Sprachlich und inhaltlich orientieren sich die Regeln an den erwartbaren Fähigkeiten der Kinder. Sowohl erwünschtes Verhalten (*Ich entschuldige mich [...]*) und das, was zu unterlassen ist (*Ich beleidige und provoziere [...] nicht*), werden konkret und für Kinder verständlich ausgedrückt. Bei einigen Formulierungen wird zuversichtlich darauf vertraut, dass die Kinder schon wissen oder sich denken können, was dem Zusammensein in der Schule dient. Solche Gedanken werden als selbstverständlich formuliert. Beispiele: *Alle Kinder haben die gleichen Rechte. – Ich helfe mit, dass es meinen Mitschülerinnen und Mitschülern gutgeht.* Die einzelnen Regel-Sätze weisen – bis auf eine Ausnahme mit *wir* oder *ich* eingeleitet – die gleiche Struktur auf. Bis auf zwei Ausnahmen (Hauptsatz, dann Nebensatz) werden einfache Hauptsätze formuliert.

Unterrichtsziele

Vor dem Hintergrund eigener Erfahrungen mit Versprechen werden die Regeln der Schulordnung näher betrachtet (zur Festigung der propositionalen Textrepräsentation) und bewertet. Auf dieser Grundlage kann dann auch die Regel eingeordnet werden, die vorrangig an die Eltern gerichtet ist (*Zur Förderung der Selbstständigkeit [...]*). Ernsthafte, institutionell geprägte Versprechen werden oft durch Unterschriften bekräftigt. Das sollen die Kinder ebenfalls erkennen, wodurch der spätere Umgang mit vertraglichen Vereinbarungen vorbereitet wird. Insgesamt strahlt die vorliegende Schulordnung Zuversicht und eine positive Grundeinstellung gegenüber Kindern aus. Das soll von den Kindern fortgeführt werden, indem sie sich konstruktiv Maßnahmen bei möglichen Verstößen ausdenken und Vorschläge aufschreiben.

Vorschläge und Anregungen für den Unterricht

Die Unterrichtsreihe kann mit einem Unterrichtsgespräch beginnen – über mündliche Versprechen, was das bedeutet, was folgt, wenn man sie einhält, und was geschehen kann, wenn dies nicht gelingt. Kinder haben vielleicht auch schon ein Gefühl dafür, dass sich Versprechen in ihrer Ernsthaftigkeit unterscheiden. Die ersten Aufgaben stellen die Regeln der Schulordnung in den Vordergrund und versuchen, sie zu ordnen (Aufgabe 3).

Lösung zu Aufgabe 3: 6 Regeln zum guten Verhalten, 3 Verbote, 1 Wunsch und 1 Satz, der nicht so einfach einzuordnen ist (*Alle Kinder haben die gleichen Rechte*).

Die Aufgaben 4 bis 6 stoßen das Nachdenken darüber an, in welcher Weise Lehrer und Eltern die Kinder als Schüler unterstützen können. Die Aufgaben 7 und 8 setzen dann Überlegungen in Gang, die durch die Beschäftigung mit der vorliegenden Schulordnung ausgelöst werden (Maßnahmen bei Verstößen, Beurteilung des Umgangs mit der Schulordnung).

Teil B: Vorschläge für einen kompetenzfördernden Unterricht

Hausaufgaben und Bezüge zu weiteren Unterrichtsreihen
Aufgabe 7 ist als anspruchsvolle Hausaufgabe denkbar und kann ergänzt werden.

Bezüge bestehen insbesondere zu B 3.2 (Mitgliedschaft in einer Bibliothek) und B 3.4 (Offizielle Vereinbarung für Fan-Clubs).

Materialien
Text und Arbeitsblätter: 💿 unter 3.1.
Weitere, sehr unterschiedliche Schulordnungen für die Grundschule sind im Internet über Suchmaschinen für Erwachsene zu finden (etwa über http://www.metager.de).

3.2. Mitgliedschaft in einer Bibliothek – Einverständniserklärung der Eltern (ab Klasse 5)

Hinweise zum Text
Damit ein Kind eine öffentliche Bücherei nutzen und dort Bücher und Medien ausleihen kann, wird in vielen Fällen die Erklärung eines Erziehungsberechtigten verlangt. Das vorliegende Formular ermöglicht dies im Sinne eines verpflichtenden Textes: Ein Elternteil trägt hier die erfragten Daten des Kindes ein und erklärt sich mit Datum und Unterschrift damit einverstanden, dass die Tochter oder der Sohn die Stadtbibliothek nutzen darf. Vergleichbare Erklärungen sind in der Öffentlichkeit weithin vertraut, sie sind institutionell geprägt und an Erwachsene gerichtet. Wenn auch Erwachsene die Adressaten sind, so haben solche Erklärungen doch auch für die Kinder Relevanz: Heranwachsende können (und sollten) erkennen, dass sie selbst und auch ihre Eltern sich verpflichten, mit den genutzten und ausgeliehenen Büchern und Medien sorgsam umzugehen. Infolgedessen fehlt im Anschreiben an die Eltern auch nicht der Hinweis auf die Benutzungsordnung, die Kosten und eine etwaige Haftung für Verlust oder Beschädigung regelt. Ersichtlich ist dies in der Satzung (Ausschnitte dazu in Aufgabe 2), die zu den appellierend-instruierenden Texten zu rechnen ist.

Das Formular ist eng auf den Sachverhalt bezogen, was durch die Vorgabe in Stichwörtern geregelt wird. Erwachsene können das Formular nur ausfüllen – gegebenenfalls überlegen, ob sie dies vollständig tun (etwa Verzicht auf die Angabe der E-Mail-Adresse, gegebenenfalls auch auf die Bekanntgabe der Telefonnummer). Sprachlich fällt auf, dass der Vordruck recht übersichtlich ist, jedoch wegen des Splittings bei den Geschlechtsangaben (*Name der/des Erziehungsberechtigten*) und wegen des Wechsels der Angaben (*Name*, dann *Vorname des Kindes*, doch *Vorname*, dann *Name der/des Erziehungsberechtigten*) ein präzises Lesen und Ausfüllen verlangt (Mutter: *der Erziehungsberechtigten*; Vater: *des Erziehungsberechtigen*). Die Angaben werden wohl in *DRUCKBUCHSTABEN* (also wie bei der Bitte in Großbuchstaben) erwartet – mit Ausnahme der Unterschrift.

Unterrichtsziele
An einem einfachen Beispiel vergegenwärtigen sich die Schülerinnen und Schüler, dass eine Einverständniserklärung denjenigen, der sie abgibt, erheblich verpflichtet.

3. Umgang mit verpflichtenden Sachtexten

Liebe Eltern,

damit Ihr Kind Mitglied der Bibliothek werden kann, benötigen wir Ihr Einverständnis, das Sie uns mit Ihrer Unterschrift geben.

Die Mitgliedschaft und Ausleihe ist für Kinder bis einschließlich 15 Jahren kostenlos.

Mit DVD-Ausleihe: 2,50 EUR für 1 Jahr

Für weitere Informationen lesen Sie bitte unsere Benutzungsordnung – liegt in allen Bibliotheken aus – oder fragen Sie direkt unser Personal vor Ort!

Bitte füllen Sie das Formular in DRUCKBUCHSTABEN aus:

Name des Kindes — Vorname des Kindes

Geburtsdatum — Nationalität — ☐ weiblich ☐ männlich

Vorname der / des Erziehungsberechtigten — Name der / des Erziehungsberechtigten

PLZ / Ort — Straße

Telefon — E-mail

Ich bin damit einverstanden, dass meine Tochter / mein Sohn die Stadtbibliothek benutzt.

Datum / Erziehungsberechtigte/r

Stadtbibliothek Wuppertal
alles was Sie wissen müssen

Quelle: Stadtbibliothek Wuppertal

Text 3.2

Im vorliegenden Fall gilt dies für den sachangemessenen Umgang mit entliehenen Büchern und Medien. Bei deren Verschmutzung, Beschädigung oder Verlust können schon erhebliche Kosten entstehen. Darüber hinaus sichert sich die öffentliche Bücherei durch die von den Eltern unterschriebene Einverständniserklärung dagegen ab, dass im Einzelfall plötzlich von Eltern die Ausleihe bestimmter Bücher oder Medien beklagt oder deren Entfernung aus der Bibliothek verlangt wird (etwa bei Büchern zur Sexualerziehung, zur Darstellung des Darwinismus u. dgl.). Auszufüllen ist im vorliegenden Fall „nur" ein Formular. Das glückt, wenn sich Leser zunächst einen Überblick über alle Vorgaben verschaffen, die einzelnen Vorgaben genau durchlesen und deren Funktion bedenken.

Bei den Aufgaben dieser Unterrichtsreihe steht zunächst eine Form des Top-down-Vorgehens im Vordergrund: Die Superstruktur ist vor allem bei den Aufgaben 1 und 3 zu beachten; der Einsatz reduktiver Organisationsstrukturen trägt dazu bei, Lösungen zu finden. Andere Aufgaben (etwa 5 und 6) beziehen sich deutlich auf das Erkennen inhaltlich-sprachlicher Zusammenhänge (lokale Kohärenzbildung). Insbesondere die beiden letzten Aufgaben (7 und 8) weiten die Auseinandersetzung mit der Einverständniserklärung bis hin zu einer kritischen Reflexion aus.

Vorschläge und Anregungen für den Unterricht

Die Unterrichtsreihe beginnt nicht mit einem raschen Ausfüllen des Formulars. Vielmehr dienen die ersten Aufgaben dazu, die Schülerinnen und Schüler zur Einverständniserklärung als verpflichtendem Text hinzuführen und ihnen deren Bedeutung bewusst zu machen (Aufgaben 1 bis 3). Aufgabe 4 stellt eine reizvolle Anforderung dar: Aus einem Fließtext sind die Angaben zu entnehmen und zu entwickeln, die Frau Schäfer in das Formular einzutragen hat. Da das Formular die Geschlechterbezeichnungen splittet, ergeben sich dabei einige Probleme, die in Aufgabe 5 berücksichtigt werden: Schülerinnen und Schülern muss vermittelt werden, wie Nichtzutreffendes duchzustreichen und welche grammatische Form jeweils richtig ist. Letzteres sollten die Kinder nach Sprachgefühl entscheiden (insbesondere die Flexion beim artikellosen Nomen *Erziehungsberechtigte/r* zu erklären, erscheint wenig hilfreich). Lösung zu Aufgabe 4 (Streichung von Formularteilen durch Frau Ulrike Schäfer, Mutter von Tobias Schäfer):

Vorname der/des Erziehungsberechtigten
Name der/des Erziehungsberechtigten
dass meine Tochter/mein Sohn die Stadtbibliothek benutzt.
Erziehungsberechtigte/r

Hausaufgaben und Bezüge zu weiteren Unterrichtsreihen

Die Aufgaben 1 und 2 (vorbereitend), 6, 8 und 9 sind als Hausaufgaben denkbar.

Bezüge bestehen zu B 3.1 (Schulordnung) und B 3.4 (Offizielle Vereinbarung für Fan-Clubs).

Materialien

Text und Arbeitsblätter: 💿 unter 3.2.

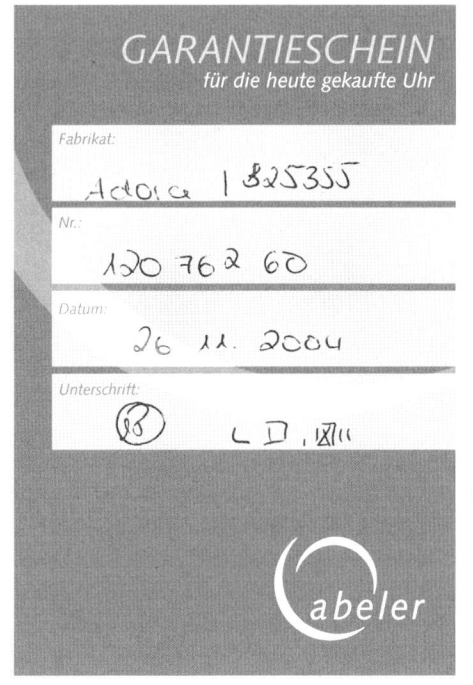

3.3. Garantieschein zum Kauf einer Uhr (ab Klasse 6)

Hinweise zum Text

Der Text – ein Garantieschein des Uhrmachers und Goldschmieds Abeler – gibt dem Käufer ein Versprechen, das mit Pflichten verbunden ist. Im Zusammenhang mit dem Kauf einer Uhr werden Fakten mitgeteilt, die für den Käufer während der Garantiezeit (24 Monate) sehr wichtig sind. Interesse und Motivation kann vorausgesetzt werden – spätestens dann, wenn der Käufer mit der gekauften Uhr nicht zufrieden ist. Da der Garantieschein bei denkbaren Streitfällen entscheidet, muss er rechtlichen Mindeststandards des Geschäftsverkehrs genügen. Das erschwert an einigen Stellen (siehe unten) das Verstehen des vorliegenden Textes. Das Thema wird – eng verbunden mit dem Uhrenkauf – deskriptiv entfaltet. Unter der Überschrift *Garantieumfang* zählt der Text nach Angabe der Garantiedauer die gegebenenfalls vom Uhrenfachgeschäft *kostenlos* zu erbringenden Leistungen auf, die für den Fall einer Reklamation zugesagt sind. Sollten die *Beseitigung von Fehlern* und das denkbare *Nachregulieren der Uhr* scheitern, dann räumt der Verkäufer *Ersatzlieferung*, gegebenenfalls auch *Minderung* (Preisnachlass) oder *Wandlung* (Rückerstattung des Kaufpreises) ein. Das eigentliche Versprechen endet mit dem Hinweis auf Bedingungen, unter denen die Garantie nicht

Text 3.3

gilt (Bearbeitung der Uhr in einer fremden Werkstatt, nicht vom Uhrengeschäft zu verantwortende Schäden). Der Text schließt wie ein Brief verbindlich mit einem Wunsch und einer Schlussformel.

Was die sprachlichen Mittel betrifft, birgt der Garantieschein einige Schwierigkeiten: Da auf engem Raum alles Relevante möglichst präzise mitgeteilt werden soll, enthalten einzelne Sätze sehr viele Informationen (a) oder Passagen sind hinsichtlich des Satzbaus recht komplex (b). Beispiele: *Für die bei uns gekaufte Uhr garantieren wir für den Zeitraum von 24 Monaten ab Kaufdatum folgende Leistungen: [...]* (a); *Sollte die Nachbesserung von Fehlern, die uns innerhalb der Garantiezeit angezeigt werden, nicht gelingen, verpflichten wir uns zur Ersatzlieferung und, sollte auch diese fehlschlagen, zur Minderung oder Wandlung* (b). Der Beispielsatz zu (b) verweist auch auf einige Auffälligkeiten bei der Wortwahl, die nicht nur aus dem Branchenjargon resultieren (*Nachregulieren, Gangverhalten*), sondern rechtlich vorgegeben sind. Alle denkbaren Sachverhalte werden nicht konkret aufgezählt, sondern unter einem Oberbegriff zusammengefasst. Beispiele:

▸ *Minderung:* In den Fällen, in denen eine *Nachbesserung* nicht gelingt, reduziert der Verkäufer den Preis für die Uhr.
▸ *Wandlung* (als juristischer Terminus): In bestimmten Fällen kann der Kauf rückgängig gemacht werden; der Käufer erhält sein Geld zurück.
▸ *Schäden* durch *Überbeanspruchung:* Uhr wird extremen Temperaturen ausgesetzt; eine nicht wasserdichte Uhr wird während des Schwimmens getragen oder beim Tieftauchen nicht abgelegt.

Unterrichtsziele

Was Kinder bereits über Versprechen und die sich daraus ergebenden Verpflichtungen erfahren haben, kann zunächst aufgenommen werden – ebenso wie ihre Erfahrungen mit Garantien. Die Auseinandersetzung mit dem Garantieschein ermöglicht anschließend einen präzisen Einblick in die konkreten Verpflichtungen, die der Lieferant oder das Geschäft übernimmt (Dauer der Garantie, Garantieleistungen, Regelung beim Misslingen der Nachbesserung, Bedingungen für den Ausschluss eines Anspruchs). Dazu ist es notwendig, die Kernaussagen des Textes zu verstehen (also eine propositionale Textrepräsentation aufzubauen) sowie mit dem Fachjargon und rechtlich wenig vertrauten Formulierungen sachangemessen umzugehen. Die Verknüpfung mit dem eigenen Wissen hilft dabei (globale Kohärenzbildung über Elaboration), reicht aber nicht aus. In einzelnen Aufgaben zum Text werden deshalb Lösungen angedeutet, die durch Zuordnung oder Konkretisierung gesichert werden. Was in dieser Unterrichtsreihe gelernt wird, kann auf komplexere verpflichtende Sachtexte übertragen werden.

Vorschläge und Anregungen für den Unterricht

Der Unterricht wird mit dem Lesen des gesamten Textes einsetzen, wobei die ersten vier Aufgaben über die sorgfältige Arbeit an Textdetails gelöst werden. Aufgabe 3 ist recht anspruchsvoll. Mögliche Lösung:

Verwendeter Fachausdruck im Text	Entspricht dem Teil des Satzes in Christians Lösung
Ersatzlieferung	… die Uhr gegen eine neue einzutauschen
Minderung	… dann bietet der Verkäufer dem Käufer einen Preisnachlass an
Wandlung	… er gibt dem Käufer den gesamten bezahlten Betrag zurück

Bei Aufgabe 5 liegt es nahe, dass die Schülerinnen und Schüler zunächst in kleinen Gruppen eigene Erfahrungen zum Umgang mit Uhren, Handys und dergleichen austauschen und dann überzeugende konkrete Ereignisse notieren. Beispiele für denkbare Lösungen:

Schaden	Kann passieren, wenn …
unsachgemäße Behandlung	Uhr wird längere Zeit größerer Hitze ausgesetzt (Trocknen der Uhr im Backofen)
Überbeanspruchung	Tauchen mit einer Uhr, die weder wasserdicht noch fürs Tauchen geeignet ist
natürlicher Verschleiß	Verkratzen des Uhrgehäuses

Aufgabe 6 trägt dazu bei, die Textsorte *Garantieschein* durch konkrete Beispiele anzureichern. Ein Vergleich verschiedener Texte schärft den Blick für die Textsorte, die jeweils verwendeten stilistisch-rhetorischen Mittel, auch für die Komplexität und Qualität dieser Form verpflichtender Texte.

Hausaufgaben und Bezüge zu weiteren Unterrichtsreihen

Die Aufgaben 3, 5 und 6 eignen sich als Hausaufgaben. Wird der Vergleich bei Aufgabe 6 nach zuvor besprochenen Gesichtspunkten schriftlich gefordert, dann ist damit eine anspruchsvolle Leistungsaufgabe gestellt.

Bezüge bestehen insbesondere zu den verpflichtenden Texten B 3.1 (Schulordnung) und B 3.5 (Rückgaberecht).

Materialien
Text und Arbeitsblätter: ⊙ unter 3.3.

3.4 Werder Ethik Kodex für alle Mitarbeiter/innen … und SV Werder Bremen Fan Ethik Kodex (ab Klasse 8)

Hinweise zu den Texten

Großvereine mit Spitzenteams in verschiedenen Sportarten (insbesondere Fußball-Bundesliga) sind heute wirtschaftliche Unternehmen mit Aufsichtsrat, Geschäftsführung, Präsidium und zahlreichen Mitarbeitern. Sie alle setzen sich dafür ein, dass viele Kinder, Jugendliche und Erwachsene sportlich aktiv sind und sich mit anderen in ihren Leistungen messen können. In Fällen, in denen sich Vereine mit erheblichem (auch finanziellem) Aufwand am regelmäßigen Spielbetrieb beteiligen, erwarten nationale und internationale Verbände wie der DFB bzw. die FIFA im Fußball, dass sich Mitglieder der Vereine einschließlich der organisierten Fans förmlich verpflichten, sich an die Regeln zu halten und das Ansehen des Vereins zu fördern.

In diesem hier knapp skizzierten Zusammenhang sind die beiden folgenden Verpflichtungen zu sehen, die der SV Werder Bremen für seine Mitarbeiter, Vereinsangehörige und Fans erarbeitet hat – den „WERDER ETHIK KODEX" für alle Mitarbeiter/innen, Spieler/innen, Eltern der Spieler/innen" (siehe S. 159, AB 3.4 auf CD) und den „SV WERDER FAN ETHIK KODEX" (siehe S. 161, AB 3.4 auf CD).

WERDER ETHIK KODEX für alle Mitarbeiter/innen, Spieler/innen, Eltern der Spieler/innen des SV Werder Bremen (Text 3.4 A)

Der „ETHIK KODEX" des Vereins SV Werder Bremen stellt Regeln vor, die nicht nur diejenigen zu achten haben, die unmittelbar im Verein tätig sind, sondern auch Eltern, die ihre Kinder oder Jugendlichen beim Sport im Verein begleiten. Dass auch Eltern mitverpflichtet werden, liegt nahe, nehmen sie doch „von außen" mehr oder minder engagiert, gelegentlich leidenschaftlich und nicht in jedem Fall konstruktiv an den Wettkämpfen ihrer Kinder teil.

Angesichts der beschriebenen Situation ist es konsequent, dass der Sportverein SV Werder Bremen alle Mitarbeiter und ehrenamtlich Tätigen verpflichtet, sich angemessen zu verhalten und dies auch mit ihrer Unterschrift zu versichern. Der WERDER ETHIK KODEX ist also eine Verpflichtungserklärung, die ausgehend von den sportlichen Aktivitäten sachbetont und präzise erwünschtes Verhalten in Regeln fasst, an die sich alle im Titel Genannten zu halten haben. Verstöße gegen diese Regeln werden geahndet – äußerstenfalls bis hin zum „Vereinsausschluss".

Das Bemühen um Klarheit und Präzision schlägt sich auch in der Gestaltung des Textes nieder, den ein strukturierter Aufbau auszeichnet.

A Zunächst werden knapp Verhaltensweisen genannt, die Sportlern vertraut sind und von ihnen weithin anerkannt werden (regelkonformes Verhalten im Spiel, fairer Umgang mit Sieg und Niederlage, Achtung der Gegner und des eigenen Teams). Konkrete Erläuterungen dazu (vgl. die Spiegelstriche) sind als Ich-Äußerungen formuliert, die auf diese Weise als naheliegend, wie selbstverständlich wirken. Die beiden ersten Absätze sprechen das Verhalten im Wettkampf an; der dritte Absatz schließt das Um-

WERDER ETHIK KODEX

FÜR ALLE MITARBEITER/INNEN, SPIELER/INNEN, ELTERN DER SPIELER/INNEN DES SV WERDER BREMEN

A Ich spiele und verhalte mich fair.

- Ein Sieg ist wertlos, wenn er nicht ehrlich und fair errungen wurde.
- Fair zu spielen und zu handeln, bedeutet Mut und Charakter aufzubringen.
- Fairplay lohnt sich, auch bei einer Niederlage.
- Fairplay bringt Anerkennung.

Ich spiele, um zu gewinnen, und akzeptiere eine Niederlage mit Würde.

- Der Sieg ist das Ziel eines jeden Spiels.
- Ich gebe niemals auf, auch wenn der Gegner stärker ist.
- Ich lasse niemals nach, auch wenn der Gegner schwächer ist.
- Niemand gewinnt immer.
- Lerne, ehrenvoll zu verlieren.

Ich respektiere Gegner/innen, Mitspieler/innen, Schiedsrichter/innen, Offizielle und Zuschauer/innen.

- Fairplay heißt Respekt.
- Ohne Gegner gibt es kein Spiel.
- Alle bilden ein Team, in dem jeder gleichberechtigt ist.
- Ich verhalte mich immer respektvoll und vorbildlich.

B Ich werde das Recht von Mitspieler/innen, Gegner/innen, Schiedsrichter/innen, Zuschauer/innen oder der mir als Trainer/innen und Eltern anvertrauten Kinder, Jugendlichen und jungen Erwachsenen auf Unversehrtheit achten und keine Form von Rassismus, Gewalt oder Diskriminierung in jeglicher Form, sei sie physischer, psychischer oder sexueller Art, zulassen bzw. selbst ausüben.

Ich werde dafür Sorge tragen, dass die Regeln der jeweiligen Sportart eingehalten werden. Ich lerne sie, auch um das Spiel besser zu verstehen und ein/e bessere/r Spieler/in zu werden. Insbesondere übernehme ich eine positive und aktive Vorbildfunktion im Kampf gegen Doping, Medikamentenmissbrauch, Suchtgefahren durch Drogen, Alkohol oder Nikotin sowie gegen jegliche Art von Leistungsmanipulation.

Ich bedenke immer, wie mein Handeln das Ansehen des Vereins beeinflussen kann, und dass ich ein/e Botschafter/in vom SV Werder Bremen und des Sports bin.

Ich verpflichte mich einzugreifen, wenn in meinem Umfeld gegen diesen Kodex verstoßen wird und ich werde die Verantwortlichen des Vereins darüber informieren. Ich achte aber auch darauf, dass niemand durch ungeprüfte Falschanschuldigungen in Missgunst gebracht wird.

C Ich bin mir bewusst, dass Verstöße gegen den SV Werder Bremen Kodex vereinsschädigendes Verhalten darstellt. Dieses kann Sanktionen bis zum Vereinsausschluss nach sich ziehen.

Stand: 01.10.2010

Text 3.4 A: Quelle: https://www.werder.de/werder-bewegt/ueber-werder-bewegt/werder-ethik-kodex/ (28.06.2018)

feld mit ein, indem er für Respekt gegenüber Gegnern, Mitspielern, Schiedsrichtern, Offiziellen und Zuschauern wirbt.
B Anschließend werden daraus in vier Absätzen konkrete Verpflichtungen abgeleitet, nämlich:
1) die Achtung der Gesundheit aller Beteiligten und den konsequenten Widerstand gegen „Rassismus, Gewalt und Diskriminierung" („Ich werde das Recht achten...");
2) die Einhaltung der Spielregeln und eine vorbildliche Einstellung „gegen Doping" sowie „gegen jegliche Art von Leistungsmanipulation" („Ich werde dafür Sorge tragen...");
3) die Ausrichtung des Handelns mit Blick auf das „Ansehen des Vereins" („Ich bedenke immer...");
4) beherzte, jedoch umsichtige Reaktionen bei Verstößen gegen den WERDER ETHIK KODEX („Ich verpflichte mich...").
C Der Text schließt mit einer resümierenden Folgerung: Wer die vorliegende Verpflichtung unterschreibt, der stimmt drohenden Sanktionen bei „vereinsschädigendem Verhalten" zu („Ich bin mir bewusst ...").

Der gesamte Text ist aufbauend-konstruktiv gehalten, ohne jedoch auf die deutliche Nennung möglicher Folgen bei Regelverstößen zu verzichten. Sprachlich wird dies auch in der präzisen Wortwahl und im elaborierten Satzbau deutlich. Die Vertrautheit mit anspruchsvolleren Sachtexten und ein gewisses Maß an Insider-Wissen erleichtern das Verstehen des vorliegenden Textes. Das gilt etwa für die Formulierungen „Diskriminierung [...] physischer, psychischer oder sexueller Art", „Leistungsmanipulation" neben dem Doping oder den sprachlich weniger geglückten Halbsatz „... dass niemand durch ungeprüfte Falschanschuldigungen in Missgunst gebracht wird". Soll oder kann heißen – zunächst: Körperlich Schwächere, psychisch weniger Belastbare oder Homosexuelle dürfen nicht gemobbt oder gar ausgeschlossen werden; und „Leistungsmanipulationen" außerhalb des Dopings wie etwa die unzulässige Veränderung äußerer Bedingungen (Überflutung der Spielfläche kurz vor Spielbeginn, um beim Fußball einen technisch überlegenen Gegner zu behindern) ist eine grobe Verletzung des ETHIK KODEX'.

Spätestens beim lauten Lesen oder Zitieren einzelner Stellen der Verpflichtungserklärung wird deutlich, wie umständlich, sogar erschwerend es wirkt, wenn statt des möglichen generischen Maskulinums (die Mitarbeiter, die Spieler) hier konsequent das Splitting mit Schrägstrich verwendet wird (z.B.: Gegner/innen, Mitspieler/innen). Wenn schon ausdrücklich beide Geschlechter angesprochen werden sollen, wäre hier die Verwendung eines Sternchens/Asterisks (*) vorzuziehen – also dann: Gegner*innen, Mitspieler*innen...

SV WERDER BREMEN FAN ETHIK KODEX (Text 3.4 B)
Außer den bisher genannten Gruppen spielen insbesondere bei Fußballvereinen die Anhänger der einzelnen Mannschaften eine große Rolle. Das können einzelne Fans, lose organisierte Fangruppierungen oder Fanclubs sein. Es ist im Interesse diverser

SV WERDER BREMEN FAN ETHIK KODEX

Im Bewusstsein ihrer gesellschaftlichen Verantwortung und für den guten Ruf des Fußballs haben die Geschäftsführung der SV Werder Bremen GmbH & Co KG aA, das Präsidium des Sport-Verein „Werder" von 1899 e.V., das Fan-Projekt Bremen und der Dachverband Bremer Fanclubs folgende Vereinbarung geschlossen, die sich an den Fifa Ethik Kodex anlehnt.

- Wir respektieren unsere Gegner und deren Fans, das Schiedsrichtergespann sowie unsere Spieler und Zuschauer.
- Wir lehnen Diskriminierung und Gewalt ab.

Wir respektieren alle Menschen, unabhängig von Geschlecht, Abstammung, Hautfarbe, Herkunft, Glauben, sozialer Stellung oder sexueller Identität.

Wir setzen uns dafür ein, dass keine Gewalt von Fans vom SV Werder Bremen ausgeht.

- Wir akzeptieren die für die Stadien geltenden Regeln.
- Wir wissen, dass Verstöße gegen die o. a. Punkte zu Stadionverboten und/oder Vereinsausschlüssen führen können bzw. bei Fanclubs zum Ausschluss aus dem Dachverband.
- Wir sind uns einig, dass nur Fanclubs und Fangruppierungen, die diesen SV Werder Bremen Fan Ethik Kodex unterschrieben haben und ihn einhalten, Vergünstigungen im Rahmen von Dauerkarten, Karten für Auswärtsspiele, Arbeitskarten und andere Unterstützungen durch den SV Werder Bremen erhalten können.

SV Werder Bremen GmbH & Co KG aA   Sport-Verein „Werder" von 1899 e.V.

Fan-Projekt Bremen e.V.   Dachverband Bremer Fanclubs

WERDER BREMEN

SV Werder Bremen GmbH & Co KG aA
Sport-Verein „Werder" v. 1899 e.V.

STAND: 01.10.2010

Text 3.4 B: Quelle: https://www.werder.de/fileadmin/WERDER_BEWEGT/Lebenslang_tolerant/Antidiskriminierung/fan_ethik_kodex.pdf (28.06.2018)

Einrichtungen eines jeden größeren Vereins, dass die gesamte Fan-Szene nicht völlig außerhalb des Vereinsgeschehens agiert. Der Vorstand und die Geschäftsführung (im Sinne eines Unternehmens) sind an einem möglichst vorteilhaften Image des Vereins in der Öffentlichkeit ebenso interessiert wie an einer wirkungsvollen Unterstützung seitens der eigenen Zuschauer. Gravierende Vorkommnisse im eigenen Stadion (z.B. Gewalt oder massive Störungen) können erhebliche Konsequenzen haben (z.B. Spielabbruch, Auseinandersetzungen vor Gerichten, empfindliche Geldstrafen, Punktabzug). Die Fans haben ebenfalls nachvollziehbare Wünsche: Sie möchten als unverzichtbare Unterstützer des Vereins anerkannt werden und erwarten für ihre regelmäßige Beteiligung an Heim- und Auswärtsspielen Vergünstigungen (z.B. verbilligte Dauerkarten zum Besuch der Spiele, Besorgen der Karten für Auswärtsspiele).

Der SV Werder Bremen bemüht sich (wie andere bekannte Fußballvereine auch), seine Fans und Fangruppierungen möglichst verbindlich in das komplexe Geschehen des bezahlten, in den Medien ständig präsenten Fußballs zu integrieren. Dies geschieht über eine Verpflichtung – in diesem Fall über den so genannten FAN ETHIK KODEX (siehe S. 161, AB 3.4 auf CD) –, die jene Einrichtungen untereinander vereinbart haben, die das Vereinsgeschehen maßgeblich prägen. Neben der Geschäftsführung – Profivereine sind Unternehmen (siehe oben) – und dem Präsidium des Vereins haben auch der „Dachverband Bremer Fanclubs" und das „Fan-Projekt Bremen e. V." gemeinsam eine Verpflichtungserklärung erarbeitet (siehe S. 161).

Dass das Präsidium und die SV Werder Bremen GmbH als Unternehmen den SV WERDER BREMEN FAN ETHIK KODEX mittragen, ist eigentlich selbstverständlich. Welche Intentionen die beiden übrigen vereinsnahen Einrichtungen bewegen, lässt sich aus deren Selbstverständnis und Zielen erschließen.

So sieht der „Dachverband Bremer Fanclubs" (gegründet 1991) seine Aufgabe darin, als „Selbstorganisation" die zahlreichen Fanclubs und Fangruppierungen in Bremen (und darüber hinaus) an den Verein zu binden, den Kontakt zu den eigenen und auch zu Fans anderer Vereine zu pflegen, in Konflikten zu moderieren und mit dem Verein für Fangruppierungen und Fanclubs des SV Werder Bremen möglichst günstige Bedingungen auszuhandeln. So werden im SV WERDER FAN ETHIK KODEX auch „Vergünstigungen im Rahmen von Dauerkarten, Karten für Auswärtsspiele und „Arbeitskarten" genannt. Die Vereinsführung und der Dachverband denken dabei an Vergünstigungen für Fans, die sich um so genannte Choreos kümmern. Damit sind aufwendige choreografische Inszenierungen mit farbigen Tüchern oder Transparenten bei Heimspielen gemeint.

Das Fan-Projekt Bremen e. V., schon 1981 als gemeinnütziger Verein gegründet, hat sich als „anerkannter Träger der freien Jugendhilfe" bewährt. So wird seit 1993 dieses Projekt erfreulicherweise von der Stadt Bremen und vom Profifußball finanziell gefördert. Getragen von einem „Team [...] hauptamtlicher und freiberuflicher Pädagog˙innen und Sozialwissenschaftler˙innen" werden Jugendlichen „Impulse für eine gewaltfreie und vielfältige Fan-Kultur" vermittelt, die deren „Selbstbestimmung und Eigenverantwortung" stärken sollen. Sichtbares Zeichen für das Projekt ist ein „Lernort" unter den Rängen der Ostkurve, in dem für die Fans „Lesungen, Workshops, Seminare" und – gewiss ein Höhepunkt – auch „Begegnungen mit Spielern" angeboten werden.

In einer Übersicht lässt sich das Zusammenspiel verschiedener Einrichtungen des Vereins für die Erstellung der vorliegenden Verpflichtungserklärung so darstellen (siehe Tabelle auf S. 163, AB 3.4 auf CD). Die Tabelle nennt dabei die einzelnen Einrichtungen, die jeweils wichtigsten Aufgaben und fasst die Kurzbeschreibung jeweils unter einem Arbeitsbegriff als „Leitbild" zusammen. Aus dieser Zusammenstellung lassen sich dann die beiden Kernpunkte (1) bzw. (2) der Verpflichtungserklärung und die daraus resultierenden Folgerungen gut nachvollziehen (siehe unten).

SV Werder Bremen als GmbH	Sport-Verein „Werder" Vorstand
• verwaltet das Vermögen des Vereins, stellt Haushaltspläne auf und zahlt Steuern • nimmt im Stadion das Hausrecht wahr • schließt Verträge mit Spielern, Trainerstab und weiteren Angestellten ab • wirbt bei Sponsoren für finanzielle Unterstützung	• vertritt den Verein in der Öffentlichkeit und in Fachverbänden • stärkt den Zusammenhalt der Mitglieder und wirbt für neue • bemüht sich um Spieler und Trainer, Mitarbeiter und Ehrenamtliche • stellt den Spielbetrieb aller Mannschaften des Vereins sicher
Leitbild: verantwortungsbewusster Unternehmer	**Leitbild: Spitze des Vereins in der Öffentlichkeit**
Dachverband Bremer Fanclubs	**Fan-Projekt Bremen e. V.**
• vertritt alle Fanclubs und Fangruppen des Vereins • sorgt für die sichtbare und wirksame Unterstützung der eigenen Mannschaft • handelt Vergünstigungen für die Fans aus • vermittelt bei Konflikten zwischen Fans und Fangruppen	• ermutigt Jugendliche zu gewaltfreier Teilnahme am Geschehen im Stadion • bietet Jugendlichen einen Lernort im Stadion • fördert Begegnungen mit Fanclubs und auch mit Spielern
Leitbild: Unterstützer in der Stadionkurve	**Leitbild: Begleiter der Fans**

Kernpunkte des SV WERDER BREMEN FAN ETHIK KODEX sind:
1) Respekt gegenüber den „Gegnern und deren Fans", den Schiedsrichtern sowie den eigenen Spielern und Zuschauern. Wie weit diese Achtung der Fans zu reichen hat, drückt der folgende Satz aus: „Wir respektieren alle Menschen unabhängig von Geschlecht, Abstammung, Hautfarbe, Herkunft, Glauben, sozialer Stellung oder sexueller Identität."
2) Ablehnung von Diskriminierung und Gewalt. Der Satz „Wir setzen uns dafür ein, dass keine Gewalt von Fans vom SV Werder Bremen ausgeht." weist darauf hin, dass sich die Fans des eigenen Vereins aktiv gegen jede Form von Gewalt im Stadion wehren.

Einzelne schwerwiegende Vorkommnisse bei Fußballspielen der Profi- und Amateurligen belegen, wie wichtig eine solche Einschätzung ist oder werden kann. Daraus wird dann die Verpflichtung abgeleitet, die Fanclubs und Fangruppierungen mit ihrer

Unterschrift übernehmen: Nur wer sich an die Vorgaben hält (Akzeptieren der Regeln im Stadion, auch der möglichen Folgen bei Regelverstößen), kann mit den in Aussicht gestellten Vergünstigungen rechnen (siehe oben).

Hinsichtlich der Merkmale des SV WERDER BREMEN FAN EHTIK KODEX' als Text gilt das bereits zu Text 3.4 A Gesagte (siehe Seite 158 ff.). Lediglich genannt, jedoch nicht ausgeführt sind die „für die Stadien geltenden Regeln", die unter „Stadionordnung für das Bremer Weser-Stadion" im Internet zugänglich sind (siehe Aufgabe 4 zum WERDER FAN ETHIK KODEX, AB 3.4 auf CD). Abweichend vom WERDER ETHIK KODEX (Text 3.4 A) wird hier übrigens neben dem Vereinsausschluss auch auf denkbare „Stadionverbote" verwiesen.

Unterrichtsziele

Ausgangspunkt dieser Unterrichtsreihe ist ein anspruchsvoller verpflichtender Text – nämlich eine Verpflichtungserklärung, die sich an Mitarbeiter und Ehrenamtliche eines großen Sportvereins richtet (Text 3.4 A). Vor dem Hintergrund eigener Erfahrungen mit Vereinen oder Organisationen arbeiten die Schülerinnen und Schüler Merkmale dieser Verpflichtungserklärung heraus. Das gilt vor allem für Aufbau und Gliederung des Textes, für Fachausdrücke und den auf das Wesentliche verknappten Sprachgebrauch. Die Ergebnisse (möglicherweise ergänzt durch Recherchen im Netz) führen dann dazu, die Bezeichnung ETHIK KODEX zu erläutern und dessen Bedeutung später auf die Bezeichnung FAN ETHIK KODEX (Text 3.4 B) zu beziehen. Für beide Texte erkennen die Schülerinnen und Schüler schließlich, an wen der Text explizit gerichtet ist, wozu sich die Unterzeichner verpflichten und welche Sanktionen beim Verletzen des FAN KODEX' jeweils greifen. Insbesondere den ersten Text zeichnet dabei aus, dass er vom sportlich selbstverständlichen, vereinsfördernden Verhalten ausgeht, ehe auf Sanktionen bei Regelverstößen hingewiesen wird.

Der inhaltlich-sprachlich weniger komplexe Text 3.4 B lässt übrigens durch den Einsatz der Tabelle (siehe S. 163, AB 3.4 auf CD) erkennen, dass verschiedene Einrichtungen des Vereins gemeinsam ihre Fans in das Sportgeschehen einzubinden versuchen.

Vorschläge und Anregungen für den Unterricht

Es liegt nahe, zunächst im Unterricht zu ermitteln, welche Erfahrungen die Schülerinnen und Schüler bereits durch eine Vereinsmitgliedschaft haben. Einige Jugendliche werden in diesem Zusammenhang gewiss schon eine Verpflichtungserklärung unterschrieben haben, möglicherweise auch von Diskussionen über Regelverstöße berichten können. Auf dieser Grundlage setzt dann die Auseinandersetzung mit dem WERDER ETHIK KODEX an. Dieser Text hat den Vorzug, dass sich die Verpflichtungserklärung an alle im Verein Tätigen wendet. In Einzel- oder Gruppenarbeit werden wichtige Merkmale der Textsorte erarbeitet und anschließend in der Klasse besprochen (siehe S. 159, AB 3.4 auf CD).

Der Umgang mit dem weniger komplexen FAN ETHIK KODEX (siehe S. 161, AB 3.4 auf CD) kann im Sinne des Übertragens von bereits Gelerntem angeschlossen

3. Umgang mit verpflichtenden Sachtexten

werden, wobei die Schülerinnen und Schüler dann möglichst eigenständig in Partnerarbeit oder Kleingruppenarbeit zu Ergebnissen kommen sollten. Die Bearbeitung der Tabelle (siehe S. 163, AB 3.4 auf CD) eröffnet zudem Möglichkeiten, das Zusammenwirken verschiedener Einrichtungen zur Integration der Fans zu erkennen – letztlich im Interesse des gesamten Vereins.

Denkbar im Sinne der Differenzierung kann der Unterricht sogar auf die Berücksichtigung des FAN ETHIK KODEX' begrenzt werden. Wichtig ist aber in diesem Fall, dass die Merkmale, die jede Verpflichtungserklärung auszeichnen, dann im Umgang mit diesem Text herausgearbeitet werden.

Hausaufgaben und Bezüge zu weiteren Unterrichtsreihen
Nach der gründlichen Erarbeitung des WERDER ETHIK KODEX' im Unterricht stellt die selbstständige Analyse des SV WERDER FAN ETHIK KODEX eine anspruchsvolle Hausaufgabe dar. Die ermittelten Ergebnisse könnten anschließend über den Computer im Unterricht präsentiert und erörtert werden, wobei die Zusammenarbeit bedeutender Institutionen des Vereins zum Nutzen des gesamten Vereins herausgestellt werden. Die Bearbeitung der Tabelle (siehe S. 163, AB 3.4 auf CD) vermag das Erreichen dieses Ziels zu stützen.

Materialien
Text und Arbeitsblätter: 💿 unter 3.4.

3.5. Rückgaberecht nach dem Kauf einer Ware (Sekundarstufe II)

Hinweise zu den Texten
Viele Waren kann man heute telefonisch oder über das Internet bestellen. Bereits im Katalog oder dann bei Zustellung der bestellten Ware (etwa bei Text A auf der Rückseite der Rechnung unter *Sie haben 30 Tage Zeit [...]*) regeln seriöse Versandhäuser den denkbaren Fall, dass der Kunde die bestellte Ware zurückgeben möchte. Eine solche Verpflichtung wird in schriftlicher Form geregelt (also über einen verpflichtenden Sachtext). Adressat ist jeder geschäftsfähige Kunde. Der vorliegende Textausschnitt A zum Recht auf Rückgabe einer Ware besitzt erhebliche Relevanz, er vermittelt sowohl Fakten- als auch Handlungswissen. Der Kunde prüft auf Grundlage der mitgeteilten Fakten, wie er sein Rückgaberecht gegebenenfalls wahrnehmen kann. Die Gliederung des Textes durch Zwischenüberschriften (*Kauf auf Probe*, *Widerrufsrecht*, *Widerrufsfolgen*, *Kosten der Rücksendung*) hilft dem Kunden, sich bei der Lektüre und etwaigen Entscheidung zu orientieren. Folgende Fragen zu Fällen (oder Vorkommnissen) werden im Textausschnitt geklärt:
▸ Wann wird der Kaufvertrag zwischen Besteller und Händler wirksam?
▸ Welche Fristen gelten für einen erfolgreichen Widerruf?
▸ Auf welche Weise kann Widerspruch eingelegt werden?

Sie haben 30 Tage Zeit für Ihre endgültige Entscheidung

Kauf auf Probe

Bei 1A-Mode kaufen Sie alle Artikel grundsätzlich „auf Probe". Das bedeutet, der Kaufvertrag wird erst nach Ablauf von 15 Tagen nach Erhalt der Ware wirksam.

Widerrufsrecht

Sie können Ihre Bestellung ohne Angabe von Gründen innerhalb von weiteren 2 Wochen widerrufen. Die Widerrufsfrist beginnt frühestens mit dem Erhalt der Ware und dieser Belehrung, jedoch nicht vor Wirksamkeit des Vertrages.

Bei 1A-Mode betrachten wir jede Rücksendung und jeden Widerruf innerhalb von 30 Tagen nach Erhalt der Ware als rechtzeitig. Zur Fristwahrung genügt die rechtzeitige Absendung des Widerrufs in Textform (zum Beispiel per Brief, Fax oder E-Mail) oder der Ware an folgende Adresse:

1A-Mode GmbH
Brunnenstr. 205
22453 Hamburg

Telefon: 040 – 123 456
Telefax: 040 – 123 457
www.eins-a-mode.de
service@eins-a-mode.de

Widerrufsfolgen

Im Falle eines wirksamen Widerrufs sind die beiderseits empfangenen Leistungen zurückzugewähren und gegebenenfalls bezogene Nutzungen (zum Beispiel Gebrauchsvorteile) herauszugeben. Bei einer Verschlechterung der Ware kann Wertsatz verlangt werden. Ein Wertsatz ist nicht zu entrichten, wenn die Verschlechterung der Ware ausschließlich auf deren Prüfung – wie sie etwa auch im Ladengeschäft möglich gewesen wäre – zurückzuführen ist. Eine Wertersatzpflicht können Sie vermeiden, indem Sie die Ware nicht wie Ihr Eigentum in Gebrauch nehmen und alles unterlassen, was ihren Wert beeinträchtigt. Paketversandfähige Ware ist auf unsere Gefahr zurückzusenden. Ist die Rückgabe als Paket nicht möglich, genügt die Absendung des Rücknahmeverlangens.

Kosten der Rücksendung

Sie haben die Kosten der Rücksendung zu tragen, wenn die gelieferte Sache der bestellten entspricht und wenn der Preis der zurückzusendenden Sache einen Betrag von 40,– € nicht übersteigt oder wenn Sie bei einem 40,– € übersteigenden Preis der Ware zum Zeitpunkt des Widerrufs noch nicht bezahlt haben.

Rückgabe/Umtausch (Widerrufsbelehrung)

Bitte informieren Sie uns über den Grund der Rücksendung, so können wir für die Zukunft noch besser auf Ihre Wünsche eingehen.

01 = gefällt nicht, 02 = zu eng, 03 = zu weit, 04 = zu kurz, 05 = zu lang,
06 = Farbe fällt anders aus, 07 = fehlerhaft, 08 = mehrere Größen zur Auswahl bestellt,
09 = Qualität gefällt nicht

Der Käufer ist innerhalb von 2 Wochen nach Erhalt der Warensendung ohne Angaben von Gründen zum Widerruf des Kaufvertrages berechtigt, sofern sich die Waren in ungebrauchtem und unbeschädigtem Zustand befinden. Zur fristgerechten Ausübung des Widerrufsrechts genügt die rechtzeitige Absendung des Widerrufs (auch per Fax oder E-Mail) an den Verkäufer:
Daniels & Korff GmbH, D-53879 Euskirchen-Weldesheim, Tel.: 02251/705-0, Fax: 02251/705-200, E-Mail: dako@daniels-korff.de
Bei Widerruf des Kaufvertrages ist der Käufer zur Rücksendung der empfangenen Waren an den oben genannten Verkäufer verpflichtet. Der Verkäufer erstattet die Kosten der Rücksendung und den gezahlten Kaufpreis. Ausgenommen vom Widerrufsrecht sind Artikel, die im Auftrag des Käufers angefertigt, geändert oder mit Monogramm bestickt worden sind.

Wichtige Hinweise:
Bei Rücksendung bitte unbedingt Rücksendeschein mitschicken. Die gelieferte Ware bleibt bis zur vollständigen Bezahlung unser Eigentum.

© Daniels & Korff GmbH, Euskirchen-Kleeburg

Texte 3.5 A und B

▸ Was gilt, wenn die bestellte Ware beschädigt zurückgegeben wird?
▸ Wann muss der Kunde die Ware nicht als Paket zurückschicken?
▸ Wie kann der Kunde in diesem Fall die Rücknahme der Ware erreichen?
▸ Wann muss der Kunde die Kosten für die Rücksendung tragen?

Dem Sachverhalt gemäß wird das Thema deskriptiv entfaltet. Satzbau und Wortwahl sind so gehalten, dass geschäftsfähige Personen den Text verstehen und dass er auch einer juristischen Überprüfung standhält. Unvermeidbar tendieren einzelne Sätze infolgedessen zur Sprache der Verwaltung. Beispiele: *[...] der Kaufvertrag wird erst nach Ablauf von 15 Tagen nach Erhalt der Ware wirksam. – Bei 1A-Mode betrachten wir jede Rücksendung und jeden Widerruf innerhalb von 30 Tagen nach Erhalt der Ware als rechtzeitig. – Im Falle eines wirksamen Widerrufs sind die beiderseits empfangenen Leistungen zurückzugewähren [...].*

Der zweite Text (B) eines anderen Versandhandels mit der Titelzeile *Rückgabe/Umtausch (Widerrufsbelehrung)* besteht aus drei Teilen – einer Bitte, einem *wichtigen Hinweis* und – kleingedruckt – den Bedingungen zum *Widerruf des Kaufvertrages*.

Knapper als beim Text oben wird zunächst die einzuhaltende Frist für die Rücksendung genannt, wobei die schon gewahrt ist, wenn der Käufer durch *rechtzeitige Absendung des Widerrufs* ankündigt, dass der die Ware zurücksenden wird. Des Weiteren sagt der Verkäufer für diesen Fall zu, dass er den Kaufpreis und die *Kosten der Rücksendung* erstattet. Dass dieses Entgegenkommen nicht in jedem Fall gilt, wird am Ende der Information zu Rückgabe/Umtausch geregelt.

Unterrichtsziele

Schülerinnen und Schüler haben bereits vielfältige Erfahrungen beim Einkaufen gemacht und gewiss gelegentlich versucht, Gekauftes wieder zurückzugeben. Schriftlich fixierten rechtlichen Auskünften („Vorschriften") im Sinne verpflichtender Texte sind sie dann begegnet, wenn sie Waren im Internet, telefonisch oder per Katalog bestellt haben. Im Mittelpunkt des Unterrichts steht hier die gründliche Auseinandersetzung mit einem Text, in dem sich ein Versandhandel bei etwaigen Wünschen, Waren zurückzugeben, kundenfreundlich verhalten möchte. Ausgehend von einem konkret nachvollziehbaren Fall sollen die Schülerinnen und Schüler in Auseinandersetzung mit dem Text die Kernaussagen Zug um Zug ermitteln (Aufbau der propositionalen Textrepräsentation) und dabei die reduktiven Organisationsstrategien verfeinern. Das bewusste Nachdenken über das eigene Wissen sowie ein Textvergleich stützen – über den Einsatz der Elaborationsstrategie – die globale Kohärenzbildung. Für den künftigen Unterricht wird damit ein Beitrag geleistet zum effizienten Zusammenspiel der Teilprozesse und der in diesem Zusammenhang geeigneten Lesestrategien.

Vorschläge und Anregungen für den Unterricht

Nach häuslicher Vorbereitung können die Schülerinnen und Schüler berichten, wie es ihnen ergeht, wenn sie Gekauftes zurückgeben möchten. Aufkommende Unsicherheiten und Fragen werden am besten an der Tafel festgehalten und anschließend ins eigene Heft übernommen. Der Einsatz des Arbeitsblattes auf der Begleit-CD-ROM mit der Situationsbeschreibung und dem Text schließt sich an. Aufgabe 2 kann im Unterricht im Rahmen des Kooperativen Lernens erarbeitet oder als Hausaufgabe gestellt werden. Lösungen zu den Fragen:

a) Der Versandhandel räumt von vornherein einen Kauf „auf Probe" ein. Welche Vorteile ergeben sich daraus für den Kunden? – Wenn der Kunde die Ware erhalten hat, muss er die ersten 15 Tage überhaupt nichts unternehmen.
b) Wann muss spätestens die Ware, die zurückgegeben wird, wieder beim Händler sein? – 30 Tage nach Erhalt der Ware.
c) Wie kann dem Händler die Rücknahme der Bestellung (der Widerruf) mitgeteilt werden? – Durch Brief, Fax oder E-Mail; die Ware kann auch innerhalb der 30 Tage direkt zurückgeschickt werden.
d) Was geschieht, wenn bei der Anprobe der Jeans ein Knopf verloren gegangen ist? – Gar nichts. Die Hose wird ohne Weiteres zurückgenommen, da etwas passiert ist, was beim Anprobieren im Geschäft auch denkbar ist.
e) Wenn die Hose nach mehrtägigem Tragen beschädigt ist (Schaden am Reißverschluss, nicht auswaschbarer Schmutzfleck): Kann der Händler dann den vollen Preis der Ware vom Kunden verlangen? – In diesem Fall kann der Händler darauf bestehen, dass der Kunde bei einer Rücksendung den entstandenen Schaden bezahlt.
f) Wie kommt die Ware vom Kunden an den Händler zurück? – Wenn die Ware als Paket verschickt werden kann, hat der Kunde diesen Weg zu wählen. Ansonsten genügt der Widerruf durch Brief, Fax oder E-Mail. Der Händler schlägt dann vor, wie die Ware wieder zum Versandhandel gelangt.
g) Wann muss der Kunde die Rücksendung an den Händler bezahlen? – Wenn die Ware der Bestellung entspricht und weniger als 40 € kostet oder wenn bei einer Ware, die mehr als 40 € kostet, die Rechnung zum Zeitpunkt des Widerrufs noch nicht bezahlt worden ist.

Die Unterrichtsreihe schließt mit zwei anspruchsvolleren Aufgaben: Aufgabe 3 verlangt auf der Grundlage des bisher Erarbeiteten eine schriftliche Zusammenfassung, die den verpflichtenden Charakter dieses Textes betont. Aufgabe 4 fordert über einen Textvergleich ein erhebliches Maß an Elaboration mit dem Ziel einer globalen Kohärenzbildung.

Hausaufgaben und Bezüge zu weiteren Unterrichtsreihen

Die Aufgaben 2 und 3 sind als Hausaufgaben möglich. Aufgabe 4 stellt eine anspruchsvolle Leistungsaufgabe dar.

Bezüge bestehen zu B 3.2 (Mitgliedschaft in einer Bibliothek) und B 3.3 (Garantieschein).

Materialien

Texte und Arbeitsblätter: unter 3.5.

4. Umgang mit bewirkenden Sachtexten

4.1. Zum Zeugnis von Laura Marie (ab Klasse 3)

Fächer:

Deutsch	**sehr gut**	Religionslehre	**sehr gut**
Sprachgebrauch	**sehr gut**	Sachunterricht	**sehr gut**
Lesen	gut	Musik	gut
Rechtschreiben	**sehr gut**	Kunst	**sehr gut**
Mathematik	**sehr gut**	Sport	befriedigend

Bemerkungen:
Laura Marie hat mit großem Erfolg an der Flöten –AG teilgenommen.

Laura Marie Kühl wird in Klasse 3 versetzt.

Konferenzbeschluss vom 29.05.2008   Wuppertal, 23.06.2008

(Klassenlehrerinnen)   _(Schulleiterin)_

Kenntnis genommen: _____   Wiederbeginn des Unterrichts
Unterschrift der Erziehungsberechtigten   am 11.08.2008 um 08.00 Uhr

Text 4.1

Hinweise zum Text

Der vorliegende Ausschnitt aus dem Zeugnis bescheinigt Laura Marie am Ende des zweiten Schuljahres ihre Leistungen in den einzelnen Fächern und die Teilnahme an einer Arbeitsgemeinschaft. Der Konferenzbeschluss bewirkt die Versetzung in die dritte Klasse. Die Angabe des Konferenzbeschlusses mit Datum, Schulstempel und die Unterschriften der Schulleiterin und Klassenlehrerin bekräftigen diese verbindliche Entscheidung. Das hier vorliegende Zeugnis ist für die Eltern des Kindes und für Laura Marie selbst gedacht. Seine Wirkung weist aber über diesen Kreis der unmittelbar Angesprochenen hinaus: Beim Wechsel an eine andere Schule werden die Entscheidung und die Beurteilungen der Leistungen ohne weitere Prüfung übernommen. Für die Beteiligten sind Zeugnisse ebenso über den Tag der Versetzung hinaus relevant: Zeugnisse werden in aller Regel aufbewahrt, auch im Verwandten- und Bekanntenkreis gezeigt und besprochen.

Laura Maries Zeugnis ist insgesamt viel umfangreicher, als hier ersichtlich ist. Auf zwei Seiten beurteilt die Lehrerin in ihren Worten auch das _Arbeits- und Sozialverhal-_

ten des Kindes und sie formuliert Aussagen zur *Lernentwicklung und (zum) Leistungsstand in den Fächern*. Bei den Fächern Musik und Sport heißt es:

Musik: Laura Marie beteiligt sich mit Interesse am Musikunterricht. Es gelingt ihr, Lieder und Melodien zu erfassen und nachzusingen. Manchmal singt sie noch etwas zurückhaltend mit. Laura Marie bewegt sich zunehmend lieber zu Musik.

Sport: Laura Marie beteiligt sich meist mit Freude am Sportunterricht. Gerne übt sie mit Mitschülerinnen Ballkunststücke ein. Bei sportlichen Wettkämpfen hat sie einen guten Überblick über die Spielregeln, und sie zeigt auch bei Niederlagen ihrer Mannschaft ein faires Verhalten. Einige koordinative Übungen bereiten ihr jedoch Schwierigkeiten.

Insgesamt erhalten die Eltern und ihr Kind durch die beschreibenden Wertungen in Sätzen und die erteilten Noten ein umfassendes Bild über die erbrachten Leistungen und das Verhalten des Kindes in der Schule. Zwischen den Noten und den wertenden Sätzen bestehen Zusammenhänge, sie erläutern sich wechselseitig. Die Leistungen des beurteilten Kindes werden auf diese Weise differenziert wahrgenommen.

Die freien Formulierungen zu den Fächern stehen in der Verantwortung der Lehrerin; sie versucht, aus ihrer fachlichen Sicht (Beispiele für das Fach Sport: *sportliche Wettkämpfe*, *Spielregel*, *koordinative Übungen*) Sachverhalte auf verständliche Weise den Eltern zu vermitteln, die in der Regel keine Lehrkräfte sind. Der Schlussteil des Zeugnisses mit der Aufführung von Fächern und Notenstufen ist in der Anlage vorgegeben: Fächer und Notenstufen sind zweispaltig organisiert, die vorgesehenen Felder für die Notenstufen grau unterlegt. Fett gedruckt werden die in diesen Feldern verzeichneten Noten herausgehoben. Die Termini *Sprachgebrauch*, *Lesen* und *Rechtschreiben* sind eingerückt – sie bezeichnen einzelne Arbeitsfelder des Faches Deutsch. Darunter schließen sich *Bemerkungen* an (hier *erfolgreiche Teilnahme an der Flöten-AG*) und das Ergebnis des Konferenzbeschlusses (fett gedruckt) mit Termin. Das eigentliche Zeugnis schließt – mittig orientiert – mit den Unterschriften und dem Schulstempel. Insgesamt wird durch diese Gestaltung der offizielle Charakter des Dokuments bekräftigt.

Unterrichtsziele

Die Auseinandersetzung mit dem vorliegenden Zeugnis knüpft an den Erfahrungen aller Kinder an, die ja regelmäßig Zeugnisse erhalten. In der vorliegenden Unterrichtsreihe wird am konkreten Fall erarbeitet, welche Bedeutung (Wirkung) ein Zeugnis hat und welche Zusammenhänge zwischen den freien Äußerungen und den erteilten Noten bestehen. Was hier vor allem über reduktive Organisationsstrategien (heraussuchen, notieren, zuordnen, zusammenfassen) an Zeugnissen erkannt wird, führt zu wichtigen Merkmalen der Textsorte und bereitet den Umgang mit komplexeren bewirkenden Texten vor (Zertifikate, Arbeitszeugnis, Würdigungen).

4. Umgang mit bewirkenden Sachtexten

Vorschläge und Anregungen für den Unterricht

Die Unterrichtsreihe kann bei den Erfahrungen der Schülerinnen und Schüler mit Zeugnissen ansetzen. Schon Aufgabe 1 lenkt dann die Aufmerksamkeit auf ein wichtiges Merkmal des Zeugnisses als bewirkender Text (*Versetzung in Klasse 3*). Verstärkt wird die hier gewonnene Einsicht durch Aufgabe 5: Die Unterschriften von Klassenlehrerin und Schulleiterin bekräftigen den Konferenzbeschluss. Zu Aufgaben 2 und 3 können die Kinder Passendes dadurch beitragen, dass sie sich an ihren Unterricht in Klasse 2 und an die Diskussion über ihre Zeugnisse erinnern. Aufgabe 4 lenkt den Blick auf die Ordnung der Fächer: Das Fach Deutsch ist nochmals in drei Lernbereiche entfaltet (*mündlicher und schriftlicher Sprachgebrauch*, *Lesen* und *Rechtschreiben*). Die Aufgaben 7 und 8 ähneln sich, unterscheiden sich allerdings im Schwierigkeitsgrad. Aufgabe 7 als leichtere Aufgabe verlangt eine Zuordnung nach sorgfältigem Lesen der Alternativen A bis C (die richtige Lösung ist Alternative B). Aufgabe 8 erfordert in Teilaufgabe a) einige Notizen zum Text, die Lösung für Teilaufgabe b) kann mittels praktischer Nachforschungen bei älteren Kindern und Erwachsenen ermittelt werden. Als weniger einfache „koordinative Übungen" gelten beispielsweise das Balancieren, Jonglieren, das Klettern über Hindernisse oder das Zielwerfen.

Hausaufgaben und Bezüge zu weiteren Unterrichtsreihen

Die Aufgaben 6, 7 und 8 eignen sich als Hausaufgabe, Aufgabe 7 außerdem als Leistungsaufgabe.
Bezüge bestehen zu B 4.2 (Zertifikat), B 4.4 (Würdigung) und B 4.5 (Arbeitszeugnis).

Materialien

Text und Arbeitsblätter: 💿 unter 4.1.

4.2. Zertifikat für die Teilnahme am Seminar „Farbe Kreativ" (ab Klasse 6)

Hinweise zum Text

Zertifikate können Verschiedenes bezeichnen und bestätigen. Hier wird Diana Roth die Teilnahme an einem Seminar bestätigt, das neuere Haarfärbetechniken vermittelt hat. Zertifikate für Personen können von Amts wegen durch Institutionen oder auch durch Einzelne verliehen werden. Wenn derjenige, der das Zertifikat ausstellt, damit beauftragt oder als beurteilender Zertifizierer anerkannt ist, dann bewirken Zertifikate auch etwas – etwa die Berechtigung zu einer bestimmten Tätigkeit, Vorteile bei Bewerbungen und Einstellungen. Ein Zertifikat wie das vorliegende stellt also eine Bescheinigung für Geleistetes dar. Zertifikate denken mögliche Außenwirkungen mit: Sie werden in einem mehr oder minder feierlichen Rahmen verliehen, anschließend vom Empfänger öffentlich zugänglich aufgehängt, Verwandten und Bekannten gezeigt oder zumindest an einem sicheren Platz aufbewahrt.

Teil B: Vorschläge für einen kompetenzfördernden Unterricht

ZERTIFIKAT

DIANA ROTH

HAT AM SEMINAR

Farbe Kreativ

>< kreative Ideen
>< kompetente Farbberatung
>< Rüstzeug und Fertigkeiten von harmonisch bis schrill
>< aktuellste Colorations- und Strähnentechniken

TEIL GENOMMEN.

DÜSSELDORF, 18.07. – 19.07. 2004

Hitanoa Christmann
Geschäftsleitung

Andreas Jung
Leitung Friseur-Service

GOLDWELL
PROFESSIONAL HAIRCARE

Quelle: Goldwell/KPSS GmbH

Text 4.2

4. Umgang mit bewirkenden Sachtexten

Das vorliegende Zertifikat bestätigt der Friseurin Diana Roth, dass sie am 18. und 19. Juli 2004 das Seminar „Farbe Kreativ" besucht hat, sich dabei sowohl praktisch und theoretisch über *aktuellste Colorations- und Strähnentechniken, kompetente Farbberatung*, hinsichtlich ihrer *Fertigkeiten* in diesem Bereich fortgebildet und *kreative Ideen* entwickelt hat. Das Seminar wurde von der Firma Goldwell durchgeführt, die Produkte für Haarpflege und -färbung anbietet. Wer also ein Zertifikat wie das obige erwirbt, der vermittelt Fachleuten im Friseurhandwerk und interessierten Kunden und Kundinnen, dass ihm *aktuellste Colorations- und Strähnentechniken* (insbesondere beim Einsatz von Produkten der Firma Goldwell) vertraut sind. Für diesen Personenkreis ist das mitgeteilte Wissen relevant, allerdings in unterschiedlichem Maße: Fachleute aus dem Friseurhandwerk werden sich dafür interessieren, welche *Colorations- und Strähnentechniken* denn vermittelt wurden (nach dem Beiheft für das Seminar: Farbkontraste, Farbwechsel, stufenlose Diffusion, Wiederholungen, Ton-in-Ton-Effekte, Slicing- und Back-to-Back-Technik als Strähnentechnik; siehe Arbeitsblatt 4.2 auf der Begleit-CD-ROM). Der Sachverhalt wird im Zertifikat deskriptiv in einer Aufzählung zusammengefasst.

Beachtenswert ist die Verwendung sprachlicher und nichtsprachlicher Mittel. Das Zertifikat ist im Wesentlichen – wie Urkunden und offizielle Dokumente zumeist – zentriert organisiert. Es enthält wenig Text, doch dieser Text ist sprachlich und typografisch auf Wirkung angelegt. Sprachlich geschieht dies dadurch, dass der Text Einfaches mit Komplexerem verbindet: DIANA ROTH HAT AM SEMINAR Farbe Kreativ TEIL GENOMMEN [!]. DÜSSELDORF, *18.07.–19.07. 2004*; diese Aussage wird verbunden mit Erläuterungen zum genannten Seminar. Fachsprachliches und Werbesprachliches zeigen dies: *kreativ* und *kompetent* gelten als gängige Hochwertwörter, *von harmonisch bis schrill* sowie *aktuellste* als Werbemittel, *Colorations- und Strähnentechniken* als fachsprachliche Wendungen. Sprachliche Auffälligkeiten, die das Zertifikat beeinträchtigen, gibt es auch: *teil genommen* wird getrennt geschrieben, wenig überzeugt die Großschreibung des Adjektivs *kreativ* nach dem Nomen *Farbe* (Bezeichnung des Seminars). Die Angabe *Rüstzeug und Fertigkeiten von harmonisch bis schrill* ist – wohl aus Platzgründen – verkürzt. Gemeint ist *Rüstzeug und Fertigkeiten für Frisuren von harmonisch bis schrill*.

Die typografische Gestaltung des Zertifikats orientiert sich zum einen an den üblichen Maßgaben der Textsorte. Der gesamte Text ist zentriert, also von der Mittelachse der Schreibfläche aus angelegt. Das gibt dem Zertifikat ebenso eine Anmutung des Offiziell-Feierlichen wie die Heraushebung einzelner Passagen durch Unterschiede in der Graustufung, in Schriftgröße und Schriftstärke (*Zertifikat*, *Diana Roth* als Empfängerin der Auszeichnung, *Farbe Kreativ* als Grundlage der Auszeichnung). Der Teilsatz *hat am Seminar teil genommen* ist in Kapitälchen gesetzt, bei der die durchgehende Schreibung in Großbuchstaben in der Höhe von Kleinbuchstaben geschieht; die Großschreibung beim Wort *Seminar* ragt – wie weiter unten bei *Düsseldorf* – nur unwesentlich darüber hinaus. Die Aufzählungszeichen werden branchennah als Scheren dargestellt. Das Markenzeichen, betont durch ein dunkelrotes Quadrat am Schluss, und

173

der (damalige) Slogan des Veranstalters finden sich am rechten unteren Rand. Von der Kante des linken Rands läuft ein schmaler Streifen mit sechs farbigen Bildchen ins Dokument, die hauptsächlich Friseurutensilien und Tätigkeiten dieses Berufs darstellen. Beglaubigt wird das Dokument durch Unterschriften (Faksimiles in Blau) der *Geschäftsleitung* und der *Leitung Friseur-Service*.

Unterrichtsziele

Zertifikate oder zumindest Urkunden, zu denen die Zertifikate gehören, sind den Schülerinnen und Schülern bekannt: Möglicherweise sind sie schon einmal selbst ausgezeichnet worden; oder Jugendliche haben Urkunden, auch Zertifikate bei Verwandten, in der Schule oder in Geschäften gesehen. Auch die Lektüre des Textes stellt in der Regel nur begrenzte Ansprüche. Er ist kurz und ziemlich formelhaft. An diesem konkreten Beispiel werden Funktionen von Zertifikaten und Merkmale der Textsorte konkret geklärt. Das richtet die Aufmerksamkeit auf die Intention dieser Textsorte und auf deren sprachliche und vor allem außersprachliche Mittel. Reduktive Organisationsstrategien sowie Verknüpfungen mit dem eigenen Vorwissen stützen dabei die Lese- und Verstehensprozesse. Was Schülerinnen und Schüler bereits über die Textsorte *(Schul-)Zeugnis* wissen, wird in dieser Unterrichtsreihe helfen. An diesem Thema Erarbeitetes wird die Auseinandersetzung mit weiteren bewirkenden Texten erleichtern.

Vorschläge und Anregungen für den Unterricht

Zu Beginn liegen zwei Möglichkeiten nahe: Entweder wird gleich das Zertifikat betrachtet oder die Schülerinnen und Schüler beginnen mit ihren Erfahrungen zu Bescheinigungen und Zertifikaten. Im zweiten Fall können weitere Beispiele, die einzelne Schüler mitbringen, die Schülerbeiträge veranschaulichen. Die Aufgaben 1 bis 5 führen dann zu sprachlichen Aspekten des Textes, die beiden letzten Aufgaben gelten der Textgestaltung, insbesondere der Typografie des Zertifikats.

Lösung zu Aufgabe 2: Dass *Passé* im Friseurhandwerk *Haarpartie* bedeutet, kann aus dem Kontext geschlossen werden.

Lösung zu Aufgabe 3: Die Grunddaten sind verständlich, die nähere Beschreibung des Seminars wirkt fachorientiert und werbend zugleich.

Lösung zu Aufgabe 6:

Textteil, Wort	Schrift	Wirkung
Zertifikat	grau, Großbuchstaben, fett	wie ein Titel für das gesamte Blatt
Diana Roth	schwarz, Großbuchstaben, fett	unübersehbar für den Leser

hat am Seminar [...] teil genommen Düsseldorf, [...]	grau, Großbuchstaben in der Höhe von Kleinbuchstaben (Kapitälchen), Standard	eher unauffällig; zeigt aber, was zusammengehört
Farbe Kreativ	schwarz, Groß- und Kleinbuchstaben, fett	ebenso unübersehbar wie der Name (oben)
kreative Ideen [...]	grau, Groß- und Kleinbuchstaben, Standard	eher unauffällige Aufzählung
Hilarius Christmann [...]	blau, Schreibschrift	grau, Groß- und Kleinbuchstaben, Standard; Faksimile-Unterschriften wirken echt, geben dem Zertifikat Glaubwürdigkeit

Lösung zu Aufgabe 7: Firmenlogo, Bildleiste und Scherensymbole als Aufzählungszeichen deuten spielerisch den inhaltlichen Zusammenhang an (Friseurhandwerk, Hersteller von Frisierbedarf).

Hausaufgaben und Bezüge zu weiteren Unterrichtsreihen
Die Aufgaben 1, 2, 4, 5 und 6 eignen sich als Hausaufgaben.
   Bezüge bestehen zu den Unterrichtsreihen B 2.3 (Anzeige), B 4.1 (Zeugnis), B 4.4 (Würdigung) und B 4.5 (Arbeitszeugnis).

Materialien
Text und Arbeitsblätter: unter 4.2.
Literaturhinweise:
Gulbins, Jürgen/Christine Kahrmann 1992: Mut zur Typogaphie. Ein Kurs für DTP und Textverarbeitung. Berlin u. a.
Luidl, Philipp ²1989: Typografie. Herkunft, Aufbau, Anwendung. Hannover.

4.3. Abholen des Personalausweises: Erteilen einer Vollmacht (ab Klasse 7)

Hinweise zum Text
Es gibt viele Situationen im Alltag, in denen man sich ausweisen muss. Das geschieht in Deutschland ab Vollendung des 16. Lebensjahres durch einen Personalausweis (Pass). Personalausweise werden auf Antrag für die Dauer von zehn Jahren ausgestellt; bei Personen, die das 24. Lebensjahr noch nicht vollendet haben, beträgt die Gültigkeitsdauer sechs Jahre. Der beantragte Personalausweis wird in der Regel vom

Abholen des Personalausweises   51100

Sie können Ihren Ausweis drei Wochen nach der Beantragung abholen. Bitte rufen Sie in der Zwischenzeit nicht an!
Bitte bringen Sie die bisherigen Personaldokumente (Personalausweis, vorläufiger Personalausweis, Kinderreisepass, Kinderausweis) **mit**, da die Ausgabe des neuen Ausweises sonst leider nicht erfolgen kann.

Ausgabestellen		Öffnungszeiten	
Einwohnermeldeamt Barmen	Zimmer 103	Montag bis Mittwoch Donnerstag Freitag	7.30 – 14.00 Uhr 7.30 – 17.30 Uhr 7.30 – 12.00 Uhr
Bürgerbüro Cronenberg Bürgerbüro Langerfeld Bürgerbüro Ronsdorf Bürgerbüro Vohwinkel	Zimmer 16 Zimmer 3 und 4 Zimmer 1.34 und 1.36 Zimmer 05, 06 und 07	Montag bis Freitag und zusätzlich Donnerstag	8.00 – 12.30 Uhr 14.00 – 17.30 Uhr
Außenstelle Beyenburg	Zimmer 1	Dienstag und Donnerstag und zusätzlich Donnerstag	8.00 – 12.30 Uhr 14.00 – 17.30 Uhr

Unser Extraservice für Sie:

Wenn Sie Ihren Ausweis früher als nach drei Wochen abholen wollen, können Sie sich im Internet unter www.wuppertal.de/ausweisinfo informieren, ob Ihr Ausweis schon da ist. Das kann schon nach einer Woche der Fall sein.

> Rufen Sie im Internet den Link www.wuppertal.de/ausweisinfo auf und folgen Sie den Anweisungen. Sie werden aufgefordert, die auf diesem Blatt oben rechts angegebene Dokumentennummer einzugeben.

Erhalten Sie die Information "wird z. Zt. hergestellt", starten Sie bitte zu einem späteren Zeitpunkt eine erneute Abfrage.

Vollmacht

Hiermit bevollmächtige ich **Jürgen Dr. Baurmann**

Herrn/Frau_____ geboren am _____

meinen neuen Personalausweis bei der Meldebehörde Wuppertal abzuholen.

Datum, Unterschrift

Der/Die Bevollmächtigte muss bitte die oben aufgeführten Unterlagen mitbringen und sich zu seiner / ihrer Person durch einen gültigen Personalausweis oder Reisepass ausweisen können.

Quelle: Einwohnermeldeamt Barmen/Wuppertal

Text 4.3

Antragsteller selbst abgeholt. Wenn jedoch der Antragsteller verhindert ist, kann er jemandem, dem er vertraut, schriftlich das Recht übertragen, an seiner Stelle den Personalausweis abzuholen. Dies geschieht durch eine Vollmacht. Wer über eine solche verfügt, muss allerdings im Besitz eines gültigen Personalausweises sein. Eine Vollmacht können Erwachsene selbst aufschreiben und vergeben. Ein entsprechendes Formular – gedacht zum Abholen des Personalausweises – liegt hier vor. Einzutragen ist derjenige, der bevollmächtigt wird, der also ein Recht zum Abholen des Personalausweises erhalten hat. Die Vollmacht ist nur dann gültig, wenn sie mit Datum und Unterschrift versehen ist und wenn der Bevollmächtigte neben dem eigenen Personalausweis auch das bisherige Personaldokument des Antragstellers (abgelaufener Personalausweis, Reisepass oder Ähnliches) mitbringt. Von der Funktion her bewirkt die Vollmacht, dass jemand für einen anderen in einer wichtigen Angelegenheit handeln darf. Das hier vorliegende Formular wird allen Bürgerinnen und Bürgern für eine bestimmte Situation angeboten.

Einige sprachliche Auffälligkeiten sind bemerkenswert – sie können im Einzelfall das Ausfüllen erschweren:
- die allgemeinsprachlich ungewohnte Reihenfolge Vorname, Titel, Name;
- die fehlende Trennung durch paariges Komma bei demjenigen, der bevollmächtigt (*ich Jürgen Dr. Baurmann*);
- das mehrfach auftretende Splitting (*Herrn/Frau, Der/Die, seiner/ihrer*) mit jeweils passendem Possessivpronomen (*Der – seiner; Die – ihrer*).

Darüber hinaus kann für den Abholenden die Wendung (*die oben aufgeführten Unterlagen mitbringen*) verwirrend wirken und Fragen aufwerfen: Welche Unterlagen werden oben aufgeführt? Welche davon muss der Bevollmächtigte im Einzelfall mitbringen? Seltsam klingt die Wendung *muss bitte [...] mitbringen*: Muss der Bevollmächtigte die Unterlagen unbedingt mitbringen? Oder wird er gebeten, sie nach Möglichkeit mitzubringen? Es ist hier wohl eine Vorschrift (Verpflichtung) gemeint, die lediglich höflich „verpackt" wird.

Unterrichtsziele

Bei der Auseinandersetzung mit dem Thema sollte vor allem die Funktion erarbeitet werden, die durch eine Vollmacht realisiert wird. Da Vollmachten in wichtigen Angelegenheiten möglich, doch nicht ohne Risiko sind, wird neben der Notwendigkeit einer präzisen Handhabung auch der verantwortungsvolle Umgang damit vermittelt. Das vorliegende Formular und die damit zusammenhängenden Aufgaben legen nahe, das gesamte Merkblatt genau zu lesen und die zusätzlichen (appellierend-instruierenden Passagen des Merkblatts) zu beachten.

Schülerinnen und Schülern sind Formulare bereits vertraut; von Vollmachten werden sie zumindest in Einzelfällen schon gehört haben. Da künftig Vollmachten im Leben der Heranwachsenden zunehmend an Bedeutung gewinnen werden, ist eine erste Beschäftigung mit einem einfachen Beispiel hilfreich.

Teil B: Vorschläge für einen kompetenzfördernden Unterricht

Vorschläge und Anregungen für den Unterricht

Der Unterricht könnte mit der Lektüre des Merkblatts beginnen, um eine erste Orientierung über den Zusammenhang zu gewährleisten. Danach schließen sich die Aufgaben 1 bis 5 an, bei denen am Einzelfall Merkmale der Textsorte zu erkennen sind. Danach bietet es sich an, auf der Grundlage des Merkblatts zu simulieren, was der ausgewählte Bevollmächtigte (nach Aufgabe 3) nun zu beachten hat, wenn er beispielsweise den Ausweis im Bürgerbüro Cronenberg abholen soll, und was er für diesen Behördengang mitzunehmen hat. Aus den anspruchsvolleren Aufgaben 6 bis 8 kann anschließend nach Bedarf ausgewählt werden.

Lösung zu Aufgabe 1: Der Vollmachtgeber überträgt einem anderen das Recht, den neuen Personalausweis abzuholen. Der Bevollmächtigte hat das Recht, den neuen Personalausweis abzuholen.

Lösung zu Aufgabe 3: Nichte im Kindesalter (c) und Freund ohne amtlich anerkannte Ausweispapiere (e) können nicht als Bevollmächtigte handeln, Personen mit vorläufigen Ausweisen und Pässen schon. Solche Dokumente sind auch unter den *bisherigen Personaldokumenten* aufgeführt.

Lösung Aufgabe 8: Im überschaubaren Nahbereich genügen oft mündlich übermittelte Vollmachten. Beispiel: Eine Mutter sagt im Kindergarten Bescheid, dass ihr Kind um 12 Uhr von seinem Großvater abgeholt wird.

Hausaufgaben und Bezüge zu weiteren Unterrichtsreihen

Die Aufgaben 6 bis 8 eignen sich als Hausaufgabe, insbesondere Aufgabe 8 als Leistungsaufgabe.

Bezüge bestehen zu den Unterrichtsreihen B 1.9 (Prüfverfahren für Computerspiele), B 2.5 (Jugendarbeitsschutzgesetz), B 3.2 (Mitgliedschaft in einer Bibliothek) und insbesondere zu den bewirkenden Texten (siehe insbesondere B 4.1 und B 4.2).

Materialien

Text und Arbeitsblätter: 💿 unter 4.3.

4.4. Würdigung der ehrenamtlichen Tätigkeit (ab Klasse 9)

Hinweise zum Text

Die vorliegende Würdigung bescheinigt Carina Carduck im Juni 2005, dass sie seit dem Schuljahr 2002/2003 als Mitglied der Schülervertretung (bis Juli 2004 als stellvertretende Schülersprecherin) am Heilig-Geist-Gymnasium Würselen vielfältige Aufgaben wahrgenommen hat. Die Würdigung wurde der Schülerin seinerzeit mit dem Abiturzeugnis ausgehändigt, sie beruht auf einer bemerkenswerten Entscheidung der Schule. (Nicht alle Schulen zeichnen Mitglieder der Schülervertretung auf diese Weise aus.)

Die Würdigung in Verbindung mit dem Abiturzeugnis und in der gesamten Aufmachung unterstreicht für Carina Carduck die Bedeutung dieser Auszeichnung. Wer

Beiblatt zum Zeugnis

WÜRDIGUNG DER EHRENAMTLICHEN TÄTIGKEIT

von

Carina Carduck

Angaben zur ehrenamtlichen Tätigkeit:

Carina ist seit dem Schuljahr 2002/2003 Mitglied der Schülervertretung (SV) des Heilig - Geist - Gymnasiums in Würselen.
Seit dieser Zeit wirkt sie nicht nur sehr engagiert an Entscheidungsverfahren und Konferenzen mit, sondern bringt ihre Teamfähigkeit auch bei den jeweiligen Aufgaben der SV im Schulalltag stets besonders ein. Dazu gehörten u.a. die Übernahme von Klassenpatenschaften für Unterstufenschüler, die Etablierung einer Schülernachhilfe "Schüler helfen Schülern", die Beteiligung an schulischen Aktionen, sowie der Besuch von SV- Fortbildungsveranstaltungen und Seminaren.
Carina wirkte nicht nur am Schulprojekt "Rauchfreie Schule" mit, sondern war auch maßgeblich an der jährlichen Präsentation zum "Weltaidstag" beteiligt.
In der Zusammenarbeit mit der Schulleitung war sie stets um ein angenehmes Gesprächsklima bemüht und vertrat stets gewissenhaft die Anliegen der Schüler - schaft.
Carina übte bis Juli 2004 das Amt der stellvertretenden Schülersprecherin aus.

Würselen, den 16. Juni 2005

Ort, Datum

Stempel der Schule

Stempel und rechtsverbindliche Unterschrift
der ausstellenden Einrichtung / Organisation

Für den Inhalt der Würdigung zeichnet die ausstellende Einrichtung / Organisation verantwortlich.

Text 4.4

diese Würdigung letztlich lesen darf, entscheidet die Empfängerin. Es werden in erster Linie Verwandte, Freunde und Freundinnen sein. Darüber hinaus ist es denkbar, dass die ausgesprochene Anerkennung bei Bemühungen um vergleichbare Tätigkeiten oder Ehrenämter positiv wirkt.

Die ausführliche Würdigung zeichnet sich dadurch aus, dass die Belobigung des ehrenamtlichen Einsatzes verbunden wird mit der Nennung konkreter Aufgaben (*Klassenpatenschaften, Etablierung einer Schülernachhilfe* usw.), denen sich die Schülerin gestellt hat. Darüber hinaus wird anerkannt, dass Carina Carduck Möglichkeiten zur Fortbildung wahrgenommen und *stets gewissenhaft* die Anliegen ihrer Mitschülerinnen und Mitschüler vertreten hat. Der Text entfaltet diese Zusammenhänge deskriptiv; sich daraus ergebende Wertungen sind klar als solche zu erkennen. Die Nähe zu vertrauten Arbeitszeugnissen ist unverkennbar, wenn auch für die vorliegende Würdigung nicht deren arbeitsrechtliche Bedingungen gelten.

Sprachlich zeichnet sich der Text durch einen klaren Aufbau, angemessenen Satzbau und durch eine in der Institution Schule vertraute Wortwahl aus. Nach der Überschrift (*Würdigung der ehrenamtlichen Tätigkeit von Carina Carduck*) leitet eine Art Zwischenüberschrift (*Angaben zur ehrenamtlichen Tätigkeit*) zum eigentlichen Text über. Der erste und der letzte Absatz nennen dabei Daten zur wahrgenommenen Tätigkeit (Zeitdauer, Funktionen). Deutlich wird dabei, dass Wertungen und Beschreibungen in besonderer Weise verteilt sind: Im Mittelteil werden einige Tätigkeitsfelder aufgezählt, zu Beginn und am Ende werden im Überblick beziehungsweise zusammenfassend ausschließlich positive Wertungen vorgenommen. Weder syntaktisch noch hinsichtlich der Wortwahl bereitet der Text Lesern nennenswerte Schwierigkeiten. Angenehm fällt auf, dass an drei Textstellen die Schülerin ausdrücklich mit Vornamen genannt wird, wodurch Vertrautheit zum Ausdruck gebracht wird.

Eine Würdigung als *Beiblatt zum Zeugnis* orientiert sich an Merkmalen, die für Dokumente zu Anerkennung und Ehrung gelten. Die Würdigung auf DIN-A4-Format ist außerhalb des Textes mittig orientiert. Die ausführliche Würdigung (linksbündig gesetzt, am rechten Rand der Zeilen allerdings mit erheblichem Flattersatz). Unter dem grün-weiß-roten Wappen des Landes Nordrhein-Westfalen (mit stilisiertem Niederrhein, Westfalenpferd und Lippischer Rose) wird durch Großbuchstaben die Funktion des Blattes hervorgehoben, durch zweifachen Zeilenbruch davon abgesetzt der Name der Empfängerin herausgestellt. Nach einer Art Zwischenüberschrift (*Angaben zur ehrenamtlichen Tätigkeit*) folgt die eigentliche Würdigung in kleinerer Schrifttype. Die Würdigung endet – wohlproportioniert – mit Orts- und Datumsangabe, Stempel der Schule und rechtsverbindlicher Unterschrift. Eine Fußnote unterstreicht die Bedeutung des ausgefertigten Dokuments.

Unterrichtsziele

Schülerinnen und Schüler setzen sich innerhalb der geplanten Unterrichtsreihe mit einer Würdigung auseinander. Ähnlich wie bei Tätigkeitsberichten oder Arbeitszeugnissen werden die Jugendlichen erkennen, dass solche Dokumente feststellende und bewertende Passagen enthalten (vgl. insbesondere Aufgabe 2). Das schließt Überlegungen dazu ein, wie Bewertungen sprachlich ausgedrückt werden können. Bei Texten, die Urkunden gleichen, gilt es, neben der Verwendung wirkungsvoller sprachlicher Mittel die typografische Gestaltung zu beachten (Aufgaben 4 und 5). Im Unterricht können diese Mittel selbstständig erarbeitet und dargestellt werden, wenn die Schülerinnen und Schüler bereits mit einfachen Urkunden und Zeugnissen vertraut sind. Was hier gelernt wird, kann auf den Umgang mit Arbeitszeugnissen übertragen werden.

Vorschläge und Anregungen für den Unterricht
Nach der Lektüre und erstem Austausch im Gespräch können die Schülerinnen und Schüler die weiteren Aufgaben zur Erfassung der Textsorte selbstständig erarbeiten (auch als Hausaufgabe). Anregend wird eine Sammlung von vergleichbaren Dokumenten sein, die einzelne Schülerinnen und Schüler im Unterricht knapp vorstellen.

Lösung zu Aufgabe 1: Anerkennung für die Schülerin; Carina Carduck wird bescheinigt, dass sie über die erwarteten schulischen Anforderungen hinaus Beachtliches für die Schule geleistet hat; bei Bewerbungen, die soziales Engagement verlangen, kann die Schülerin die Würdigung ihren Unterlagen hinzufügen. Kinder und Jugendliche, die dieselbe Schule besuchen, werden auf die Verdienste ihrer Mitschülerin aufmerksam.

Lösung zu Aufgabe 2:

Beschreibung von Tätigkeiten	Wertungen
Mitwirkung bei Entscheidungsverfahren und Konferenzen	*sehr engagiert*
Aufgaben der SV im Schulalltag	*bringt ihre Teamfähigkeit [...] stets besonders ein*
Übernahme von Klassenpatenschaften, Etablierung einer Schülernachhilfe	
Beteiligung an schulischen Aktionen; Besuch von SV-Fortbildungsveranstaltungen; Mitwirkung am Schulprojekt „Rauchfreie Schule"; maßgebliche Beteiligung am „Weltaidstag"	
Zusammenarbeit mit der Schulleitung	*stets um ein angenehmes Gesprächsklima bemüht, vertrat gewissenhaft die Anliegen der Schülerschaft*

Lösungen zu den Aufgaben 3 bis 5 ergeben sich aus den *Hinweisen zum Text*.

Teil B: Vorschläge für einen kompetenzfördernden Unterricht

Hausaufgaben und Bezüge zu weiteren Unterrichtsreihen
Die Aufgaben 2, 5 und 6 eignen sich für Hausaufgaben.
Bezüge bestehen insbesondere zu B 4.1 (Zeugnis), B 4.2 (Zertifikat) und B 4.5 (Arbeitszeugnis).

Materialien
Text und Arbeitsblätter: 👁 unter 4.4.

4.5. Arbeitszeugnis über die Tätigkeit als Debitorenkontenführerin (Sekundarstufe II)

Hinweise zum Text

Das vorliegende Arbeitszeugnis (hier *Zeugnis*) bescheinigt Katja Stengel, dass sie nach ihrer Ausbildung als Industriekauffrau vom 11.1.1990 bis zum 30.9.1990 als Debitorenkontenführerin beschäftigt war, welche Aufgaben sie dabei wahrgenommen hat und wie ihre Leistungen beurteilt wurden.

Allgemein haben Arbeitszeugnisse eine erhebliche Bedeutung – vor allem bei Bemühungen um einen neuen Arbeitsplatz. 80 % aller Personalchefs möchten auf die Vorlage von Arbeitszeugnissen nicht verzichten. Die Tatsache, dass gegenwärtig fast 23 % aller „erledigten Klagen" vor Arbeitsgerichten die „Zeugniserteilung und -berichtigung" betreffen, unterstreicht ebenso den Stellenwert derartiger Beurteilungen (vgl. dazu den Artikel „Er hat sich bemüht", aus: *Die Zeit*, 8.11.2008, S. 78, als Text B auf Arbeitsblatt 4.5 auf der Begleit-CD-ROM).

Arbeitszeugnisse sind in berufliche Zusammenhänge eingebettet. Mitarbeiter eines Betriebs in herausgehobener Position stellen sie für Mitarbeiter aus, die im Unternehmen tätig sind. Bei den Beteiligten (Arbeitgeber, Arbeitnehmer) kann dabei ein hohes Maß an Interesse, Vorwissen und Motivation vorausgesetzt werden. Deutlich anders ist dies bei Rezipienten, die nicht unmittelbar beteiligt sind, das Tätigkeitsfeld bestenfalls ansatzweise kennen und konkret (noch) nicht auf ein Arbeitszeugnis angewiesen sind. Interesse und Motivation von Schülerinnen und Schülern können allerdings gegen Ende der Schulzeit durch den Hinweis auf die Tatsache geweckt werden, dass Arbeitszeugnisse früher oder später für jeden Berufstätigen relevant sind. Außerdem kann aufgegriffen werden, dass Jugendlichen Zeugnisse (nämlich Schulzeugnisse) und der damit verbundene Kontext bestens vertraut sind.

Was wird nun auf welche Weise im vorliegenden Zeugnis mitgeteilt? Vor allem und zunächst Fakten zur Ausbildung im Unternehmen und zur Tätigkeit als *Debitorenkontenführerin*. Eine Debitorenkontenführerin ist eine Mitarbeiterin, die offene finanzielle Forderungen ihrer Firma im Rahmen der ständigen Geschäftsbeziehungen beobachtet, überwacht und ordnet. Der zweite Teil des vorliegenden Zeugnisses beurteilt dann die wahrgenommenen Tätigkeiten aus Sicht der Geschäftsleitung, die schließlich das Ausscheiden aus dem Unternehmen bedauert und ihrer bisherigen Mitarbeiterin *alles Gute für die Zukunft wünscht*.

Mercedes-Benz

Niederlassung Wuppertal/Solingen
Leitung

25.09.1990

Zeugnis

Frau Katja Stengel,

geboren am 09.07.1968 in Wuppertal,

wurde nach ihrer Ausbildung zur Industriekauffrau, über die sie bereits ein Zeugnis erhielt, vom 11.01.1990 bis 30.09.1990 in unserem Hause als Debitorenkontenführerin beschäftigt.

Sie hatte die Aufgabe, einen Teil des Debitorenkontokorrents zu führen. Hierzu gehörte die Eröffnung von Debitorenkonten aufgrund von Neufahrzeugaufträgen, Anzahlungen, Reparaturen und Ersatzteillieferungen, die Überwachung von Außenständen mit ggf. Einleitung des Mahnverfahrens und dessen Durchführung bis zur Einschaltung der Rechtsabteilung. Sie führte Zahlungsgespräche mit Kunden bei Zahlungsverzug. Ferner hatte sie bei Kundenreklamationen Schriftwechsel mit den Fachabteilungen zu führen und die Erledigung zu überwachen. Frau Stengel oblag es, Fehlbuchungen durch Umbuchungen zu berichtigen und geringfügige Kontendifferenzen durch Kontenausgleichsbuchungen zu bereinigen. Sie hatte Zahlungseingänge durch Kontierung zu bearbeiten und Vorbereitungen zur maschinellen Postenschließung zu treffen sowie im Rahmen der Kreditlinien Reparaturleistungen und Ersatzteillieferungen freizugeben. Frau Stengel führte und pflegte die Lastschriftkundendatei. Außerdem gehörte zu ihren Aufgaben die Prüfung und ggf. die Berichtigung der Zahlungssymbole in der Reparaturdatei. Sie prüfte numerierte Belege auf Vollständigkeit und legte diese ab.

Frau Stengel verfügt über sehr gute kaufmännische Kenntnisse, die sie zur Aufgabenerfüllung geschickt einsetzte, so daß gute Arbeitsergebnisse erzielt wurden. Die notwendigen und nützlichen Kontakte wurden mit großem Geschick hergestellt und gepflegt. Sie arbeitete ausgesprochen zweckmäßig und handelte im Rahmen ihrer Befugnisse selbständig. Die Aufgaben wurden mit großer Sorgfalt, Genauigkeit und Umsicht ausgeführt.

- 2 -

Text 4.5

> ```
>                              - 2 -
>
>
>     Frau Stengel zeichnete sich durch eine hohe Einsatz- und Leistungsbereit-
>     schaft aus, die sie auch schwierige Aufgaben in Angriff nehmen ließ. Sie
>     arbeitete sinnvoll mit anderen zusammen und beteiligte sich aktiv am
>     sachlich notwendigen Informations- und Erfahrungsaustausch. Ihre Führung
>     sowie ihr Verhalten in der betrieblichen Gemeinschaft waren stets ein-
>     wandfrei.
>
>     Frau Stengel verläßt uns auf eigenen Wunsch, da sie ein Studium beginnt.
>     Wir bedauern, eine so tüchtige Mitarbeiterin zu verlieren. Für die
>     Zukunft wünschen wir ihr alles Gute.
>
>
>
>
>     Mercedes-Benz Aktiengesellschaft
>     Niederlassung Wuppertal/Solingen
>
>
>        [Unterschrift]           i.V. [Unterschrift]
>        Dopheide                      Börger
> ```

Die Verwendung der sprachlichen Mittel ist vornehmlich durch zwei Momente geprägt: Ein Zeugnis, das eine fachlich so anspruchsvolle Tätigkeit wie die einer Industriekauffrau im Buchungswesen bescheinigt, wird auf berufssprachliche Bezeichnungen und Wendungen nicht verzichten können, ist doch nur so eine sachkundige, präzise Darstellung und Wertung der Fakten möglich. Darüber hinaus hat sich für Arbeitszeugnisse insgesamt so etwas wie eine „Zeugnissprache" herausgebildet, da der Arbeitgeber rechtlich verpflichtet ist, auch schwache oder schlechte Leistungen von Arbeitnehmern „wohlwollend zu formulieren, um das Fortkommen des Arbeitssuchenden nicht zu erschweren" (Text B). Dies bedeutet konkret, dass zum einen berufsspezifische Bezeichnungen wie die folgenden nicht zu umgehen sind:

- *Debitorenkontenführerin:* Verantwortliche für die Erfassung der offenen Forderungen, die das Unternehmen gegenüber Kunden/Schuldnern hat;
- *Debitorenkontokorrent:* gegenseitige Verrechnung von Ansprüchen und Leistungen zweier Partner (hier des Unternehmens und der Kunden);
- *Debitorenkonto:* Konto für Kunden, errichtet im Zuge von Neufahrzeugaufträgen, Anzahlungen, Reparaturen u. dgl.;
- *Kontierung:* Festhalten der Konten, der zu buchenden Beträge und gegebenenfalls auch der Kostenstelle auf dem Buchungsbeleg.

Darüber hinaus sind die wertenden Passagen im Zeugnis vor dem Hintergrund der im Wirtschaftsleben vertrauten Gepflogenheiten einzuschätzen. Der erwähnte *Zeit*-Beitrag (Text B) stellt dies anschaulich dar.

Unterrichtsziele

Nachdem die Schülerinnen und Schüler (Schul-)Zeugnisse und weitere bewirkende Sachtexte kennen, begegnen sie in dieser Unterrichtsreihe dem Arbeitszeugnis. Merkmale dieser Textsorte, einschließlich der verwendeten sprachlich-stilistischen Mittel, stehen dabei im Vordergrund. Die Beschreibung der Tätigkeit als *Debitorenkontenführerin* eröffnet die Möglichkeit, auf gruppensprachliche Äußerungen aufmerksam zu werden. Die Vergleiche zwischen dem vorliegenden Zeugnis (Text A) und dem *Zeit*-Beitrag zu dieser Textsorte (Text B) sowie zwischen Arbeits- und Schulzeugnissen ergänzen die Überlegungen zur Textsorte. Reduktive Organisationsstrategien und Elaborationsstrategien tragen insgesamt dazu bei, die teilweise anspruchsvollen Ziele dieser Unterrichtsreihe selbstständig zu erreichen.

Vorschläge und Anregungen für den Unterricht

Die Aufgaben 1 bis 3 klären textsortenspezifische Merkmale des Arbeitszeugnisses, wobei Lösungen zu Aufgabe 3 wohl zusätzlicher Recherchen bedürfen.

Lösung zu Aufgaben 4 und 5:

Aspekt im Arbeitszeugnis	Im Zeugnis unter …
hier: beruflicher Werdegang (wird im *Zeit*-Artikel nicht eigens erwähnt; eignet sich allerdings gut als Einleitung)	Absatz 1
Tätigkeitsbeschreibung	Absatz 2
Verhalten gegenüber Kollegen	Absatz 4
Verhalten gegenüber Vorgesetzten	
Erläuterungen zur Beendigung des Arbeitsverhältnisses	Absatz 5
Schlussformel mit guten Wünschen zur beruflichen Zukunft	Absatz 5

Was die Qualität der Beurteilung betrifft, ist sie nach den Hinweisen in Text B wohl zwischen *sehr gut* und *gut* einzuschätzen. Wenn nicht begrenzte Kenntnisse der „Zeugnissprache" bei den Autoren die Eindeutigkeit des Gesamturteils mindern, dann resultieren die möglicherweise herauszulesenden kleinen Abstriche aus der Tatsache, dass dieses Arbeitszeugnis nach kurzer beruflicher Tätigkeit ausgestellt worden ist und dass die Geschäftsleitung wegen der bevorstehenden Aufnahme eines Studiums durch die ehemalige Mitarbeiterin möglicherweise den Stellenwert dieses Zeugnisses weniger hoch eingeschätzt hat als bei einem geplanten Wechsel zu einem anderen Unternehmen.

Aufgabe 6 spricht gruppensprachliche Verwendungsweisen an, die in Abhebung vom standardsprachlichen Gebrauch häufig *Sondersprachen* genannt werden. Folgende Beispiele sollten unter den Lösungen zu finden sein (siehe unter *Hinweise zum Text*): *Debitorenkontenführerin, Debitorenkontokorrent, Debitorenkonto, Kontierung*. Hinzu kommen zeugnistypische Wendungen wie *Frau Stengel verfügt über sehr gute kaufmännische Kenntnisse [...] – Die notwendigen und nützlichen Kontakte wurden mit großem Geschick hergestellt [...] – Sie arbeitete ausgesprochen zweckmäßig [...] – Frau Stengel zeichnete sich durch eine hohe Einsatz- und Leistungsbereitschaft aus [...]*. Gruppensprachen – wie beispielsweise die Jugendsprache – haben generell zwei Funktionen: Sie stärken die Zusammengehörigkeit innerhalb der Gruppe und ermöglichen einen ökonomischen, weithin problemlosen Austausch unter den Gruppenmitgliedern. Und sie grenzen Sprecher gegenüber anderen Gruppen ab. Berufssprachliches wird hier sichtbar und schließt die sogenannte „Zeugnissprache" mit ein.

Die Aufgaben 7 und 8 schließen die Unterrichtsreihe ab, indem sie Vergleich und Einordnung in einen umfassenderen Zusammenhang anregen.

Hausaufgaben und Bezüge zu weiteren Unterrichtsreihen
Die Aufgaben 1, 3, 4 mit 5 sowie 6 bis 8 eignen sich als Hausaufgaben, Aufgaben 3 und 6 zudem als Leistungsaufgabe.

Bezüge bestehen zu B 4.1 (Zeugnis), B 4.2 (Zertifikat) und B 4.4 (Würdigung).

Materialien
Texte und Arbeitsblätter: 💿 unter 4.5.
Grundlagen zur Buchführung sind Fachlexika oder Einführungen ins Sachgebiet zu entnehmen.

Anhang

Literaturverzeichnis

Abraham, Ulf/Jürgen Baurmann/Helmuth Feilke/Clemens Kammler/Astrid Müller 2007: Kompetenzorientiert unterrichten. Überlegungen zum Schreiben und Lesen. Basisartikel. In: Praxis Deutsch. H. 203. S. 6–14.

Artelt, Cordula/Petra Stanat/Wolfgang Schneider/Ulrich Schiefele 2001: Lesekompetenz: Textkonzeption und Ergebnisse. In: Deutsches PISA-Konsortium (Hg.): PISA 2000. Basiskompetenzen von Schülerinnen und Schülern im internationalen Vergleich. Opladen. S. 69–137.

Baurmann, Barthel/Jürgen Baurmann 1981: Brückenbau – Beschreiben der technischen Fertigung. In: Praxis Deutsch. H. 48. S. 45–48.

Baurmann, Jürgen 2006: Texte verstehen im Deutschunterricht. In: Hardarik Blühdorn/Eva Breindl/Ulrich H. Waßner (Hg.): Text – Verstehen. Grammatik und darüber hinaus. Berlin u. a. S. 239–253.

Baurmann, Jürgen/Hartmut Hacker 1989: Integrativer Deutschunterricht. Lernen in Zusammenhängen. Basisartikel. In: Praxis Deutsch. H. 93. S. 15–19.

Baurmann, Jürgen/Astrid Müller 2002: Experten und Anfänger lernen gemeinsam. Lesen und Verstehen von Sachtexten durch wechselseitiges Lehren und Lernen. In: Praxis Deutsch. H. 176. S. 44–47.

Baurmann, Jürgen/Astrid Müller 2005: Sachbücher und Sachtexte lesen. Basisartikel. In: Praxis Deutsch. H. 189. S. 6–13.

Baurmann, Jürgen/Thorsten Pohl 2009: Schreiben – Texte verfassen. In: Albert Bremerich-Vos/Dietlinde Granzer/Ulrike Behrens/Olaf Köller (Hg.): Bildungsstandards für die Grundschule: Deutsch konkret. Mit CD-ROM. Berlin. S. 75–103.

Baurmann, Jürgen/Rüdiger Weingarten 1999: Internet und Deutschunterricht. Basisartikel. In: Praxis Deutsch. H. 158, S. 17–26.

Baurmann, Jürgen u. a. 2003: Deutsch vernetzt. Themen & Sprache. Frankfurt a. M.

Bayrhuber, Horst/Claudia Finkbeiner/Kaspar H. Spinner/Herbert A. Zwergel (Hg.) 2001: Lehr- und Lernforschung in den Fachdidaktiken. Innsbruck u. a.

Becker-Mrotzek, Michael 2005: Das Universum der Textsorten in Schülerperspektive. In: Der Deutschunterricht. H. 1. S. 68–77.

Becker-Mrotzek, Michael 2008: Gesprächskompetenz vermitteln und ermitteln. Gute Aufgaben im Bereich „Sprechen und Zuhören". In: Albert Bremerich-Vos/Dietlinde Granzer/Olaf Köller (Hg.): Lernstandsbestimmung im Fach Deutsch. Gute Aufgaben für den Deutschunterricht. Berlin. S. 52–77.

Becker-Mrotzek, Michael/Erhard Kusch 2007: Sachtexte lesen und verstehen. In: Der Deutschunterricht. H. 1. S. 31–38.

Belgrad, Jürgen/Doris Grütz/Harald Pfaff 2004: Verstehen von Sachtexten. Eine Studie in Klasse 4 der Grundschule. In: Didaktik Deutsch. H. 17. S. 26–43. Als Langfassung in: http://www.phweingarten.de/deutsch/downloads/Verstehen_von_Sachtexten_in_der_Grundschule.pdf, recherchiert am 18. 8. 2007.

Berg, Charles/Renate Valtin 2007: Didaktischer Diskurs und didaktische Praxis. In: Charles Berg/Wilfried Bos/Sabine Hornberg/Peter Kühn/Pierre Reding/Renate Valtin (Hg.): Lesekompetenzen Luxemburger Schülerinnen und Schüler auf dem Prüfstand. Ergebnisse, Analysen und Perspektiven zu PIRLS 2006. Münster u. a. S. 219–250.

Böhnisch, Martin 2008: Diskussionslinien innerhalb der Kompetenzdebatte. Ein Strukturierungsversuch. In: Didaktik Deutsch. Sonderheft. S. 5–19.

Bos, Wilfried/Martin Freiberg/Sabine Hornberg/Pierre Reding/Renate Valtin 2007: Leseleistungen und Leseeinstellungen in PIRLS 2006. In: Charles Berg/Wilfried Bos/Sabine Hornberg/Peter Kühn/Pierre Reding/Renate Valtin (Hg.): Lesekompetenzen Luxemburger Schülerinnen und Schüler auf dem Prüfstand. Ergebnisse, Analysen und Perspektiven zu PIRLS 2006. Münster u. a. S.127–167.

Bos, Wilfried/Renate Valtin/Sabine Hornberg/Irmela Buddeberg/Martin Goy/Andreas Voss 2007: Internationaler Vergleich 2006: Lesekompetenzen von Schülerinnen und Schülern am Ende der vierten Jahrgangsstufe. In: Wilfried Bos/Sabine Hornberg/Karl-Heinz Arnold/Gabriele Faust/Lilian Fried/Eva-Maria Lankes/Knut Schwippert/Renate Valtin (Hg.): IGLU 2006. Lesekompetenzen von Grundschulkindern in Deutschland im internationalen Vergleich. Münster u. a. S. 109–160.

Bremerich-Vos, Albert 2009: Zu den Bildungsstandards im Fach Deutsch für die Grundschule. In: Albert Bremerich-Vos/Dietlinde Granzer/Ulrike Behrens/Olaf Köller (Hg.): Bildungsstandards für die Grundschule: Deutsch konkret. Mit CD-ROM. Berlin. S.14–42.

Bremerich-Vos, Albert/Sonja Schlegel 2003: Zum Scheitern eines Lesestrategietrainings für SchülerInnen der Orientierungsstufe. In: Ulf Abraham (Hg.): Deutschdidaktik und Deutschunterricht nach PISA. Freiburg. S. 409–430.

Brinker, Klaus [6]2005: Linguistische Textanalyse. Hamburg.

Britz, Karl 1996: Blindenschrift (Braille). In: Hartmut Günther/Otto Ludwig (Hg.): Schrift und Schriftlichkeit. Writing and Its Use. Ein interdisziplinäres Handbuch internationaler Forschung. An Interdisciplinary Handbook of International Research. 2. Halbband/ Volume 2. Berlin u. a. S. 1617–1623.

Brüning, Ludger/Tobias Saum 2006: Erfolgreich unterrichten durch kooperatives Lernen. Strategien zur Schüleraktivierung. Essen.

Brüning, Ludger/Tobias Saum 2007: Kooperatives Lernen braucht Einzelarbeit. In: Lernende Schule. 2007. H. 33. S. 37–38.

Christmann, Ursula/Norbert Groeben 1996a: Die Rezeption schriftlicher Texte. In: Hartmut Günther, Otto Ludwig u. a. (Hg.): Schrift und Schriftlichkeit. Writing and Its Use. Ein interdisziplinäres Handbuch internationaler Forschung. An Interdisciplinary Handbook of International Research. 2. Halbband/ Volume 2. Berlin u. a. S. 1536–1545.

Christmann, Ursula/Norbert Groeben 1996b: Textverstehen, Textverständlichkeit – Ein Forschungsüberblick unter Anwendungsperspektive. In: Hans P. Krings, (Hg.): Wissenschaftliche Grundlagen der Technischen Kommunikation. Tübingen. S. 129–189.

Christmann, Ursula/Norbert Groeben 2002: Anforderungen und Einflussfaktoren bei Sach- und Informationstexten. In: Norbert Groeben/Bettina Hurrelmann (Hg.): Lesekompetenz. Bedingungen, Dimensionen, Funktionen. Weinheim u. a. S. 150–173.

Deutsches PISA-Konsortium (Hg.) 2001: PISA 2000. Basiskompetenzen von Schülerinnen und Schülern im internationalen Vergleich. Opladen.

Doderer, Klaus 1961: Das Sachbuch als literarpädagogisches Problem. Frankfurt a. M.

Fan-Projekt Werder Bremen e. V.: Über uns. Recherchiert am 10. 6. 2018 unter: https://www.bremen.de/visitenkarte/fan-projekt-bremen-ev-334063

Gerstenmaier, Jochen/Heinz Mandl 1995: Wissenserwerb unter konstruktivistischer Perspektive. In: Zeitschrift für Pädagogik. H. 41. S. 867–888.

Graf, Werner 2002: Zur Genese der Sachtextlektüre in der Jugendphase. In: Neue Sammlung. S. 513–524.

Graf, Werner 2003: Knick oder Kick in der Lektürebiografie? Die literarische Pubertät. In: Lesen und Schreiben. Schüler- Sonderheft. S. 114–116.

Graf, Werner 2004: Sachtexte zum Fantasieren. Die männliche Variante der literarischen Sozialisation in der Jugendphase. In: Beiträge Jugendliteratur und Medien. 15. Beiheft. S. 33–43.

Graf, Werner 2007: Lesegenese in Kindheit und Jugend. Einführung in die literarische Sozialisation. Hohengehren.

Green, Norm/Kathy Green 2005: Kooperatives Lernen in Klassenraum und Kollegium. Das Trainingsbuch. Seelze.

Groeben, Norbert ²1978: Die Verständlichkeit von Unterrichtstexten. Dimensionen und Kriterien rezeptiver Lernstadien. Münster.

Günther, Hartmut 1988: Schriftliche Sprache. Strukturen geschriebener Wörter und ihre Verarbeitung beim Lesen. Tübingen.

Heinemann, Wolfgang 2000a: Aspekte der Textsortendifferenzierung. In: Klaus Brinker/Gerd Antos/Wolfgang Heinemann/Sven F. Sager (Hg.): Text- und Gesprächslinguistik. Ein internationales Handbuch zeitgenössischer Forschung. 1. Halbband. Berlin u. a., S. 523–546.

Heinemann, Wolfgang 2000b: Textsorte – Textmuster – Texttyp. In: Klaus Brinker/Gerd Antos/Wolfgang Heinemann/Sven F. Sager (Hg.): Text- und Gesprächslinguistik. Ein internationales Handbuch zeitgenössischer Forschung. 1. Halbband. Berlin u. a., S. 507–523.

Heinemann, Wolfgang/Dieter Viehweger 1991: Textlinguistik. Eine Einführung. Tübingen.

Hurrelmann, Bettina 2002: Leseleistung – Lesekompetenz. Folgerungen aus PISA, mit einem Plädoyer für ein didaktisches Konzept des Lesens als kulturelle Praxis. In: Praxis Deutsch. H. 176. S. 6–18.

Johnson, David W./Roger T. Johnson/Edythe Johnson-Holubec 2005: Kooperatives Lernen – Kooperative Schule. Tipps – Praxishilfen – Konzepte. Mülheim an der Ruhr 2005.

Kintsch, Walter 1996: Lernen aus Texten. In: Joachim Hoffmann/Walter Kintsch (Hg.): Lernen. Enzyklopädie der Psychologie. Themenbereich C. Serie II, Band 7. Göttingen, S. 503–528.

Klute, Wilfried 2006: Sachtexte erschließen. Grundlagen, Texte und Arbeitshilfen für den Deutschunterricht der Sekundarstufe I. Berlin.

Koch, Peter/Wulf Oesterreicher 1994. Schriftlichkeit und Sprache. In: Hartmut Günther/Otto Ludwig (Hg.): Schrift und Schriftlichkeit. Writing and Its Use. Ein interdisziplinäres Handbuch internationaler Forschung. An Interdisciplinary Handbook of International Research. 2. Halbband/Volume 2. Berlin u. a. S. 587–604.

Kühn, Peter (2003): Lesekompetenz und Leseverstehen. Didaktisch-methodische Orientierungen zur Leseförderung im Muttersprachenunterricht. In: lernchancen, H. 35. S. 4–8.

Langer, Inghard/Friedemann Schulz v. Thun/Reinhard Tausch 1974: Verständlichkeit in Schule, Verwaltung, Politik und Wissenschaft mit einem Selbsttrainingsprogramm zur verständlichen Gestaltung von Lehr- und Informationstexten. München u. a.

Lankes, Eva-Maria/Claus H. Carstensen 2007: Der Leseunterricht aus der Sicht der Lehrkräfte. In: Wilfried Bos/Sabine Hornberg/Karl-Heinz Arnold/Gabriele Faust/Lilian Fried/Eva-Maria Lankes/Knut Schwippert/Renate Valtin (Hg.): IGLU 2006. Lesekompetenzen von Grundschulkindern in Deutschland im internationalen Vergleich. Münster u.a. S. 161–193.

Leisen, Josef 2009: Grundlagenteil. In: Studienseminar Koblenz (Hg.): Sachtexte lesen im Fachunterricht der Sekundarstufe. Seelze-Velber, S. 8–108.

Ludwig, Otto 1983: Einige Gedanken zu einer Theorie des Schreibens. In: Siegfried Grosse (Hg.): Schriftsprachlichkeit. Düsseldorf. S. 37–73.

Ludwig, Otto 2005: Geschichte des Schreibens. Band 1: Von der Antike bis zum Buchdruck. Berlin u. a.

Meireles, Selma M. 2006: Leseverstehen aus der Perspektive des Nicht-Muttersprachlers. In: Hardarik Blühdorn/Eva Breindl/Ulrich H. Waßner (Hg.): Text – Verstehen. Grammatik und darüber hinaus. Berlin u. a. S. 299–314.

Möhn, Dieter 2000: Textsorten und Wissenstransfer. In: Klaus Brinker/Gerd Antos/Wolfgang Heinemann/Sven F. Sager (Hg.): Text- und Gesprächslinguistik. Ein internationales Handbuch zeitgenössischer Forschung. 1. Halbband. Berlin u. a. S. 561–574.

Ortner, Hanspeter 2006: Die Bildungssprache im Visier der Sprachkritik. In: tribüne. zeitschrift für sprache und schreibung. H. 1. S. 4–11.

Ossner, Jakob 2006: Kompetenzen und Kompetenzmodelle. In: Didaktik Deutsch. 21. S. 5–19.

Palincsar, Annemarie Sullivan/Ann L. Brown 1984: Reciprocal Teaching of Comprehension – Fostering and Comprehension-Monitoring Activities. In: Cognition and Construction. 1. H. 2. S. 117–175.

Peyer, Ann/Daniel Friederich/Therese Grossmann/Franziska Bischofberger 2003: Sprachwelt Deutsch. Sachbuch. Bern.

Rheinberg, Falko 1995: Motivation. Stuttgart.

Rheinberg, Falko/Siegbert Krug 1993: Motivation im Schulalltag. Göttingen.

Richter, Tobias/Ursula Christmann 2002: Lesekompetenz. Prozessebenen und intraindividuelle Unterschiede. In: Norbert Groeben/Bettina Hurrelmann (Hg.): Lesekompetenz. Bedingungen, Dimensionen, Funktionen. München. S. 25–58.

Rosenshine, Barak/Carla Meister 1994: Reciprocal Teaching: A Review of the Research. In: Review of Educational Research. 64. H. 4, S. 479–530.

Sager, Sven F. 2000: Hypertext und Hypermedia. In: Klaus Brinker/Gerd Antos/Wolfgang Heinemann/Sven F. Sager (Hg.): Text- und Gesprächslinguistik. Ein internationales Handbuch zeitgenössischer Forschung. 1. Halbband. Berlin u. a. S. 587–603.

Schelter, Gisela 2005: Der Sachbuchkoffer. Eine Anregung zur Zusammenarbeit zwischen Bibliothek und Schule. In: Praxis Deutsch, H. 189. S. 28–30.

Schmid-Barkow, Ingrid 2004: Prozesse des Textverstehens und ihre Diagnose. In: Monika Dräger/Hanne Gräser/Ulrich Hecker/Barbara Sengelhoff (Hg.): Lesen ist Verstehen. Schriften auf Wegen zu Kindern. Ohne Ort. S. 115–126.

Schneuwly, Bernard 1995: Textarten – Lerngegenstände des Deutschunterrichts. In: Osnabrücker Beiträge zur Sprachtheorie. H. 51. S. 116–132.

Schnotz, Wolfgang 2002: Wissenserwerb mit Texten, Bildern und Diagrammen. In: Ludwig J. Issing/Paul Klimsa (Hg.): Information und Lernen mit Multimedia und Internet. Weinheim. S. 65–81.

Schwitalla, Johannes 1997: Gebrauchstexte. In: Klaus Weimar/Harald Fricke/Klaus Grubmüller/Jan-Dirk Müller (Hg.): Reallexikon der deutschen Literaturwissenschaft. Band I. Berlin u. a. S. 664–666.

Senn, Werner/Peter Widmer 2005: Der Beobachtungsfächer. Informationen aus Sachtexten zum Thema „Mobbing in der Schule" verarbeiten. In: Praxis Deutsch. H. 194. S. 38–44.

Ständige Konferenz der Kultusminister (Hg.) 2003: Bildungsstandards im Fach Deutsch für den Mittleren Schulabschluss. Verfügbar unter: http://www.kmk.org, recherchiert am 1.3.2005.

Ständige Konferenz der Kultusminister (Hg.) 2004: Bildungsstandards im Fach Deutsch für den Hauptschulabschluss (Jahrgangsstufe 9). Verfügbar unter: http://www.kmk.org, recherchiert am 10.2.2006.

Ständige Konferenz der Kultusminister (Hg.) 2005a: Bildungsstandards der Kultusministerkonferenz. Erläuterungen zur Konzeption und Entwicklung. München.

Ständige Konferenz der Kultusminister (Hg.) 2005b: Bildungsstandards im Fach Deutsch für den Primarbereich (Jahrgangsstufe 4). München.

Streblow, Lilian 2004: Zur Förderung der Lesekompetenz. In: Ulrich Schiefele/Cordula Artelt/Wolfgang Schneider/Petra Stanat (Hg.): Struktur, Entwicklung und Förderung von Lesekompetenz. Vertiefende Analysen im Rahmen von PISA 2000. Wiesbaden. S. 275–306.

SV Werder Bremen Fan Ethik Kodex. Recherchiert am 28.06.2018 unter: https://www.werder.de/fileadmin/WERDER_BEWEGT/Lebenslang_tolerant/Antidiskriminierung/fan_ethik_kodex.pdf

SV Werder Bremen: Stadionordnung für das Bremer Weser-Stadion. Recherchiert am 13. 6. 2018 unter: https://www.werder.de/stadion/weser-stadion/stadionordnung

Weinert, Franz. E. ^{2}2002: Vergleichende Leistungsmessung in Schulen – eine umstrittene Selbstverständlichkeit. In: Franz E. Weinert (Hg.): Leistungsmessungen in Schulen. Weinheim/Basel. S. 17–31.

Werder Bremen: Der Dachverband. Recherchiert am 7. 6. 2018 unter: https://www.werder.de/fankurve/fanbetreuung/fanclub-infos/der-dachverband/

Werder Ethik Kodex. Recherchiert am 28.06.2018 unter: https://www.werder.de/werder-bewegt/ueber-werder-bewegt/werder-ethik-kodex/

Willenberg, Heiner 2004: Lesestrategien. Vermittlung zwischen Eigenständigkeit und Wissen. Basisartikel. In: Praxis Deutsch. H. 187. S. 6–15.

Winkler, Iris 2005: Auf Spurensuche beim Lesen. Mithilfe des „Voraussagetextes" den eigenen Textverstehensprozess nachvollziehen. In: Praxis Deutsch. H. 194. S. 45–53.

Wrobel, Dieter 2008: Individualisiertes Lernen. Leseförderung in heterogenen Lerngruppen. Theorie – Modell – Evaluation. Baltmannsweiler.

Sachregister

advanced organizer 50
Aktualität von Texten 39
Analyse von Sachtexten 15 ff.
Anschlusskommunikation 62
Anzeige 126 ff.
Appellfunktion 12
appellierend-instruierender Text 16 f.
Arbeitsgedächtnis 45
Arbeitszeugnis 182 ff.
argumentative Themenentfaltung 18
Atelier 24 f.
Aufgabenwissen 44
Aufruf 139 f.
authentischer Text 38 f.
bewirkender Text 22
Bild – *siehe* logisches Bild
Bildungsstandards 54 ff.
Bildung von Superstrukturen 42 f.
biografische Notiz 80 f.
Blog (Weblog) 118 f.
Bottom-up-Verfahren 51
Buchtipp 82 f.
Deklarationsfunktion 12
deskriptive Themenentfaltung 20
Diagramm 98
didaktische Aufbereitung 15 ff.
Einverständniserklärung 151 ff.
Elaborationsstrategie 47
Empfehlung (Ratschlag) 16 ff.
explikative Themenentfaltung 22
fachexterne Kommunikation 10 f.
fachinterne Kommunikation 11
Fachtext 23
Freizeitlektüre 29, 37 f.
Garantieschein 154 f.
Genrewechsel 30
geschlechtsspezifische Unterschiede 31 f.
Gesetzestext 136 ff.
globale Kohärenzbildung 43, 49 f.
hierarchiehoher Teilprozess 42
hierarchieniedriger Teilprozess 42 f.
Horoskop 130 ff.
Hypermedia 32 f.

Hypertext 32 f.
Informationsfunktion 13
informierender Text 13
integrativer Unterricht 63 f.
interfachliche Kommunikation 11
Klappentext 119
Kohärenzbildung – *siehe* globale, lokale Kohärenzbildung
Kommunikationsniveau 11
kommunikative Funktion, *auch* Textfunktion 11 f.
kompetenzfördernder Unterricht 59 f.
kontinuierlicher Text 19
Kooperatives Lernen 74 f.
Lehrtext 23
Leistungsaufgabe 75 f.
lesebiografische Forschung 30 ff.
leserdifferenzierter Unterricht 62
Lesemotivation 45 ff.
Leseselbstkonzept 61
Lesestrategie 45 f.
Leseweise 57
Liste 21
logisches Bild 21
lokale Kohärenzbildung 49
mentales Modell, *auch* Situationsmodell 44
monoreferentiell 21
monothematische Orientierung 20
narrative Themenentfaltung 20
navigieren 33
Obligationsfunktion 12
Personenwissen 44
polyreferentiell 21
propositionale Textrepäsentation 43
recherchieren 33
reduktive Organisationsstrategie 46 f.
regulative Strategien 47
Rezension 112 ff.
reziprokes Lehren und Lernen 63 f.
Rückgaberegelung 165 ff.
Sachtext, Begriff 10 ff.
Schullektüre 29, 37 f.
Schulordnung 148 ff.

Situationsmodell, *auch* mentales Modell   44
Stellenanzeige   144 ff.
Strategie – *siehe* Lesestrategie, Elaborationsstrategie, reduktive Organisationsstrategie, regulative Strategie, Stützstrategie, Wiederholungsstrategie
Strategiewissen   44
Stützstrategie   47
Superstrukturen – *siehe* Bildung von Superstrukturen
Tabelle   21
Textanalyse   16 ff.
Textauswahl   26 ff.
Textfunktion, *auch* kommunikative Funktion   11 f.
Textsorte   13 f.
Textsortenklasse   12 f.
Textsortenwissen   44
thematisches Wissen   44
Themenentfaltung – *siehe* argumentative, deskriptive, explikative, narrative Themenentfaltung

Top-down-Verfahren   51 f.
Trainingsprogramme   63 ff.
Unterrichtsqualität   64 ff.
Vereinbarung   157 ff.
verpflichtender Text   13
Verständlichkeit, Leitfragen   34 f.
Verstehen, Prozessmodell   40 ff.
Vollmacht   175 ff.
Voraussagetext   62
Vorwissen   43
Werbung – *siehe* Anzeige
Wiederholungsstrategie   46
Wissen, Arten   44
Würdigung   151 f.
Zeitungsmeldung   93 f.
Zertifikat   171 ff.
Zeugnis   169 ff.

Arbeitsblätter auf der Begleit-CD-ROM

Die Zusammenstellung der Texte, Materialien und Aufgaben auf der Begleit-CD-ROM übernimmt die Gliederung von Teil B. Bei den Arbeitsblättern für die Schülerinnen und Schüler wird auf die Angabe von Klassenstufen (wie hier) verzichtet, um einen variablen Einsatz im konkreten Unterricht zu ermöglichen.

1. **Arbeitsblätter zu informierenden Sachtexten**
   1.1. Wege zur Schule (ab Klasse 2)
   1.2. Hund festgefroren – eine Zeitungsmeldung (ab Klasse 3)
   1.3. Horst Eckert – wer ist denn das? (ab Klasse 3)
   1.4. *Affenheiß und schweinekalt* – ein Buchtipp (ab Klasse 4)
   1.5. *Sie bauten eine Kathedrale*: Glasbläser stellen die Kirchenfenster her (ab Klasse 5)
   1.6. Ein Handy kann Leben retten (ab Klasse 6)
   1.7. Ein Anruf beim ... einbeinigen US-Sportler Carl Joseph (ab Klasse 6)
   1.8. Pkw kollidieren bei Überholmanöver – beide Fahrer schwer verletzt (ab Klasse 7)
   1.9. Prüfverfahren für Computerspiele (ab Klasse 8)
   1.10. Wirksamstes Werkzeug – Mit Bildung den Teufelskreis von Kinderarbeit und Armut durchbrechen (ab Klasse 9)
   1.11. Punkt für Punkt die Welt erfassen (ab Klasse 10)
   1.12. Uwe Timm: *Der Freund und der Fremde* – Rezension, Blog und Klappentext (Sekundarstufe II)

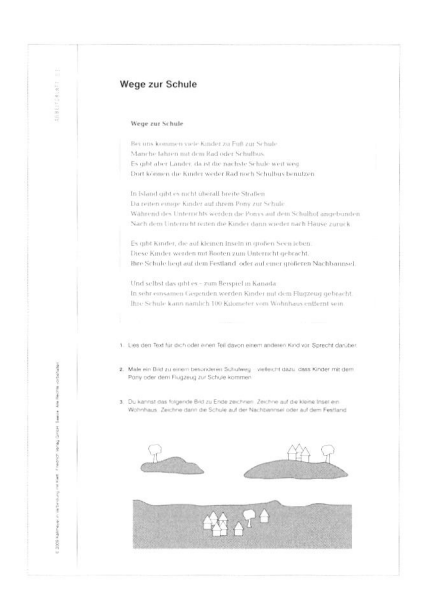

2. **Arbeitsblätter zu appellierend-instruierenden Sachtexten**
   2.1. Ein Kamm, mit dem du zaubern kannst (ab Klasse 3)
   2.2. „Ich will den besten!" – Regeln zum Helmkauf (ab Klasse 5)
   2.3. Drei-Kräuter-Kraft, die Linderung schafft – eine Anzeige (ab Klasse 6)
   2.4. Horoskope (ab Klasse 7)
   2.5. Aus dem Jugendarbeitsschutzgesetz: Verbot der Beschäftigung von Kindern (ab Klasse 8)
   2.6. Briefe gegen das Vergessen – Aufruf von Amnesty International (ab Klasse 10)
   2.7. Stellenangebot – Volontär/in im Bereich Pflege (Sekundarstufe II)

Anhang

3. **Arbeitsblätter zu verpflichtenden Sachtexten**
3.1. Schulordnung der Grundschule im Wallgut (ab Klasse 3)
3.2. Mitgliedschaft in einer Bibliothek – Einverständniserklärung der Eltern (ab Klasse 5)
3.3. Garantieschein zum Kauf einer Uhr (ab Klasse 6)
3.4. Werder Ethik Kodex für alle Mitarbeiter/innen ... und SV Werder Bremen Fan Ethik Kodex (ab Klasse 8)
3.5. Rückgaberecht nach dem Kauf einer Ware (Sekundarstufe II)

4. **Arbeitsblätter zu bewirkenden Sachtexten**
4.1. Zum Zeugnis von Laura Marie (ab Klasse 3)
4.2. Zertifikat für die Teilnahme am Seminar „Farbe Kreativ" (ab Klasse 6)
4.3. Abholen des Personalausweises: Erteilen einer Vollmacht (ab Klasse 7)
4.4. Würdigung der ehrenamtlichen Tätigkeit (ab Klasse 9)
4.5. Arbeitszeugnis über die Tätigkeit als Debitorenkontenführerin (Sekundarstufe II)

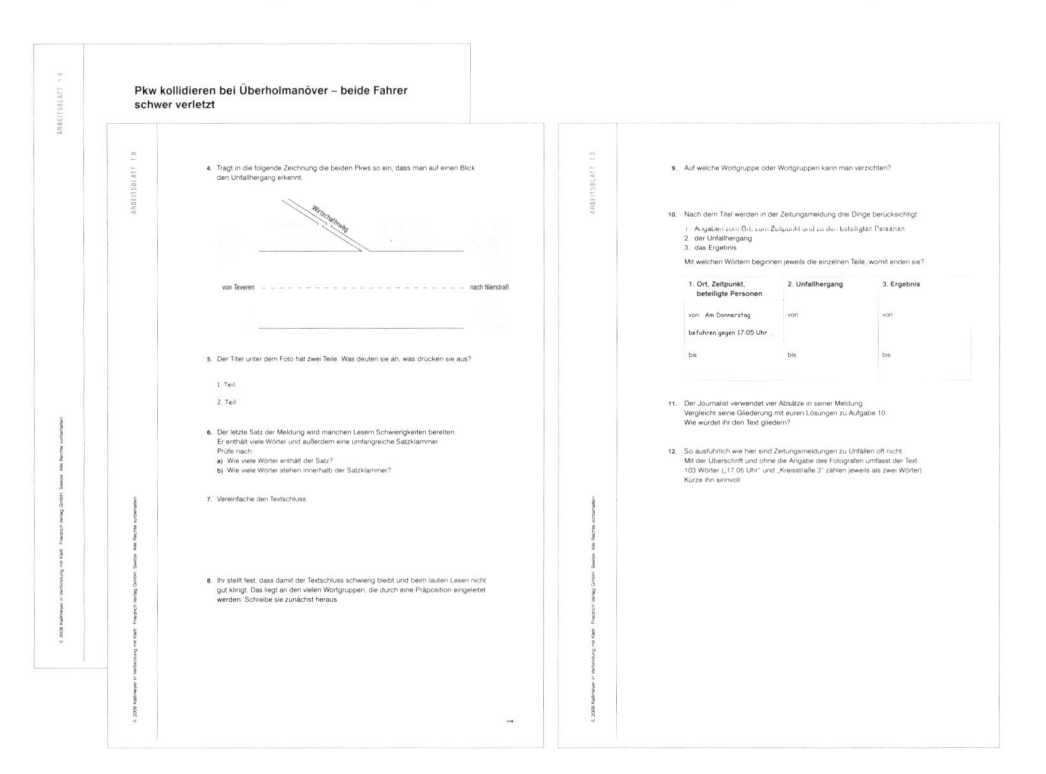

Die Didaktik des Films für den Deutschunterricht

ULF ABRAHAM
Filme im Deutschunterricht

16 x 23 cm, 224 Seiten

ISBN 978-3-7800-1018-6, € 29,95

Audiovisuelle Medien haben einen hohen Stellenwert in der Freizeitgestaltung von Schülerinnen und Schülern. Sie können im Deutschunterricht sehr vielfältig eingesetzt werden. In Filmgesprächen, der Analyse filmischer Mittel oder beim Schreiben zu Filmen können Schüler ihr persönliches Vorwissen einbringen und sich in der kompetenten Mediennutzung üben. Nutzen Sie dieses Interesse für Ihren Unterricht und vermitteln Sie ihnen „Film- und Medienkompetenz".

Auf der DVD befinden sich der Kurzfilm „Amok" und diverse Filmausschnitte (Spieldauer insgesamt 21:16 Minuten). Die aktualisierte und erweiterte Ausgabe dieser ersten zusammenhängenden Didaktik des Films für den Deutschunterricht enthält fünf weitere neue Praxisbeispiele und richtet sich an Lehramtsstudierende, Referendare und Lehrende des Faches Deutsch in allen Schulstufen.

Unser Leserservice berät Sie gern:
Telefon: 0511/4 00 04 -150
Fax: 0511/4 00 04 -170
leserservice@friedrich-verlag.de

www.klett-kallmeyer.de